Vera Zingsem

Die Weisheit der Schöpfungsmythen

Vera Zingsem

Die Weisheit der Schöpfungsmythen

Wie uralte Geschichten unser Denken prägen

Kreuz

Bibliografische Information der Deutschen Bibliothek
Die Deutsche Bibliothek verzeichnet diese Publikation in der Deutschen Nationalbibliografie; detaillierte bibliografische Daten sind im Internet über http://dnb.ddb.de abrufbar.

Postfach 80 06 69, 70506 Stuttgart

www.kreuzverlag.de

Umschlaggestaltung: Bergmoser + Höller Agentur, Aachen
Umschlagbild: © A1PIX/MAF
Satz: de·te·pe, Aalen
Druck: CPI – Clausen & Bosse, Leck

ISBN 978-3-7831-3227-4

Inhalt

»Die ewige Macht hat den Alten eines jeden Menschenvolkes keine vollkommene Antwort gegeben.«

Hyemeyohsts Storm

Am Anfang ...

Wie die Nornen am Bett eines Neugeborenen stehen und ihm sein Leben deuten, so stehen Schöpfungsgeschichten an der Wiege einer Kultur und entscheiden über ihr Schicksal und das der Lebewesen, die in ihr zu Hause sind.

Es gibt wohl kein Volk, keine Kultur, die sich nicht über ihre Ursprünge im Hier und Jetzt Gedanken gemacht hätten. Jedes Volk erschafft sich über seine Schöpfungsgeschichten in gewisser Weise selbst, setzt sich in Bezug zu der Welt, die es bewohnt und auf der es seinen ganz besonderen Platz zum Leben gefunden hat. Deshalb sind Schöpfungsmythen auch so vielfältig und zahlreich wie die Kulturen, in denen und für die sie entstanden sind und deren Identität sie mitbegründen halfen. Und sie beziehen sich auch weniger auf die Vergangenheit als vielmehr auf die Gegenwart derer, für die sie zuerst erzählt und dann – später vielleicht noch – aufgeschrieben wurden. Sie erklären, warum die Menschen sind, wo sie sind und wie die Welt, auf der sie leben, allmählich entstanden ist, welche Gottheiten sich mit ihnen verbunden haben und welche Formen der Verehrung sie wünschen. Die (Verwandtschafts-) Beziehungen zwischen Pflanzen, Tieren, Menschen, Himmel und Erde werden erläutert und es wird erklärt, wie man mit all dem umzugehen hat.

Als eine Form der narrativen Ethik geben sie moralische Verhaltensmuster vor, die besonders da zu Herzen genommen wurden, wo man wirklich, d.h. mündlich, erzählte und den Mythos mitten ins Leben holte.

Nur über eins geben sie im Grunde gar keine Auskunft: über die naturwissenschaftliche Seite der Weltentstehung. Es ist deshalb auch müßig zu fragen, welche der zahllosen

Geschichten denn nun »wahr« sei. Wahr sind sie gewissermaßen alle, als ein Stück – gelebte – Literatur, das seine Schönheit in Symbolen preisgibt: die Schönheit der Welten, die sie beschreiben oder vorentwerfen.

Die meisten der in diesem Buch aufgezeichneten Schöpfungsmythen und -geschichten sind zuerst mündlich überliefert worden. Sie fanden von ihrem Umfang her nur eine Grenze: das menschliche Gedächtnis. Dieses aber war bei den oralen Kulturen derart ausgeprägt, dass sie die Völker der Schriftkultur nur bedauern konnten. So wie der Mythenerzähler und Tukáno-Indianer Marcos Sierra erläutert:

»Als Yepá Huáke die Welt einrichtete, da teilte er Indianern und Weißen unterschiedliche Schicksale zu. Die Weißen erhielten alle Reichtümer dieser Welt, bis auf eines: *Du wirst nie fähig sein, etwas rein aus dem Gedächtnis zu wissen oder zu erinnern, und wirst immer alles aufschreiben müssen, damit du dich daran erinnerst.*«

Die Vorteile der mündlichen Weitergabe liegen auf der Hand: Sie ist stärker situationsbezogen, kann auf gegenwärtige Ereignisse besser reagieren, ist damit lebensnäher und kommunikativer, offener für Veränderungen. Obwohl sich die Mythen immer gleich blieben, wurden sie doch auch immer anders erzählt, insofern auch die Menschen, die zuhörten, andere waren. Bezeichnend jener Dialog, den der Schriftsteller und Ethnologe Jaime des Angulo in seinen *Indian Tales* zwei Kindern in den Mund legt, die sich über die Geschichten unterhalten, die sie von den Erwachsenen zu hören bekommen:

»Ich will die Wahrheit wissen.«
»Wozu?«
»Weil ich wissen will, wie es sich wirklich zugetragen hat.«
»Es geschah so, wie sie es erzählen.«
»Aber sie erzählen es verschieden.«
»Dann deshalb, weil es sich verschieden ereignete.« (S. 99)

In einer Welt, in der alles sich beständig wandelt, kann sich der mündlich weitererzählte Mythos mitverändern, anpassen und sich dennoch gleichzeitig selbst treu bleiben. Die Geschichtenerzähler/-innen vereinen in sich nicht nur die Rollen von Lehrer/-innen, Schauspieler/-innen und Bewahrer/-innen der Traditionen und Riten, sie werden auch zu Beschwörer/-innen von Visionen. Durch ihre Lieder und Geschichten erschaffen sie die Welt und schaffen sie ständig neu.

Das schriftlich Fixierte kann hingegen zu endlosen Streitereien um die richtige Auslegung führen und damit schnell dogmatische Züge annehmen. Es verlagert zudem das Geschehen weg von der unmittelbaren Erfahrung hin zur Buchstaben- und Gelehrtengläubigkeit, wovon die Auslegungsgeschichte unserer biblischen Texte ein Bibliotheken füllendes Zeugnis ablegt. Dort, in den Bibliotheken, verstaubt das Leben derweil zwischen Buchdeckeln.

Die mündliche Tradierung hat jedoch ihre eigenen Schwierigkeiten. Will man sie aufschreiben, sieht man sich einer unerschöpflichen Fülle gegenüber. Schöpfungsmythen aus oralen Kulturen füllen in Buchform hunderte von Seiten. Da sie auf jedes noch so kleine Detail eingehen konnten und wollten und durch kein Schreibmaterial begrenzt wurden, brauchten sie am Umfang nicht zu sparen. Allein ein Buch über die Schöpfungsmythologie der nordamerikanischen Diné füllt locker 400 inhaltsschwere Seiten – und ist damit noch längst nicht vollständig. Dagegen nehmen sich unsere biblischen Geschichten doch ausgesprochen bescheiden aus! Und mich als Autorin dieses Buches stellt es vor die Aufgabe, nun wiederum auswählen und kürzen zu müssen, wodurch Schönheit, Rhythmus und Poesie des Erzählten sicherlich im einen oder anderen Fall leiden werden. Auch ist es natürlich unmöglich, bei diesem Thema auch nur ansatzweise Vollständigkeit zu erlangen. Viele Geschichten bleiben ungehört und ungelesen. Die Auswahl ist subjektiv, versucht aber dennoch einen einigermaßen repräsentativen Querschnitt durch die Kulturen vorzulegen, der Vergleiche zulässt: Was wird wie und warum erschaffen, wer kommt wo und in welcher Weise vor, und – mindestens genauso spannend – was wird nicht erschaffen und wer kommt nicht vor? Wer handelt und wer wird misshandelt? Und welche Auswirkungen hat dies auf Moral und Zusammenleben?

Erschaffen wird also, was schon da ist, oder aber, was man sich für die Zukunft wünscht. So können Schöpfungsgeschichten bisweilen auch visionären Charakter annehmen, wie es etwa bei der älteren Geschichte aus der Bibel in Gen 2–3 der Fall ist – wo eine Art von Ein-Gott-Glauben geschildert wird, der zur damaligen Zeit noch längst nicht Wirklichkeit geworden war. Indem man das, was bereits da ist oder was erst werden soll, mit den allerersten Anfängen verbindet, verleiht man ihm eine Bedeutung, die weit über die Gegenwart hinausreicht. Was zu Anbeginn bereits da war, darf man nicht so ohne weiteres aufheben. Es ist mit göttlichem Beistand ins Leben gerufen und deshalb in besonderer Weise geheiligt, wertvoll und werthaltig, auch im ethischen Sinne. Was hier erzählt wird, verbindet sich mit den höchsten Werten, Idealen und Visionen einer Kultur, die durch Rückbindung an jene »allerersten Tage« eine besondere Bestätigung erhalten. Deshalb ist es auch nicht gleichgültig, was in diesen Ursprungslegenden erzählt wird. Denn hier werden die Weichen gestellt für die Identität einer Kultur. Hier wird erklärt, worum es im Leben geht, welche Aufgaben Frauen und Männern zugeteilt werden, wie das Verhältnis zur außermenschlichen Schöpfung aussehen soll. Wird der Mensch beispielsweise nur als Teil derselben begriffen, oder will er sich zu deren Beherrscher aufschwingen? Antworten werden gesucht auf lebenswichtige Fragen: Wie kamen das Böse und der Tod in die Welt? Warum gibt es Leid und Entbehrung? Worin liegt die Schönheit des Lebens? Was bedeutet die Liebe? Welchen Sinn hat unser Leben und welchen Sinn hat es, danach zu fragen?

Auch gibt die Art und Weise, wie etwas erschaffen wird, Auskunft über die Werte einer Kultur. Und selbst aus dem, was nicht erschaffen wurde, zumindest nicht ausdrücklich benannt wird, lassen sich Schlüsse ziehen. Wird Schöpfung eher planvoll vollzogen oder bleibt Raum für

Spontanität, für Gefühle, für Irrtümer oder Zeit zum Nach-Denken? Als die Diné z. B. sich Gedanken über den Tod machen, erzählen sie dazu folgende Geschichte:

> Als schließlich alle Lebewesen auf der oberen Welt angekommen waren, wollten sie wissen, wie es ihnen dort ergehen würde. Da warf einer von ihnen einen Fellschaber ins Wasser und erklärte:
>
> »Wenn er versinkt, werden wir irgendwann sterben, wenn aber nicht, dann bleiben wir am Leben.«
>
> Er schwamm, und alle waren froh.
>
> Doch dann stand *Má'ii*, der Coyote, auf und rief:
>
> »Wartet noch einen Augenblick!«
>
> Und bevor noch jemand etwas dagegen tun konnte, nahm er einen Stein und sprach:
>
> »Wenn er schwimmt, werden wir ewig leben. Geht er aber unter, so werden wir alle früher oder später sterben.«
>
> Natürlich versank der Stein und alle wurden wütend. Sie beschimpften und verwünschten den armen Coyoten, einige wollten ihn sogar dem Stein hinterherwerfen. Er aber rechtfertigte sich:
>
> »Haltet ein«, rief er, »und hört mich an: Wenn wir alle immer weiterleben und uns vermehren, wird es zu viele Leute geben. Niemand wird sich mehr bewegen können. Nirgends wird mehr Platz sein, Mais anzubauen. Ist es darum nicht besser, wenn jede/r von uns nur ein Weilchen lebt, bis das Alter uns langsam macht? Nicht nur bis wir nicht mehr jagen, säen und ernten können. Sondern bis wir nicht mehr denken können. Dann sollten wir weiterziehen und alles der Jugend hinterlassen, der nächsten Generation Platz machen.«
>
> Als die Leute dies hörten, erkannten sie die Weisheit in den Worten des Coyoten. Widerwillig räumten sie ein, dass er recht hatte. Und einer nach dem anderen verstummten sie. (Vgl. Zolbrod, S. 82f.)

Hier ist der Tod nicht die Frucht eines Fehlverhaltens oder von Sünde, sondern etwas vollkommen Natürliches, zu dem man letztlich Ja sagen kann und muss. Die Leute (Tiere sind in diesem Begriff eingeschlossen) sehen von sich aus ein, dass der Tod integraler Bestandteil des Lebens ist, eher Segen als Fluch. Indem sie seinen Sinn erkennen, können sie ihn verstehen und sich mit ihrem Schicksal aussöhnen. – Wird Tod jedoch mit Schuld und

Sünde verbunden, wird er stets einen »Stachel« behalten, nämlich den, dass er eigentlich nicht sein müsste und sollte. Das macht es schwer, seine Existenz anzunehmen, und ein beständiger Kampf gegen den Tod ist die Folge.

So ist es immer wieder aufschlussreich zu entdecken, welche Dinge in welcher Kultur welchen Stellenwert erhalten und wie sie das gegenwärtige Leben beeinflussen; wie die Vorstellungen vom Ursprung uns gleichsam die Brille aufsetzen, durch deren Form und Filter wir die Welt sowohl sehen als auch erfahren und gestalten. Einen besonderen Farbfilter setzt man z. B. auf, wenn man sich mit den Schöpfungsmythen matrilinearer Völker beschäftigt, Geschichten, in denen die Stellung zu Frau und Natur in völlig anderer Weise gedeutet wird als in den durchweg patriarchalen Traditionen unseres eigenen Kulturkreises, der von den biblischen Schöpfungsgeschichten dominiert wird. Was ist dort anders, und wohin führt uns diese andere Sichtweise? Und welche Alternativen tun sich auf?

Die meisten Schöpfungsgeschichten, das ist wichtig zu sehen, erheben keinen Universalanspruch. Sie wollen nicht für die ganze Welt zuständig sein. Geschrieben oder erzählt werden sie vielmehr für ein Volk in einer ganz bestimmten Umgebung und Situation. Bereits das Nachbarvolk kann ganz andere Geschichten über seine Ursprünge erzählen. »Geschaffen« werden soll die Welt, in der man zu Hause ist. Diese – und nur diese – Welt wird erklärt und mit Sinn und Leben und Seele versehen. Völker wie das der alten Ägypter leisteten sich sogar eine Vielzahl von unterschiedlichen Schöpfungsgeschichten, die alle gleichberechtigt nebeneinanderstanden, damit man der Vielfalt der Welt besser gerecht werden konnte. Bis dort schließlich jeder Tempel seine eigene bevorzugte Kosmogonie vertrat und dennoch gleichzeitig andere Geschichten am selben Tempel gelten ließ. Solange man keinen universalen Gott verehrt, entsteht auch kein Bedürfnis nach einer allgemein gültigen Schöpfungsgeschichte. Das änderte sich im Vorderen Orient erst entscheidend, als der »Gott Abrahams, Isaaks und Jakobs« zum einzigen Gott überhaupt werden sollte. Erst von da ab musste jede Schöpfungsgeschichte aus anderen religiös-kulturellen Zusammenhängen als Konkurrenz und Bedrohung für den Allein-Anspruch des Ein-Gott-Glaubens empfunden werden. Wie konnte der biblische Gott der einzige sein, solange noch andere Gottheiten neben ihm verehrt wurden, andere Schöpfungsgeschichten gleichermaßen gültig sein sollten?

Doch auch das Bild des einzigen und allmächtigen Gottes ist nichts weiter als ein Bild, das Menschen sich vom Wesen und Wirken des Göttlichen machen. Was dieses Göttliche in sich und an sich ist, ist vom menschlichen Denken und Sein aus nicht vollständig zu erfassen. Wie es bei Paulus heißt, sehen wir hier und jetzt »wie durch einen Spiegel«. Ein Spiegel aber wirft uns zuallererst unser eigenes Gesicht zurück, sprich: unsere eigene Sichtweise. Und die ist – auch kulturell gesehen – begrenzt. Deshalb sollten wir Vielfalt nicht länger als Bedrohung ansehen, sondern als Chance zu einem neuen Miteinander der Kulturen begreifen.

Im Großen und Ganzen ist dies also durchaus ein praktisches Buch. Und ein ethisches dazu. Es will herausfinden, welche Geschichten zu welcher Art von Leben inspirieren – und wie sie sich gegenseitig ergänzen und bereichern können. Und wie das alles zu einem Dialog zwischen den Kulturen beitragen kann. Außerdem soll dies nicht nur ein Buch über, sondern vor allem eines *mit* Schöpfungsgeschichten sein. Nur indem wir die Texte sprechen lassen, bleiben sie lebendig, können sie unseren Blick weiten und uns zeigen: Hoppla, so kann man das auch sehen und erleben. Geschichten, die herausführen aus der Enge des Denkens (auch des Kreationismus) und unsere Füße in den weiten Raum von Vielfalt und Mehrdeutigkeit stellen, die uns dazu führen können, das Leben mit anderen Augen wahrzunehmen. Und wenn wir sie – hoffentlich – weitererzählen, können sie unser Herz öffnen und unser Leben verändern …

I.
Es sind zwei: Die Schöpfungsgeschichten der Bibel

1. »Gottes Wort« gegen das eines Biologen?

Schöpfung geschah in sieben Tagen, und dann kam das Unglück mit Adam und Eva und der Schlange, dem die Vertreibung aus dem Paradies auf dem Fuße folgte. Und es war Eva, die Adam den Apfel reichte und ihn verführte, und weil eigentlich Eva an allem schuld war, soll nun der Mann über die Frau herrschen … Solche oder ähnliche Ideen gehen wohl den meisten Menschen unseres Kulturkreises durch den Kopf, sobald sie das Wort *Schöpfungsgeschichte(n)* hören, egal ob Christen oder Nicht-Christen. »Schöpfungsberichte« heißen sie zudem im Volksmund, und das sagt bereits etwas über ihren Erzählstil aus: kurz und knapp und bündig, konzentriert auf das Wesentliche. Es ist kein überbordender Reichtum an Fantasie, sondern eher eine nüchterne Bestandsaufnahme im Telegrammstil, was uns da entgegenkommt, weshalb viele Menschen diese Geschichten sicher auch schon lange nicht mehr gelesen haben.

Schon dass hier von *Geschichten* die Rede ist, wird vielen noch immer neu sein. Im Bewusstsein der meisten Bibelleserinnen und -leser steht da immer noch ein einziger »Schöpfungsbericht«. Über Jahrtausende hinweg hat man die Vorstellung »in sieben Tagen hat Gott die Welt erschaffen« wortwörtlich verstanden und beinahe wie eine naturwissenschaftliche Aussage über die Entstehung der ganzen Welt behandelt. Bis Charles Darwin seine Evolutionslehre entwickelte und alles in Frage stellte. »Gottes Wort« gegen das eines Biologen? – Heute wissen wir: Die Entstehung des Lebens begann vor etwa 3–4 Milliarden Jahren, das Alter der menschlichen Spezies müssen wir immerhin auf 2–3 Millionen Jahre ansetzen (vgl. Bauer, S. 153). Da bleibt von den »sieben Tagen« nicht mehr viel übrig.

Nun hatte sich etwa zeitgleich mit Darwin allerdings die historisch-kritische Bibelauslegung zu entwickeln begonnen, und so fing man an, auch »Gottes Wort« etwas kritischer unter die Lupe zu nehmen. War man jahrtausendelang davon ausgegangen, die Bibel sei ihren Verfassern vom ersten bis zum letzten Buchstaben von Gott persönlich in die Feder diktiert worden (was man Verbalinspiration nennt), so fing man nun an, sich ein vielfältigeres Bild von den biblischen Texten zu machen: Es gebe verschiedenste literarische Formen und Gattungen, vom historischen Bericht über Gleichnisse bis hin zum Roman. Und all das sei auch zu ganz unterschiedlichen Zeiten abgefasst worden. Zwischen dem Beginn des Alten Testaments und dessen Abschluss müsse man einen Zeitraum von rund 1000 Jahren ansetzen. Viele Geschichten oder auch Texte wie z.B. die »Zehn Gebote« seien doppelt überliefert, die Namen Gottes änderten sich, mal ist von Jahwe die Rede, mal von Elohim … Solche Beobachtungen bewogen die Bibelwissenschaftler, genauer hinzusehen und das, was unter der Dampfwalze »Biblische Geschichte« eingeebnet worden war, zu neuem Leben zu befreien. Statt »Biblische Geschichte« im Sinne von historischem Faktenwissen hieß es nun »biblische Geschichten« im Sinne von Erzähltraditionen.

Die Vielfalt der literarischen Formen mit ihren je unterschiedlichen Aussageabsichten wurde entdeckt. So muss eine Kurzgeschichte oder ein Gedicht anders interpretiert werden als beispielsweise ein Bericht über den Verlauf einer Schlacht! Auch spielen Zeit und Ort der Abfassung eine entscheidende Rolle. Wann wurde ein Text geschrieben, in welcher Umgebung, unter welchen politischen Bedingungen, mit welcher Absicht? Es tat sich ein kreatives Feld für die Exegese auf, wovon die Lektüre der Bibel nur profitieren konnte. In diesem Zusammenhang entdeckte man auch, dass wir in den ersten Kapiteln der Genesis nicht eine, sondern genau genommen zwei Schöpfungsgeschichten vor uns haben – wobei die aus Gen 1,1–2,4a die später entstandene zu sein scheint. Eigentlich müsste also, so die Entdeckung der Bibelwissenschaft, die Geschichte mit Adam und Eva im Garten Eden das Alte Testament eröffnen (Gen 2,4b–3,24). Zusätzlich fand man heraus, dass zwischen beiden Geschichten grob geschätzt 500 Jahre liegen: Während Gen 2–3 zu Zeiten der Könige David und Salomo und des Tempelbaus zu Jerusalem verfasst wurde, befand sich das Volk Israel während der Niederschrift von Gen 1 in der sogenannten »Babylonischen Gefangenschaft« und wohl selbst im Zustand des dort beschriebenen *Tohuwabohu*!

Wenn es aber zwei Geschichten sind, die uns in der Bibel »vom Anfang« überliefert werden, dann ist auch klar, dass es sich hier nicht um Biologie oder Naturwissenschaft, sondern um Literatur handelt, nicht um Berichte, sondern um Erzählungen, die sich noch dazu vor einem gänzlich anderen Hintergrund abspielten. Insofern führt es sicher nicht weiter, wenn man nun, wie in Hessen empfohlen, die Schöpfungsgeschichte der Bibel (in platter Verkennung ihrer Zweiheit) in den Lehrplan für Biologie aufnehmen und daselbst neben die Evolutionslehre stellen will. Oder schlimmer noch: wie in Italien oder den USA zurzeit im Gange, die Evolutionslehre überhaupt aus dem Unterricht verbannt. Ein Gedicht ist etwas anderes als eine Mathematikaufgabe, und eine Erzählung interpretiert man anders als das Protokoll eines wissenschaftlichen Experiments. Nur da, wo es um Schöpfung geht, soll es plötzlich anders sein. Verlören wir wirklich unseren religiösen Halt, wenn Gott die Welt nicht in sieben Tagen geschaffen hätte?

Natürlich steht bei all dem auch die Wahrheit der Bibel als »Gottes Wort« auf dem Spiel. Wenn Gott also die Welt nicht in sieben Tagen erschaffen hat – ist das, was die Bibel uns erzählt, dann eine Lüge? Und wenn es zwei Schöpfungsgeschichten gibt, welche ist dann die richtige? Aber ist ein Gedicht »Lüge«? Ist ein guter Roman »Lüge«? Oder liegt deren Wahrheit nicht nur auf einer anderen Ebene? Genau dies gilt es im Folgenden herauszuarbeiten. Wenn es zwei Geschichten gibt und das Alte Israel beide Geschichten in sein heiliges Buch aufgenommen hat, dann werden sie wohl beide »wahr« und »richtig« sein; und im besten Fall können sie sich in ihren Aussagen ergänzen!

2. Adam, Eva und die Schlange im »Paradies« (Gen 2,4b–3,24)

Die Schöpfungsgeschichte, die bei uns in der Bibel an zweiter Stelle steht, ist von ihrer Entstehung her rund 500 Jahre älter als die Geschichte aus Gen 1. Beide Erzählungen wurden offensichtlich auch unter gänzlich anderen politischen Verhältnissen abgefasst: Gen 2–3 zur Zeit des Jerusalemer Tempels und der Könige Saul, David und Salomo (ca. 1000 v.Chr.), Gen 1 in der Zeit der sogenannten Babylonischen Gefangenschaft (ca. 500 v.Chr.). Während sich Schöpfung nach Gen 1 eher im Zeitraffertempo von sieben Tagen ereignet, ist die Geschichte in Gen 2 und 3 viel bildhafter ausgestaltet. Schon bald werden wir hier – zusammen mit dem ersten Menschen – in einen lieblichen Garten versetzt, wo Jahwe Gott einen »Baum des Lebens« und einen »Baum der Erkenntnis des Guten und Bösen« hervorwachsen lässt. Gott bildet jenen ersten Menschen aus Staub vom Erdboden (*adamah*) und bläst in seine Nase einen Lebenshauch. Erst die »Septuaginta«, die griechische

Übersetzung der Bibel, macht ein rundes Jahrtausend später aus diesem »Garten« ein »Paradies«, und seither haben auch wir diese Bezeichnung, die so nicht ursprünglich war, übernommen. Für ein Volk von teilweise nichtsesshaften Nomaden, das viel in der Wüste unterwegs war, stellte ein von Flüssen durchzogener üppiger Garten mit Sicherheit ein Paradies im landläufigen Sinne dar! Deshalb auch ist es sicherlich nicht verwunderlich, dass ein Baum im Mittelpunkt der entscheidenden Ereignisse steht!

> »Gott nahm den Menschen und setzte ihn in den Garten Eden, damit er ihn bebaue und bewache. Und Jahwe Gott gab dem Menschen dieses Gebot: ›Von allen Bäumen des Gartens darfst du essen. Vom Baum der Erkenntnis des Guten und Bösen aber darfst du nicht essen. Denn am Tage, da du davon issest, musst du sicher sterben.‹«

So wird es uns in Gen 2,15–17 erzählt. Der Mensch, kaum auf der Welt, wird schon mit Tod und Verderben bedroht. Gemessen an dem, wie behutsam viele andere Schöpfungsmythen mit den Menschen umgehen, gleicht das Ganze einer eher herzlosen Einweisung in ein Arbeitsfeld und straft die Idylle des paradiesischen Gartens von Anfang an Lügen. Der Mensch wird geschaffen, damit er im Garten Arbeit verrichtet. Ob er seinen Schöpfer damit entlasten soll, wird nicht ganz klar. Auch dass der ihn irgendwie anleiten würde, vernehmen wir nicht.

»Mensch« ist bis dahin männlich. Das erfahren wir, als es darum geht, ihm eine Hilfe zu geben, die ihm entspricht. Aus diesem Grund entstehen die »Tiere des Feldes« und die »Vögel des Himmels«, damit der Mensch ihnen Namen gebe, was er dann auch tut. Interessant ist, dass die Tiere hier erst *nach* dem Menschen erschaffen werden. In allen anderen Schöpfungsgeschichten, die hier im Buch versammelt sind, gehen die Tiere – ganz wie wohl auch in der evolutionsgeschichtlichen Realität – dem Menschen vorauf! Weshalb er von den Tieren vieles lernen kann. Hier jedoch tritt er durch die Benennung gleich in eine Art Herrschaftsverhältnis zu ihnen ein, sichert sich sozusagen die Definitionsmacht. Das bleibt auch so, als Gott ihm endlich eine Gefährtin »baut«, wie es im Text heißt. »Diese soll Männin (*ischah*) heißen, weil sie vom Mann (*isch*) genommen ist.« Das hebräische Wort *ischah* wird hier als Ableitung von *isch* verstanden, was in vielen Übersetzungen verschleiert wird. Ohnehin ist die Frau nur aus einem Teil des Mannes gemacht, der gewöhnlich als »Rippe« bezeichnet wird. Was spätere (auch neutestamentliche) Deutungen des sogenannten »Schöpfungsauftrages« der Frau erheblich belasten wird.

Der Frau lässt die Geschichte noch weniger Zeit, sich im Garten einzuleben, als dem Mann. Sie gerät nur zu bald in Berührung mit der Schlange, dem listigsten Tier des Feldes, das Jahwe Gott »gemacht« hatte. Und so nimmt das Verhängnis des Anfangs seinen Lauf: Die Frau vertraut den Einflüsterungen der Schlange, die ihr erklärt, dass sie nicht sterben werden, wenn sie die Früchte vom Baum der Erkenntnis essen. Die Frau probiert es aus und gibt auch ihrem Mann etwas von der Frucht zu essen. Worauf sie zuallererst erkennen, dass sie nackt sind. Als Gott die Übertretung seines Gebotes entdeckt, schieben alle sich gegenseitig die Schuld zu: Die Frau klagt die verführerische Kraft der Schlange an, der Mann weist mit dem Finger auf seine Frau. Das Ende vom Lied kennen wir nur zu gut: Es ist mit dem Begriff »Vertreibung aus dem Paradies« nur unzureichend beschrieben. Was eigentlich so schlimm daran ist, dass die Menschen Gut und Böse erkennen und damit werden »wie Gott«, wird uns nicht verraten. Jahwe erscheint hier als ein eifersüchtiger und rachsüchtiger Gott, der seine Gaben nicht mit den Menschen teilen will, vor allem nicht die Gaben, die »am schmackhaftesten« sind. Offensichtlich will er Abstand halten zwischen sich und seinen Geschöpfen. Und zu den Religionen der anderen Kulturen, die allesamt die Schlange als ein hochheiliges und tiefgeistvolles Tier verehrten, das die Weisheit von Himmel, Erde und Unterwelt in sich vereinte. Das Bild der Schlange am Lebensbaum war ein uraltes Heilssymbol, und immer schon war es vorzugsweise mit der Kraft von Göttinnen verbunden worden (vgl. Stames / Zingsem 2001).

So war es in Griechenland die Göttin Erde (*Gaia*) höchstpersönlich, die ihrer Tochter Hera zur Hochzeit einen Baum mit den goldenen Äpfeln der Unsterblichkeit schenkte. Hera ließ ihn von der Schlange Ladon bewachen, damit niemand Unbefugtes sich die Früchte aneignen konnte. In der Bibel wird übrigens kein Wort über die Art der Früchte verloren. Dass es Äpfel waren, hat man erst später dazugedichtet. Diese Verknüpfung macht allerdings Sinn, weil der Apfel als altes Symbol der Liebe gilt. Schneidet man ihn in der Mitte durch, erscheint eine fünfblättrige Rosette. Verbindet man diese fünf Enden zu einem Stern, erhält man einen Fünfzack, auch Pentakel genannt. Da man diese Linien, ohne jemals abzusetzen, immer weiter überzeichnen kann, wurde der Fünfzack ein zentrales Symbol für Ewigkeit und ewiges Leben. Auch der breitbeinig aufrecht stehende Mensch mit seinen ausgebreiteten Armen bildet einen solch fünfzackigen Stern! Der Apfel war damit geradezu prädestiniert, zu einem Symbol unsterblichen Lebens zu werden. Auch die germanische Mythologie kennt die goldenen Äpfel von den Apfelbäumen der Göttin Iduna, mit denen sie jeden Morgen das Leben der Göttinnen und Götter auf Asgard verjüngt. Dass sie golden sind, weist sie natürlich auch als Sonnensymbole aus, denn auch die Sonne verjüngt sich ja jeden Morgen! Da Äpfel botanisch gesehen zu den Rosengewächsen gehören, wurden sie schon sehr bald auch zum Symbol der unsterblichen Liebe.

Das alles soll nun nach Gen 2 und 3 nicht mehr gelten. Der neue Gott will andere Maßstäbe setzen. Es ist ein großes Entmythologisierungsprogramm, das sich hinter diesen dürren Zeilen ausbreitet und das sich in Gen 1 fortsetzen wird. In Gen 3,14 wird zunächst die Schlange verflucht. Da die Schlange so oft mit den großen Göttinnen des Vorderen Orients verbunden ist, ist es nur folgerichtig, Feindschaft zwischen Frau und Schlange heraufzubeschwören. Womit die Frauen gleich noch ihrer geistigen

Verbündeten beraubt werden. »Falsche Schlange« wird fortan ein Schimpfwort bleiben, dass Frauen in ihrem Sein abwertet. Beachten wir, dass es der Wunsch nach Erkenntnis ist, der die Frau antreibt, die Frucht zu pflücken. Und die Schlange als das weiseste und klügste Tier der Antike weist ihr dazu den Weg. Dabei ist noch interessant, dass das hebräische Wort für »erkennen«, *jodea,* sich auf den Leib (Sexualität) wie auf den Geist gleichermaßen bezieht. In der Auslegungstradition wurde Eva dann allerdings ausschließlich zur sexuellen Verführerin. Am Ende dieser Geschichte wird es keine weiblich-mütterliche Weisheit mehr geben, sondern nur noch das Gesetz des neuen Schöpfers, der keine anderen Gottheiten mehr neben sich duldet, schon gar keine weiblichen. Zwar wird die Frau vom Mann nach Gen 3,20 »Eva« genannt, »Mutter aller Lebendigen«, doch werden spätere Zeiten die Todesmutter in ihr erkennen. Die Frucht ihres Verlangens nach Erkenntnis war schließlich der Tod. Und die Auslegungsgeschichte zu Gen 3 hat es so gewollt, dass die Folgen des Fruchtpflückens bereits im Neuen Testament allein Eva angelastet wurden (1 Kor 11; 1 Tim 2,13–15).

Die Folgen der Gebotsübertretung sind schwerwiegend: Die Frau wird dazu verurteilt, unter Schmerzen Kinder zu gebären, und muss sich von ihrem Mann beherrschen lassen. Dem Mann gegenüber wird sogar ein neuer Fluch ausgesprochen: »Verflucht sei der Erdboden um deinetwillen … Dornen und Disteln soll er dir wachsen lassen« (Gen 3,17f.). Sehen so Visionen für die Zukunft aus? Müssen wir uns noch wundern, warum wir uns in dieser Schöpfung, auf dieser Erde nicht zu Hause fühlen? Wenn »am Anfang« des Lebens nur Bilder von Zorn, Schuld, Strafe und Sünde stehen? Wie sollen wir etwas als Heimat erfahren, das uns im Grunde als bessere Strafkolonie geschildert wird? Wie Zufriedenheit über etwas empfinden, das uns nur im Zorn überantwortet wurde? Laut Gen 2 und 3 jedenfalls befindet sich die gesamte Menschheit im Status von Vertriebenen. Irrsal und Wirrsal in den Herzen und Sehnsucht nach einem Paradies, das sie entweder hinter oder vor sich weiß, niemals aber ist es dort, wo sie sich gerade befindet. Das Glück muss anderswo gesucht werden als in dieser unserer gegenwärtigen Welt. Müssen wir die Erde deshalb so wahnhaft zerstören, weil wir spüren, dass es nicht Liebe ist, die sie uns überantwortet hat? Führt unsere Kultur deshalb so verbissen Krieg gegen die Erde und unsere Mitgeschöpfe, die Tiere und Pflanzen, weil sie sich unbewusst rächen muss für die erlittene Kränkung?

Jahwe Gott erscheint nach dieser älteren Schöpfungsgeschichte mehr als ein Rivale der Menschen, deren Wachstum er eher fürchtet als fördert. Das bringt vor allem jene Geschichte aus der hebräischen (mündlich erzählten) Mythologie zum Ausdruck, in der Gottvater Adam »kleinmacht«, weil er nicht erträgt, dass dieser ihm zum Verwechseln ähnlich sieht:

> »Gott hatte Adam eine so große Gestalt gegeben, dass dieser, wenn er sich niederlegte, von einem Ende der Erde zum anderen reichte, und dass, wenn er aufstand, sein Kopf auf derselben Höhe war wie der göttliche Thron. Außerdem war er von einer so unbeschreiblichen Schönheit«, dass sogar seine Fersen noch die Sonne überstrahlten, ganz zu schweigen von seinem Gesicht! So kam es, dass alle Lebewesen sich dem strahlenden Adam näherten, als sei er Gott selbst! Auch fragten sich die Engel, ob es am Ende gar zwei göttliche Mächte gebe, die eine im Himmel und die andere auf der Erde? »Um sie zu beruhigen, legte Gott seine Hand auf Adam und verminderte seine Größe auf tausend Ellen. Später, als Adam ungehorsam vom Baum der Erkenntnis aß, verkürzte Gott seine Gestalt auf hundert Ellen.« Dies ging so vor sich, dass er unzählige Schichten von Adams Fleisch abschnitt. Als dieser darauf klagte: »Warum verkleinerst du mich?«, erwiderte ihm Gott, er solle alle diese Fleischabfälle sammeln und weit über die Erde verstreuen, damit sein Samen die ganze Erde füllen möge. (Vgl. Ranke-Graves/Patai, S. 75f.)

Das klingt ganz wie in Platons Schrift »Symposion«, wo Zeus die (Kugel-)Menschen auch in zwei Hälften teilt, um sie besser beherrschen zu können. Nach dieser Schöpfungsgeschichte waren alle Menschen zunächst kugelrund und in der Lage, sich auf acht Gliedmaßen radschlagend fortzubewegen. Auch gab es drei Geschlechter, ein weibliches, ein männliches und ein mannweibliches. Gewaltig waren diese Menschen an Kraft und Stärke und ebenso groß an Gedanken, so dass sie sich Zugang zum Himmel verschaffen wollten. Da kommt Zeus auf den Gedanken, sie zu zerteilen. So werden die Menschen schwächer werden und zugleich den Göttern nützlicher, weil sie dann zahlreicher geworden sind und ihnen mehr Opfer bringen können. Nachdem nun diese zunächst »runden« Wesen zerteilt worden waren, sehnte sich jedes Teil nach seiner anderen Hälfte. »Von so langem her also ist die Liebe zueinander den Menschen angeboren, um die ursprüngliche Natur wieder herzustellen, und versucht, aus zweien eins zu machen und die menschliche Natur zu heilen.« (S. 103) Bei Platon dient diese Geschichte dazu, eine Begründung für die Liebe unter Männern zu liefern, die hier im Vergleich zur herterosexuellen Beziehung als die höherwertige angepriesen wird, da sie nicht auf leibliche, sondern auf geistige Kinder ausgerichtet ist. Im weiteren Fortgang des »Symposions« wird dann die männlich-homosexuelle Liebe als der alleinige Weg zur Philosophie beschrieben, was Frauen konsequent von diesem Weg ausschließt.

Das Machtproblem wird bei Platon allerdings als ein innergöttliches verstanden: Zeus hat Angst, dass die Menschen zu mächtig werden, und schmälert kurzerhand ihr Leben. In der Bibel projiziert Jahwe Gott dagegen seine Eifersucht uneingestanden auf die Menschen und lastet ihnen als Sünde an, was doch sein eigener Konflikt ist: Auf der einen Seite erkennt er die Macht des Menschen an: »Siehe, der Mensch ist geworden wie einer von uns, so dass er Gutes und Böses erkennt.« Aber die Früchte vom Baum des Lebens gönnt er ihm nicht: »›Dass er nun aber nicht seine Hand ausstrecke und auch von dem Baum des Lebens nehme und esse und ewig lebe.‹ Darum entfernte ihn Jahwe Gott aus dem Garten Eden, damit er den Erdboden bebaue, von dem er genommen ist.« In beinahe sadistischer Weise setzt Gott sogar noch ein Flammenschwert an die Tore des Gartens, damit der Mensch nur ja keine

Chance mehr erhält, dorthin zurückzukehren: »Und als er den Menschen vertrieben hatte, stellte er östlich von dem Garten Eden die Kerube auf und das zuckende Flammenschwert, damit sie den Weg zum Baum des Lebens bewachen.« (Gen 3,22–24) Jahwe Gott scheint hier mehr Angst um sich selbst und seinen Machterhalt zu haben, als dass er sich um seine Geschöpfe sorgt, ganz zu schweigen davon, dass er überlegen würde, wie er ihnen etwas Gutes tun könnte. Kein einziges Mal denkt er daran, wie er ihr Herz erfreuen, ihnen Zuwendung und Nähe schenken könnte.

Das in Gen 2 und 3 gezeichnete Bild zeigt uns einen Gott ohne Fürsorglichkeit, ohne Mitgefühl und ohne Humor. Anstatt sich an seinen Geschöpfen zu freuen, versucht er nur kleinlich, seine Macht gegen sie auszuspielen, die doch als von ihm geschaffene Wesen ohnehin zunächst von ihm abhängig sind. Der kleinste Schritt seiner Kinder in Richtung Eigenständigkeit und »Ausprobieren, was geht« wird sofort drastisch und mitleidlos bestraft. Als ob es außer Gehorsam keinen anderen Wert mehr im Verhältnis *Gott – Mensch* geben könnte!

Wie ganz anders geht es dagegen in den Schöpfungsgeschichten der mündlichen Kulturen zu, von denen wir in Kap. IV eine ausführlicher kennenlernen werden. Hier wird die Welt liebevoll und in langwierigen Entwicklungsschritten z.T. bis ins kleinste Detail hinein erschaffen, damit die Menschen sich auch ja darin wohlfühlen können. Bei den Diné z.B. werden Menschen überhaupt erst gebildet, als alles, wirklich alles in dem Land, das sie später bewohnen sollen, in Harmonie aufeinander abgestimmt ist. Und selbst dann versprechen die Schöpfergöttinnen ihnen, dass sie ihnen jederzeit zu Hilfe eilen werden, sobald sie einmal mit ihrem Leben nicht zurechtkommen. Bei den Hopi wärmt und wiegt »Spinnenfrau« ihre »Kinder« an ihrem warmen jungen Busen und singt sie liebevoll ins Leben, während der Sonnenvater sie mit seinen leuchtenden Augen wärmt. Menschen entstehen aus Sehnsucht der Göttinnen nach Gesellschaft, und es ist ihnen eine Freude, sie nicht nur am Leben zu erhalten, sondern ihnen auch ihre Wünsche zu erfüllen. Bei den Anishnabeg sorgen sich die Gottheiten, männliche wie weibliche, um die Gesundheit der Menschen und schaffen Pflanzen mit heilenden Kräften. Sonne und Mond leuchten ihnen den Weg, und die Erde gibt ihnen großzügig alles, was sie zum Wachstum brauchen. Alles tun diese Gottheiten, um die Menschen zu beschützen und ihnen die Angst vor dem Leben in dieser Welt zu nehmen, die eigens für sie geschaffen wurde und in der sie sich künftig zu Hause fühlen sollen.

3. In sieben Tagen: Schöpfung nach Gen 1,1–2,4a

Obwohl die Schöpfung nach Gen 1,1ff. den Anfang des Alten Testaments bildet, ist sie trotzdem erst rund 500 Jahre später entstanden als die Geschichte mit Adam, Eva und dem Sündenfall, die in Gen 2, 4–3,24 erzählt wird. Damals befand sich der überwiegende Teil des Volkes Israel, wie gesagt, in der sogenannten »Babylonischen Gefangenschaft« (ab 587 v. Chr.), und der Tempel zu Jerusalem war zerstört. Damit war auch das Zentrum des Kultes und der religiöse Halt, den der Tempel geboten hatte, aus dem Leben des Volkes verschwunden. Fortan musste man sich ein anderes Zentrum »bauen«, ein eher transportables, das nicht an einen bestimmten Ort gebunden war. Zu dieser Zeit fing man an, den Schabbat stärker im Mittelpunkt des religiösen Lebens zu verankern. Und dazu wurde auch eine neue Schöpfungsgeschichte entwickelt. Indem die Welt in sieben Tagen erschaffen sein soll, die auf den Schabbat als krönenden Feiertag zuliefen, an dem das Volk zusammen mit seinem Gott »ruhte«, gab man sich zugleich eine neue und tragende religiöse Identität. Ein schönes Beispiel, wie man mit einem Verlust kreativ umgehen konnte! Das setzte die Ideen der älteren Schöpfungsgeschichte nicht außer Kraft, gab aber eine neue Richtung vor. Zugleich ist Gen 1,1ff. ein anschauliches Beispiel dafür, dass auch Schöpfungsgeschichten sozusagen »mit der Zeit« gehen können. So will auch diese Geschichte nicht beweisen, wie die Welt »rein objektiv« entstanden ist, sondern vielmehr zeigen, wie Israel unter veränderten Bedingungen mit »seinem Gott« weiterhin in Verbindung bleiben kann. Und was wäre dazu besser geeignet, als so zu werden wie Gott selbst? Wenn das Volk am siebten Tag der Woche ausruht, dann vollzieht es das Schöpfungswerk Gottes im Grunde mit und tut, was Gott getan hat, als das Werk vollendet war! In der Feier des Schabbat konnte sich Israel also eins fühlen mit seinem Gott! Eine geradezu geniale Geschichte, mit der man das »Sein-Wollen-wie-Gott« im Grunde durch die Hintertüre doch noch erreichen konnte. Zumindest an einem Tag der Woche, der damit zum wichtigsten überhaupt wurde!

Israel stand in regem Austausch mit seinen Nachbarvölkern, allen voran Ägypten und Mesopotamien, inzwischen »Babylon«, und es blieb nicht aus, dass viele Vorstellungen einfach übernommen wurden. Ein entscheidender Schachzug, um nicht zu sagen Feldzug, wird dennoch gegen die Götter und Göttinnen der umliegenden Kulturen geführt. In gewisser Weise auch wieder ein Geniestreich, allerdings mit fragwürdigem Ausgang. Die Gottheiten der anderen Völker finden sich laut Gen 1,14–19 plötzlich als schnöde »Lampen« ans Firmament geheftet. »Gemacht« und hergestellt von einem Schöpfer, der ihnen kein eigenes göttliches Funkeln mehr zugestehen will, die selber alles sein und alles allein können soll. Im Religionsunterricht wurde uns das immer als leuchtendes Beispiel einer frühen Entmythologisierung vorgeführt, die unseren modernen naturwissenschaftlichen Umgang mit der Welt erst ermöglicht habe. Doch heute sollten wir uns weit kritischer dazu stellen.

Heute wissen wir zudem, dass diese Art von Schöpfungsmodell der Erde nicht gutgetan hat. Solange sie noch als eigenständiges und vor allem spirituelles Wesen, mit eigenen Zielen und Zwecken, als *natura naturans,* aufgefasst wurde, gab es natürliche Hemmungen gegen ihre Ausbeutung für allein dem Menschen dienende Zwecke. Solange man gehalten war, ihren göttlichen Energielinien nachzuspüren, die sich an »heiligen Plätzen« verdichten, war man vor allzu großer Entmythologisierung sicher. Die Erde, die Natur, der ganze Kosmos war ein Wesen, das man, symbolisch gesehen, erst töten musste, bevor man es allein dem Menschen zu dessen Nutzen und Ausnutzen überlassen konnte. In Griechenland bewerkstelligte man dies, indem man über die Philosophie das Weibliche zum (unbeseelten) Stoff und das Männliche zu dessen formender Ursache erklärte: ein Prozess, der auch dort beinahe zeitgleich mit der Geschichte aus Gen 1 einsetzte (etwa bei Aischylos oder Aristoteles). Und er ging auffallend und unisono zu Lasten des Weiblichen.

Aber ist denn der zu Beginn der Bibel geschilderte Gott überhaupt eindeutig männlich? Nachdem wir ihn rund 2500 Jahre dafür gehalten haben, kommen nun (wieder) Zweifel auf. Die entzünden sich vor allem an dem schon in Gen 1,1 gebrauchten Wort *elohim. Elohim* ist eindeutig Plural zu *El,* Gott, meint also mindestens zwei Gottheiten, so wir nicht annehmen wollen, es handle sich hier um einen *Plurale majestatis,* wie ihn etwa Kaiserinnen und Kaiser bzw. Königinnen und Könige für sich beanspruchen – was man lange Zeit wohl wirklich angenommen hat. Nach wie vor wird *elohim* in allen gängigen Ausgaben der Bibel mit »Gott« übersetzt, womit man sich um aufkommende Probleme elegant herummogelt. Was aber meint *elohim*? Ist hier wirklich eine androgyne Form der Gottheit beschrieben, die das Göttliche als mannweibliche Einheit erscheinen ließe, und wäre damit überhaupt etwas gewonnen?

Im Zuge der Ausstellung »Gott weiblich«, die im Sommer 2008 im kleinen Diözesanmuseum zu Rottenburg bei Stuttgart hohe Wellen schlug, wurde diese Frage erneut und heftig diskutiert. Werden wir – wie dort von Othmar Keel und Silvia Schroer vorgeschlagen – dem biblischgöttlichen Wesen besser gerecht, wenn wir es uns bald mit weiblichen, bald mit männlichen Charakterzügen vorstellen? Oder den Gottesnamen »Jahwe«, wie er uns in Gen 2–3 begegnet nur noch als Eigennamen deuten, der mehr Interpretationsspielraum lässt (vgl. Keel, S. 12f.)? Manches mag sicher dafür sprechen. Es würde z. B. auch erklären, warum es in Gen 1,27 heißt: »Gott schuf den Menschen (*adam*) nach seinem Bilde; nach dem Bilde Gottes schuf er ihn; männlich und weiblich schuf er sie.« *Adam* heißt in diesem Fall »Menschheit« und bezieht sich nicht auf den bekannten »ersten Mann« der anderen biblischen Schöpfungsgeschichte.

Menschen existieren in der Regel nur als Frauen oder Männer. Schließt man also von der Menschheit auf die Gottheit zurück, dann müsste diese zumindest androgyn sein, Weibliches wie Männliches in sich enthalten. Der Kontext der Erschaffung bleibt jedoch rein männlich: Es ist »er«, der nach »seinem« Bilde wiederum »ihn«, *adam*, schafft, der erst dann als Mann *und* Frau erscheint. Selbst Keel übersetzt hier nicht anders! Wenigstens hätte er es ja mit »nach seinem/ihrem Bilde« versuchen können! Die Leitidee ist und bleibt rein männlich. Das bleibt bei Keel auch so, wenn er Übersetzungen für den Namen »Jahwe« vorschlägt: »Er weht«, »Er ist da«, »Er lässt da sein«. Zu den Rollen Jahwes fallen ihm als Erste ein: »Vater, Bruder, Hirte, Krieger, König, Töpfer, Richter, Rechtsbeistand, Arzt.« Bei den weiblichen Rollen fallen ihm nur »Mutter« und »Hebamme« ein (S. 13). Das Weibliche gewinnt hier allenfalls Aspektcharakter, aber ein Aspekt steht eben nie für ein Ganzes und vor allem eigenständig Wirkendes.

Gerade in Bezug auf die ägyptischen Gottheiten *Hathor/Neith* und *Chnum* kommt Keel zu folgender Schlussfolgerung: »In der Bibel spielt Jahwe die männliche Rolle des Chnum *und* die weibliche der Hathor. Er ›töpfert‹ wie Chnum den Körper und gibt wie Hathor den Lebensodem in die Nase (Gen 2,7). Er spielt eine männliche *und eine weibliche Rolle*, ist also, im Sinne von *gender*-Rollen, männlich und weiblich.« (S. 14) Vom ägyptischen Denken aus gesehen, würde Jahwe die weibliche Rolle eher vereinnahmen, wenn nicht gar usurpieren. So wie in der griechischen Mythologie Zeus, der die Göttin der Weisheit, *Metis*, verschluckt, sich die weibliche Rolle einfach einverleibt und nun selbst gebären will. Vom Weiblichen, erst recht von einer »Göttin« bleibt da wenig übrig. Für die antiken Ägypter bliebe eine androgyne Gottheit im Übrigen klar im Bereich des »Nichtseins«, sprich in der Undifferenziertheit des Unbewussten. Schöpfung ereignet sich erst, wenn es mindestens die Ausdifferenzierung in weiblich und männlich gibt. Auf eine androgyne Gottheit kann man sich auch schlecht beziehen. Schon gar nicht entsteht durch sie ein höherwertiges Bild des Weiblichen, dessen wir in unserer Kultur der minderwertigen *Pin-up-girls* auf niedrigstem Niveau, die ganze Kioskwände füllen, so dringend bedürfen.

Zudem steht zu befürchten, dass im androgynen Gottesbild die *gender*-Rollen nach den klassischen Mustern verteilt bleiben, gegen die wir doch im modernen Leben gerade vorgehen wollen! Die richtende, kämpfende, strafende und befehlende Seite Gottes wird dann als männlich, die barmherzige, sanfte, liebevolle und nährende Seite als weiblich empfunden. Woran sonst sollten wir erkennen, wann Gott mit »seiner« männlichen und wo »sie« mit »ihrer« weiblichen Seite handelt? Die Rollenklischees werden auf diese Weise noch viel stärker verfestigt, als sie es ohnehin noch immer sind. Wollen wir aus den alten Mustern ausbrechen, führt kein Weg an der Vielheit vorbei, wie sie im Laufe dieses Buches vorgeführt wird. Ganz im Gegenteil zu den Behauptungen des Monotheismus hat die Vielheit nichts mit minderwertigem Denken zu tun, sondern ist Ausdruck und Abbild der Mehrdimensionalität und Vielfältigkeit von Welt überhaupt.

Wo aber kommen nun die sieben Tage her, in denen Gott die Welt erschafft? Es versteht sich beinahe von selbst, dass die Autorinnen und Autoren von Gen 1 hier nicht originell waren. Das System der sieben Planeten war schon lange bekannt und bis heute benennen wir unsere

Wochentage nach diesem Schema. Und wie wir es an unseren Wochentagen ablesen können, waren die Planeten auch damals schon denselben Gottheiten zugesprochen, die noch heute durch die Namen unserer Wochentage durchschimmern: der Montag dem Mond, der Freitag der Venus (Freia), der Mittwoch dem Merkur, der Donnerstag dem Jupiter usw. Davon ist jedoch in Gen 1 keine Rede mehr. Andere Göttinnen und Götter sind im Monotheismus nicht denkbar, auch wenn *elohim* immerhin eine plurale Deutung noch zulässt. Doch auch der Schabbat ist ursprünglich in Babylon als Göttin verehrt worden. Daher spricht man noch bis in unsere Zeit hinein vom »Hexensabbat«. Im Akkadischen bezeichnete das Wort *Shabbattu* oder *Shapattu* das Vollmondfest, zu dessen Anlass man die Menstruation der Göttin Ischtar als heilige Ruhezeit feierte. Danach bedeutet dieses Wort »Herzruhe« und ist der Ruhetag, den der Mond sich nimmt, wenn er voll ist. Ein Tag, an dem keine Arbeit verrichtet und kein Fleisch gekocht und keine Reise angetreten werden sollte. Ursprünglich nur einmal im Monat gefeiert, wurde der Schabbat allmählich nach jedem Viertel der Mondphasen begangen, mithin alle sieben Tage. (Vgl. zum Ganzen: Shuttle / Redgrove, S. 237–241.)

Nach Raphael Patais maßgeblichem Buch *The Hebrew Goddess* (»Die Göttin der Hebräer«) war Schabbat nur ein anderer Name für die *Schechinah*, jene weibliche Seite Gottes, die u. a. auch in seinem Tempel zu Jerusalem »Wohnung« nahm, sprich seine den Menschen zugewandte Seite zum Ausdruck brachte: »Sie nahm die Gestalt einer göttlichen Königin oder Braut an, die jeden Freitag bei Einbruch der Dunkelheit die Menschen aufsuchte, um ihnen am heiligen Sabbath Freude und Glück zu bringen.« (Shuttle / Redgrove, S. 238) Der Schabbat fängt ja bekanntlich, wie bis heute alle Wochentage im Vorderen Orient, bereits am Freitagabend, dem *erev shabbat*, an: ein Wochentag, der seit eh und je der Göttin der Liebe mit ihren wechselnden Namen geweiht war. Traditionell war im Judentum die Nacht von Freitag auf Samstag der ehelichen

Liebe vorbehalten. Am sechsten Tag war ja auch nach der Bibel die Sexualität erschaffen worden! So wie Gott mit seiner Schechinah, so sollten sich auch Mann und Frau in Liebe vereinen. In der Kabbala, der mystischen Tradition des Judentums, wird die Schechinah schließlich mit Lilith verbunden, wodurch Lilith, die andererseits auch als die erste Frau Adams gilt, in den Rang einer geheimen Göttin des Judentums erhoben wird. Bereits im babylonischen Talmud wird Lilith zudem mit dem Vers aus Gen 1,27 verbunden: als Mann und Frau schuf er sie. Immer allerdings blieb sie für das mystische Judentum eher Göttin als Menschin. Was man auch daran sieht, dass allein von Lilith gesagt wird, sie kenne den geheimen Namen Gottes (vgl. Zingsem 2003, S. 28–39).

Was immer sich zu dieser ersten Schöpfungsgeschichte der Bibel noch alles sagen ließe, eins dürfen wir hier mit Sicherheit festhalten: Israel hat sich während der Zeit der »Babylonischen Gefangenschaft« ein neues Gesicht gegeben und ist enorm kreativ mit den dort gestellten Herausforderungen umgegangen. Dass spätere Zeiten von der Göttin der Hebräer nichts mehr wissen wollten, heißt jedenfalls noch lange nicht, dass sie nicht da gewesen wäre. Vielleicht könnten neue Vorstellungen von »Gott weiblich« auch hier in schöpferischer Weise ansetzen?

Allerdings sollten wir uns auch klar darüber sein, dass all die genannten weiblichen Gestalten, seien es Schechinah, Schabbat oder Lilith, immer als im Männlichen enthalten vorgestellt werden (ein biologisches Ding der Unmöglichkeit!). Und das gilt für sämtliche drei Seinsebenen: Himmel, Erde und Unterwelt: So wie Lilith in Jahwe/Elohim und Eva in Adam, so ist auch Lilith zuzeiten in Leviathan als Dämonin enthalten. Das Weibliche als »integriertes« Phänomen wird damit letztlich seiner Freiheit und eigenen Stimme beraubt. Wir sollten hier ansetzen, bei den Ur-Bildern, die Frauen ihrer Freiheit dauerhaft beraubt haben, um aus der vereinnahmenden Einheit herauszufinden zur eigentlich schöpferischen Zweiheit. Eine Befreiung, die im Übrigen auch den Mann betreffen wird. Das

Bild der Frau in der männlichen Seele – auch *anima* genannt – kann bei diesem Prozess nur gewinnen. Solange es sich nämlich nur von minderwertigen Bildern des Weiblichen »nähren« kann, nagt es eher am imaginativen Hungertuch, als dass es aus der Fülle bedeutungsvoller Frauenbilder schöpfen könnte.

4. Eine Welt ohne Liebe, Freude und Mitgefühl

Von so etwas wie »Liebe« ist in den biblischen Schöpfungsgeschichten kein einziges Mal die Rede. Es gibt keine Liebe zu den Tieren und Pflanzen, keine Liebe der Tiere zu den Menschen, keine Liebe zwischen Adam und Eva. Auch über die Liebe Gottes zu seinen Geschöpfen, einschließlich des Menschen, erfahren wir nichts. Es gibt kein Mitgefühl, überhaupt so gut wie kein Gefühl (sieht man mal von Gottes Zorn ab), keinen Dialog, keine Geborgenheit. Es mag viele Gründe für die Erschaffung der Welt nach Gen 1–3 gegeben haben, Liebe oder auch nur Sehnsucht nach Gemeinschaft gehören sicherlich nicht dazu. Gefühle, Zärtlichkeit, Lachen, Berührung, Traurigkeit, all das scheint nicht wert, erwähnt zu werden (stattdessen Scham!). Somit müssen wir annehmen, dass all dies auch für die Kultur, die sich mit diesen Geschichten ein neues Gesicht gibt, keinen nennenswerten Wert mehr darstellt. Stattdessen geht es um das Ausüben von Macht, um Befehlen und Gehorchen, um Zorn und Eifersucht, um bedingungsloses Befolgen von Geboten, die nicht einmal im Ansatz in Frage gestellt werden dürfen. Beherrschen und Benennen: Das ist alles, worauf sich Interaktion und Kommunikation in diesen Texten beschränken.

Gott fragt nicht nach den Gefühlen der Menschen, nicht danach, ob sie mit dem Leben auf der Welt zufrieden sind – ob und wie er ihnen behilflich sein könnte, sich dort einzuleben, wo er sie hingestellt hat. Die Frau wird nicht geschaffen, damit Adam sie lieben könnte, sondern damit sie ihm »hilft«, bei was auch immer, denn auch das wird nicht genau gesagt. Es kam daher so weit, dass die Kirchenväter (allen voran Thomas von Aquin) glaubten, die Frau könne dem Mann lediglich eine Hilfe sein beim Kindergebären, ansonsten suche er Freundschaft besser bei seinesgleichen. Welch bescheidene Vorstellung, vergleicht man sie mit den großen Liebesentwürfen anderer Kulturen, die auch in diesem Buch vorgestellt werden. Die Liebe ist überall die große Bewegerin, nur in unseren Schöpfungsgeschichten nicht. Und das größte Wunder ist, dass uns das eigentlich kaum mehr auffällt. Jedenfalls wird es selten thematisiert oder problematisiert.

Bis hin zur Darstellung des Lebens Jesu ist die Liebe, insbesondere in ihrer erotischen Form, *das* große Tabu-Thema unserer religiösen Kultur: Die Liebe (und nicht nur deren sentimentale Verklärung) des Menschen zu seinen Mitgeschöpfen scheint so wenig von (göttlichem) Interesse wie die Liebe zwischen Mann und Frau. Tiere gelten nicht als Adressaten für »Nächstenliebe«, schon gar nicht als »Verwandte« des Menschen, und auch in den »Zehn Geboten« finden wir kein Gesetz, das den Umgang der Menschen mit den Tieren regeln würde. Tiere gelten, wie die Frauen, als Sacheigentum. Alles was Gen 2–3 dazu einfällt, ist, dass der Mann sie alle beherrschen soll. Noch bei Joh 19,27 nimmt Johannes Maria, die Mutter Jesu, »zu seinem Sacheigentum« (griech.: *eis ta ídia;* in der deutschen Fassung meist geglättet mit »da nahm der Jünger sie zu sich«)! Gen 1,27 äußert sich in nur wenigen dürftigen Worten, dass der Mensch zweigeschlechtlich, als Mann und Frau, erschaffen wurde. Was auch nicht Fantasien von überbordender gegenseitiger Liebe erblühen lässt. Ganz im Gegenteil ist dies sicherlich der weltweit nüchternste Satz über das Zueinander der Geschlechter, das doch allgemein im Zentrum des menschlichen Lebens steht.

Im Neuen Testament erfahren wir über diese Herzensangelegenheit des Menschen auch nicht mehr, als dass so etwas wie Heirat und Sexualität im »Himmel« keine Rolle mehr spielen wird. Dass Jesus selbst sich je in Liebeswirren oder -freuden befunden hätte, verbietet sich schon fast zu denken. Schüchterne Versuche, ihm wenigstens eine Liebesgeschichte mit Maria von Magdala anzudichten, wurden und werden von der katholischen Kirche, aber auch von vielen anderen Christen verbissen bekämpft. Ohnehin ist Liebe zu ihrer Verwirklichung und Dauer auf Gleichwertigkeit angewiesen, und die wird in der ältesten biblischen Schöpfungsgeschichte von vornherein unterminiert. Hier »gebiert« der Mann quasi das Menschengeschlecht und untergräbt damit von Anbeginn die Autorität der Frau: Das, wofür sie in so gut wie allen anderen Kulturen vorrangig verehrt wird: ihre Fähigkeit, Leben zu geben, wird hier vom Mann in krasser Verdrehung der biologischen Verhältnisse usurpiert. Die Frau geht dabei mehrfach leer aus:

- Sie wird nicht um ihrer selbst willen erschaffen, vielmehr wird der Mann zum Ziel, Sinn und Zweck ihrer Erschaffung, was umgekehrt eben nicht gilt. Sie wird auf ihn hin erschaffen, er jedoch nicht auf sie hin. Womit sie von vornherein nicht als vollgültiger Mensch konzipiert ist, der nicht zum Mittel fremder Zwecke gemacht werden darf.
- Sie ist »aus ihm«, er ist ihre »Mutter«, stellt mit der »Rippe« die Substanz, die Grundlage für ihren Leib. Somit verhält sie sich zu ihm wie ein Teil zum Ganzen. Sie hat danach alles von ihm, er aber nichts von ihr (wiederum in völliger Verdrehung der wirklichen Verhältnisse).
- Während Adam sich nach der hebräischen Mythologie sogar das Aussehen seiner Frau wünschen darf, kann sie sich nicht wünschen, was vor ihr schon das ist, und aus dem gleichen Grund kann er auch nicht einen Teil von ihr haben.
- Das Gebären, einst Grund für die Verehrung und Heiligung der Frau, wird im Fortgang von Gen 3 zum Fluch erklärt, unter Schmerzen soll sie es nun tun, und die Ge-

setzgebung des Alten Testaments macht noch zusätzlich einen unreinen Vorgang daraus, der sie sogar vorübergehend aus der Gemeinde ausschließt (Lev 12,1–8), ein bis in unsere Tage praktizierter kirchlicher Brauch!

- Dass sie zusätzlich noch für den Tod verantwortlich gemacht wird, da sie den Einflüsterungen der Schlange als Erste nachgab, war auch nicht dazu angetan, für ein liebevolles Miteinander des ersten Menschenpaares (und aller weiteren in dieser Kultur erzogenen Männer und Frauen) zu sorgen.

Versuche, Adam mit Lilith wenigstens eine gleichrangige und ihn auch spirituell beflügelnde Liebespartnerin beizugesellen, sind kläglich gescheitert, weil es Adam – den Erzählungen zufolge – nicht gelungen ist, die Liebe anders denn als Herrschaftsverhältnis zu deuten, bei dem die Frau unten, der Mann aber oben zu sein hat. Und so geht es auch weiter mit dem Braut-Bräutigam-Modell des Alten Testaments, bei dem Jahwe der Bräutigam und sein Volk Israel die Braut ist (was sich im Neuen Testament im Bild von Jesus mit seiner Gemeinde fortsetzen wird). Bei diesem Modell hat die Braut bedingungslos zu gehorchen, oder ihr werden Tod und Verderben in den schrecklichsten Szenen ausgemalt. So mag es nicht verwundern, dass die Israeliten bei den Ascheren und Altären der »Himmelskönigin« Zuflucht suchen. Bei ihr wenigstens fühlen sie sich aufgehoben und betreut, vor allem die Frauen wollen nicht von ihrer Verehrung ablassen (vgl. Jer 44,15ff.):

> »Wir werden vielmehr das Wort, das wir gegeben haben, voll und ganz ausführen: nämlich der Himmelskönigin Rauchopfer darzubringen und ihr Trankspenden auszugießen … wobei wir uns satt essen konnten und uns wohl befanden und kein Unglück erlebten. Aber seit wir aufgehört haben, der Himmelskönigin Rauchopfer darzubringen und Trankspenden auszugießen, hat es uns an allem gefehlt und sind wir durch Schwert und Hunger aufgerieben worden.«

Und die Frauen geben zu erkennen, dass auch ihre Männer einwilligen, wenn sie Kuchen mit dem Bild der Himmelskönigin anfertigen und opfern (vgl. Jer 44,17–19).

»Himmelsköniginnen« gab es zur damaligen Zeit mehrere. Die babylonische Göttin Ischtar wurde so genannt und auch die ägyptische Isis oder Hathor. Desgleichen standen die Ascheren als Baumgöttinnen auf den Bergeshöhen, wo sie den Himmel mit der Erde verbanden. All diese Himmelsgöttinnen waren zugleich auch große Liebesgöttinnen, in deren Liebesgeschichten sich das Schicksal des ganzen Universums spiegelte. Wir werden sie im nächsten Kapitel ausführlich kennenlernen.

II.
Im Anfang war die Liebe, oder: Die Liebe ist der Anfang

»Oh. Was für eine Katastrophe, was für eine Verstümmelung der Liebe, als man sie zu einem lediglich persönlichen Gefühl gemacht hat, fortgenommen vom Auf- und Untergehen der Sonne und abgeschnitten von der zauberischen Verbindung zu den Sonnenwenden! Dies ist, was uns geschieht: Wir bluten an den Wurzeln, weil wir abgeschnitten sind von der Erde, der Sonne und den Sternen, und Liebe ist eine grinsende Verhöhnung ihrer selbst, denn – arme Blüte – wir rupfen sie ab vom Baum des Lebens und meinten, sie würde weiterblühen in unserer zivilisierten Vase auf dem Tisch.«

D. H. Lawrence

1. Weltdeutung als Liebesgeschichte im Vorderen Orient

Venus unsere Hüterin, unter den kreisenden Sternen des Himmels
erfüllst du das schiffetragende Meer
und das fruchtbare Land mit Leben.
Durch dich erst wird alles Lebendige empfangen,
um geboren zu werden, das Tageslicht zu erblicken.
Göttin, vor dir weichen Stürme.
Bei deinem Kommen öffnen sich die Schleusen des Himmels,
Daedalus' süße Erde lässt ihre Blumen sprießen
für dich. Besänftigt lächeln Meereswogen dir,
und aus des Himmels Frieden strömt Licht.
Die Quelle kommt zum Leben wie des Westwinds
zeugungskräftiger Atem, die Vögel in der Luft
verkünden deine Ankunft, ihr Herz ergriffen
von deiner Macht. Der neue Überfluss
lässt wilde Tiere Freudensprünge tun.
Gefangene deiner Güte folgen dir, wohin du führst,
durch Meer und Höhen, Ströme, Blätterwerk,
wo Vögel wohnen, und grüne Felder.
In alle Herzen dringet unausweichlich deine Liebe,
damit sich alle Arten
auf Erden freudig mehren.

Lukrez (1. Jahrhundert v. Chr.)

Nach der »Theogonie« des Hesiod über die »Entstehung der Götter« (8. Jahrhundert v. Chr) lag am Anfang der Himmel, *Uranos*, auf der Erde, *Gaia*, die ihn als ihren Sohn geboren hatte. Erst die Zeit, hier der Gott *Chronos*, öffnet den Raum »dazwischen«. Chronos, ein Sohn von »Himmel« und »Erde«, schneidet auf Geheiß seiner Mutter das Glied seines Vaters Uranos ab, als der sich am Abend, wie gewohnt, auf die Erde legen will. Er schafft damit ein sichtbares Abbild der Ent-Zweiung seiner Eltern, die sich auseinandergelebt hatten, weil Uranos einige Kinder, die Gaia geboren hatte, nicht leben lassen wollte und brutal in ihren Leib zurückgestoßen hatte. Als das abgeschnittene Geschlechtsteil ins Meer hinunterfällt, öffnet sich dauerhaft der Raum zwischen Himmel und Erde. Dieser Abstand erst macht Erkennen, und Erkennen macht Liebe möglich. Solange der Himmel nur auf der Erde liegt, gibt es zwar Leben, aber keine Liebe. Erst der Abstand wirkt schöpferisch. *Aphrodite*, die aus dem weißen, leuchtenden Schaum entsteht, der sich um die Genitalien des Uranos herumlegt, macht mit ihrer erfreulichen Erscheinung die abgetrennten Teile des Uranos liebenswert. Wo vorher eher blinde und gewalttätige Lüsternheit herrschte, welche die Erde verletzte, werden nun »holdes Begehren«, »süße Erfüllung«, »Liebe und Zärtlichkeit« möglich, wie es bei Hesiod heißt. In Zypern, »wo sie als herrliche und allmächtige Göttin ans Ufer stieg«, spross sogleich »das Gras unter ihren schlanken Füßen« – Zeichen eines neuen und fruchtbaren Wachstums (Zitate aus: Zingsem 2008, S. 126).

> Auch im sogenannten pelasgischen Schöpfungsmythos erzählen die Griechen eine ähnliche Geschichte über ihre Anfänge: Hier ist es *Eurynome*, die Göttin aller Dinge, die sich nackt aus dem Chaos erhebt. Weil sie keinen festen Halt für ihre Füße findet, trennt sie das Meer vom Himmel und beginnt einen einsamen Tanz auf den Wellen. Als sie den belebenden Nordwind zwischen ihren Händen reibt, entsteht *Ophion*, die große Schlange. Immer wilder tanzte Eurynome, bis sie Ophion dazu brachte, sich lustvoll um sie herumzuschlingen, so dass sie schwanger werden konnte. Danach verwandelte Eurynome sich in eine Taube, ließ sich auf den Wellen nieder und legte zu ihrer Zeit das Weltei. Siebenmal schlang sich Ophion um das Ei herum, bis es ausgebrütet war und aufsprang. Heraus fielen alle Dinge, aus denen unsere Welt besteht: Sonne und Mond, Planeten und Sterne, die Erde mit ihren Bergen, Flüssen und Seen, ihren Bäumen und Kräutern und allen anderen Lebewesen. (Vgl. Ranke-Graves, S. 22f.)

Auch Ophion erscheint zunächst nicht als wirklich getrennt von seiner Erzeugerin. Sichtbares Ergebnis und Symbol ihrer ekstatischen Vereinigung ist das Weltei, in dem alle Dinge noch ununterschieden zusammengehalten werden. Erst als das Ei zerbricht, wird es möglich, die einzelnen Dinge und Wesen »auseinanderzuhalten«, sprich:

sie zu erkennen. Die Taube, in die Eurynome sich verwandelt, ist von alters her das Symboltier der Liebesgöttin in all ihren Formen und Facetten. Tauben begleiteten die Göttin Ischtar in Mesopotamien bereits vor rund 4000 Jahren. Tauben wurden selbstverständlich auch zu Symbolvögeln der Aphrodite in Griechenland (neben Sperling, Gans und Schwan). Ihr häufiges Vorkommen sagte etwas aus über die Allgegenwärtigkeit der Liebesenergie, die sich beileibe nicht auf die Menschen beschränkte, sondern die im wahrsten und schönsten Sinne »all-umfassend« war.

Dies wird auch in einer der ältesten Hymnen sichtbar, die wir überhaupt in Bezug auf die Göttin der Liebe kennen. Im Vorderen Orient, im sogenannten Zweistromland Mesopotamien (heute Irak), trug sie zuerst den Namen *Inanna*, »Königin von Himmel und Erde«, und wurde dort bereits vor rund 5000 Jahren verehrt. Ihr Symbol am Himmel war der Abend- und Morgenstern, den wir noch heute Venusstern nennen und der auf den antiken Darstellungen immer acht Zacken haben muss: für alle acht Himmelsrichtungen, die vier Haupt- und die vier Nebenrichtungen, ein Stern, der als »heilige Fackel« alle Ecken der Welt erleuchtet, noch bevor Sonne oder Mond am Firmament erscheinen. So ist sie »die Erste«, mit der alles Entstehen überhaupt beginnt. Wenn sie den Tag erhellt, zur Zeit der Morgendämmerung, wie es in einem anderen alten Hymnus steht, dann macht als Erste *sie* Erkennen und Unterscheiden der Dinge möglich. So sind die Qualitäten von Sehen und Erkennen in die Symbolik der Liebe bereits eingeschrieben von Anfang an. Liebe (noch nicht getrennt von Sexualität) und Weltentstehen werden hier eins. Und dass die Liebe die schöpferische Kraft *par excellence* ist, wer wollte das bestreiten?

Inanna (akkadisch-babylonisch *Ischtar* genannt) hat von Anfang an zwei Seiten: Sie ist Göttin der Liebe *und* des Kampfes, was sich auch in dem Doppelaspekt ihres Sternsymbols ausdrückt: Abend- *und* Morgenstern. Der Morgenstern verweist auf ihre Qualität als Göttin der Gerechtigkeit, die nimmermüde für die Wesen kämpft, die sie liebt, die sie beschützt und heilt. Als Abendstern ruft sie dagegen Menschen, Tiere und Pflanzen zu Ruhe, Einkehr, Frieden und Freude auf, eine Vorbedingung dafür, dass überhaupt so etwas wie Liebe wachsen und erblühen kann. Das folgende Gedicht ist auch deshalb so interessant, weil es eine Brücke schlägt zu der Eingangs-Hymne des Lukrez. Kaum zu glauben, dass da 2000 Jahre dazwischenliegen sollen.

Die Herrin des Abends, Hymnus auf Inanna als Göttin des »Abendsterns« (ca. 2000 v. Chr.)

Am Ende des Tages erscheint der strahlende Stern, das Große Licht, das den Himmel erfüllt,
Die Herrin des Abends zeigt sich in den Himmelsgegenden.
In allen Teilen des Landes erheben die Leute ihre Augen zu ihr.
Die Männer reinigen sich; die Frauen säubern sich.
Der Ochse in seinem Joch brüllt ihr zu.
Die Schafe rühren den Staub in ihrer Hürde auf.
Alle lebende Kreatur der Steppe,
Die Vierbeiner der hohen Steppe,
Die üppigen Gärten und Obstbäume, die grünen Schilfrohre und Bäume,
Die Fische der Tiefe und die Vögel des Himmels –
Meine Herrin bewirkt, dass sie eilends ihre Schlafplätze aufsuchen.

Die lebendigen Geschöpfe und die zahlreichen Leute von Sumer knien vor ihr nieder.
Die von den alten Frauen dazu ausersehen sind, bereiten große Platten mit Speise und Trank für sie zu.
Die Herrin erfrischt sich im Land.
Darüber herrscht große Freude in Sumer.
Die jungen Männer liebkosen ihre geliebten Frauen.

In süßem Staunen schaut meine Herrin vom Himmel herunter.
Die Menschen von Sumer treten in Prozessionen vor die heilige Inanna.
Inanna, die Herrin des Abends, erstrahlt in hellem Glanze.
Heilige Inanna, dir will ich lobsingen.
Die Herrin des Abends strahlt auf am Horizont.

(Zingsem 2008, S. 92)

Der Jubel der Geschöpfe springt uns hier förmlich an. Die Liebe ist eine Himmelsmacht, die nicht nur uns Menschen ergreift, sondern schlichtweg alles, was nur lebt: Pflanzen, Tiere und Menschen, alle sind gleichermaßen ergriffen und von den Strahlen ihrer Güte »gefangen« genommen. Die Liebe ist die Energie der Welt, sie schafft es, dass sich *alle* Arten vor allem *freudig* mehren. Und diese Freude hält sie erst recht bei der Stange, denn Freude zieht Freude an und verlangt nach mehr.

In der alten Welt sind es vor allem die großen göttlichen Liebespaare, die wahrhaft kosmogonische, weltschöpferische Kräfte entfalten: allen voran natürlich Inanna / Ischtar mit ihrem Geliebten *Dumuzi/Tammuz (Aschera/Baal), Isis* und *Osiris*, die es noch bis in unsere Oper »Die Zauberflöte« geschafft haben, und natürlich *Aphrodite/Adonis*. Bei all diesen Paaren ist entscheidend, dass es ihnen gelingt, drei verschiedene Bereiche in eine gemeinsame Liebesgeschichte zu verwickeln und dadurch zusammenzuhalten, was seit den Zeiten der Bibel hoffnungslos auseinandergedriftet ist: die Seinsbereiche von Gott, Mensch und Natur. Selbstverständlich ist Inanna eine Göttin und Dumuzi ein Gott. Er ist Sohn der Schafgöttin Sirtur, somit schon 3000 v. Chr. als das Lamm des Mutterschafes verehrt. Den Menschen kommen sie als Liebespaar über das Königtum des Landes nahe. Jeder amtierende Herrscher im Zweistromland wurde symbolisch zu Dumuzi oder Tammuz, der – als Hirte seines Volkes – die »Heilige Hochzeit« mit der Hohen Priesterin vollzog, die im Ritus die Göttin der Liebe vertrat und ihrem Geliebten jede Form der Unterstützung für seine Regierungszeit zusicherte. Dazu kommt noch der Pflanzenaspekt des männlichen Gottes, der sich bei Dumuzi in der Gerste, bei Osiris und Adonis im Korn allgemein zeigt. Und um dieses alljährliche Verschwinden des Korns in der sogenannten »Unterwelt« gibt es jedes Mal eine ergreifende Liebesgeschichte.

Das Korn, das im Sommer geschnitten und abgeerntet wird, versinkt in der trockensten Jahreszeit, wenn kein Halm mehr wächst, in der Unterwelt, sprich: das Leben erstirbt. Dann wird – symbolisch – Adonis vom wilden Eber getötet, Dumuzi von seinen Dämonen zerstückelt, Osiris von seinem Bruder *Seth* meuchlings ermordet. Man bedenke, dass auch der gesamte Verarbeitungsprozess des Korns als ein einziger Tötungs- und Zerstückelungsprozess des Korngottes gesehen werden kann. Am dramatischsten hat man dies in Ägypten nachempfunden: Das Weizenkorn, das man in die (göttliche) Erde gelegt hat, stirbt, damit die Ähre wachsen kann. Das reife Korn wird zuerst geschnitten, dann gedroschen, dann gemahlen, schließlich wird Brot daraus gebacken, das wiederum zerrissen oder zerschnitten wird, wenn die Menschen es endlich essen und mit ihren Zähnen zerkauen: lauter Zerstückelungsprozesse, denen der Gott unterworfen wird, um den die Welt in der trockensten Zeit des Jahres trauert. Doch aus dieser »Zerstückelung« leben wir, wenn wir das Brot essen, das letztlich die Frucht einer Liebesgeschichte ist.

Während es der Gott ist, dessen Leib die Zerstückelung erleidet, der sich sozusagen für das Wohl des großen Ganzen »hingibt«, ist es die Göttin, die um das Verlorene trauert, ihm nachgeht, eine ausgedehnte Zeit der »Suchwanderung« auf sich nimmt und schließlich das Zerteilte, Getötete wieder zusammensetzt, um es zu neuem Leben zu erwecken. Genauso wie von ihr erwartet wird, dass sie auch den toten König, als symbolischen Vertreter aller Menschen, nach seinem Tode wieder ins Leben zurückrufen wird (und mit ihm eben auch die Menschen insgesamt). So gehen sie also alle ihren gemeinsamen Weg: die Götter/Göttinnen, die Menschen und die Pflanzen – alle erleiden sie im Wechsel der Jahreszeiten ein gleiches Schicksal: Durch Trauer und Leiden hindurch, finden sie zu einem neuen Leben, werden wiedererweckt durch die liebende Kraft der Göttin, die – im Falle des Osiris – selbst aus dem schon verwesenden Leichnam noch das neue Leben, *Horus* das Kind, gewinnt. Ein Kind der Liebe oder die Liebe als Kind, frisch und jung wie das gerade beginnende neue Jahr, in dem wieder alles möglich sein wird. (Horus wurde in hellenistischer Zeit mit *Eros*, dem Gott der Liebe, gleichgesetzt, dessen Geburtstag man nach der römischen Kalenderreform am 25. Dezember zur Zeit der Wintersonnenwende feierte!)

Und auch das ist spannend: Da der Gott – über die Kornsymbolik – mit allem und jedem Wachstum des Lebens verbunden ist, hört, solange er in der Unterwelt ist, alles Leben ringsum auf, es fällt in Totenstarre, sitzt buchstäblich auf dem Trockenen oder auf Eis, denn diese Zeit ist im Vorderen Orient der Sommer mit seiner alles versengenden Hitze, während es in unseren Breitengraden eben die Eisesstarre des Winters ist (die über entsprechende Mythen verfügt). Die Starre aber führt dazu, dass nichts mehr zusammenfindet, wie es im Ischtar-Mythos so treffend ausgedrückt ist:

> Seit Ischtar hinabgestiegen ist ins Land ohne Wiederkehr,
> Bespringt der Stier nicht mehr die Kuh, schwängert der Esel nicht mehr die Eselin,
> Schwängert auf den Straßen der Mann nicht mehr das junge Mädchen.
> Es legt sich der Mann in sein eigenes Zimmer,
> Das junge Mädchen liegt für sich allein.
>
> *(Zingsem 2008, S. 77)*

»Unterwelt«, das scheint zunächst die Abwesenheit von Liebe überhaupt zu sein. Nicht nur bei den Göttern und Menschen, auch bei den Tieren und der ganzen Natur. In den Geschichten um Inanna/Ischtar und Dumuzi/Tammuz ist es die Göttin, die zuerst einen Weg ins »Land ohne Wiederkehr« bahnt. Dort unten entlarvt sie das Geheimnis des Todes als das Geheimnis des Lebens. *Ereschkigal*, die Göttin der Unterwelt, hütet in der Tiefe die Gaben von Wasser und Getreide, die Lebensgrundlagen schlechthin! Doch wenn die Sonne das Leben auf der oberen Welt zu Stroh ausdörrt, nutzt uns das nichts. Da müssen die Wasser wieder zum Fließen gebracht werden, damit das Korn erneut wachsen kann, das ja eine Frucht dieser unteren Welt ist. Auch Inanna wird dort unten erst mal erstarren, denn die Göttin der Unterwelt schlägt sie tot. Doch diese verfahrene Situation bringt Kreativität auf allen Ebenen in Gang: Als Inanna sich nicht mehr regt, weint Ereschkigal bittere Tränen. Und *Enki*, der Gott der Weisheit, der versprochen hatte, seiner Enkelin in der Not zu Hilfe zu kommen, erfindet etwas Neues, so noch nie Dagewesenes: Aus dem Schmutz unter seinen Fingernägeln lässt er die winzigsten Wesen der Welt hervorgehen (damit sie unauffällig an den Wächtern der Unterwelt vorbeihuschen können), und die sollen Wasser und Speise des Lebens mit »nach unten« nehmen. Wichtiger noch: Sie sollen sich neben die Göttin der Unterwelt setzen und zusammen mit ihr weinen und klagen und trauern. Das alles setzt Verwandlung in Gang. Lebenswasser und -speise hat Ereschkigal selbst, doch Mitgefühl hat noch niemand für ihre finstere Lage da unten aufgebracht. So ist sie »gerührt« und »bewegt«, und mit ihr kommt das ganze Leben wieder in Bewegung. Und nach symbolischen »drei Tagen« ist Inanna wieder frei für ein neues Leben.

Die Liebe in der »Unterwelt«, das ist das Fehlen jeglicher Verbundenheit, jede/r (schläft) für sich allein. Alle getrennt und für sich. Niemand geht niemanden etwas an. Aber auch das ist ein Teil des Lebens, wie es auch Teil des Liebens ist. Nur sollte dies kein Zustand sein, der »ewig« dauert. Als Teil eines Zyklus kann er große schöpferische Kräfte freisetzen. Während z.B. Isis nach dem von Seth getöteten Osiris sucht, erfindet sie das Schiff, um dem Sarg übers Meer folgen zu können, wohin die Helfershelfer des Seth ihn gebracht haben. Alle Teile ihres Geliebten sucht sie mühsam in ganz Ägypten wieder zusammen, doch als sie ausgerechnet das Glied nicht mehr finden kann, formt sie kurzerhand aus Lapislazuli ein neues und setzt es ihm ein. Dann schwebt sie als Geierweibchen über dem noch toten Gemahl und »macht auf diese Weise den Erben«, wie es in den Texten heißt. Das (Wieder-)Finden des Geliebten schließlich ist pure Freude, purer Jubel, ein Fest für die Sinne. Selbst wenn man weiß, dass es nicht von Dauer sein kann, deshalb gerade und umso mehr. Die Kraft der Liebe liegt darin, das Getrennte zu verbinden, zusammenzubringen, was sonst nicht zusammenfinden würde. Da dies zuzeiten schwer zu bewerkstelligen ist, bedarf es übermenschlicher, eben göttlicher Kräfte, damit die Schöpfung weitergehen kann.

Aus den mythischen Liebesgeschichten erfahren wir, dass die Liebe auch und vor allem das verbindet, was wir für getrennt halten: Gottheit, Menschheit und Natur teilen ein gemeinsames Schicksal, das Schicksal des Lebens in der Welt. Alle durchleben sie gemeinsam dasselbe Geschick von Verlust und Wiedergewinnung, von Sterben und Auferstehen auf je unterschiedlichen Ebenen des Lebens. In dem festen Glauben, dass die Liebe immer und zu guter Letzt das letzte Wort behalten wird! Wenn auch im ewigen Kreislauf nichts bleiben darf, wie es ist.

Indem die Göttin der Liebe in die Unterwelt absteigt, erleidet sie das Schicksal von Mensch, Tier und Pflanze. Später wird sie ihren Geliebten – als Korngott – an ihrer Stelle schicken. Sie, die diese Welt des Schreckens selbst durchlitten hat, kann umso besser für die Rettung des Verlorenen sorgen. Durch den Abstieg ist der Tod ein Teil von ihr geworden, wie er auch Teil der Liebe selbst ist. Und weil sie ihn nun kennt, muss sie nicht bei Leid und Verzweiflung stehen bleiben. Was nicht den Ernst des Leidens mindert, wohl aber Hoffnung möglich macht, die sich wiederum mit dem Erfahren der Natur verbindet: Immer folgt auf die Dürrezeit des Sommers der belebende Herbstregen, immer wieder taut im Frühling das Eis. Immer? Dass selbst dieses »Immer« nicht für selbstverständlich gehalten wurde, erfahren wir bei Sappho, der großen Dichterin der Griechen, wenn sie – in einem kultischen Wechselgesang – die »Klage um Adonis« anstimmt:

Mädchen: Wehe, Adonis ist tot. Der Kypris Begleiter. (Kypris = Aphrodite)
Chorleiterin: Klagt um Adonis, zerreißt das Gewand.
Mädchen: Doch ich vermag nicht so ergreifend zu singen,
dass Adonis zu neuem Leben erwacht.
Noch ist die Zeit nicht gekommen. Klagt um Adonis.
Stumm bleibt der Frühling. Tot sind die Blumen.
Weint um Adonis, zerreißt das Gewand.

(Zingsem 2008, S. 164)

Ein Gedicht, das uns noch heute zu Tränen rühren kann. Umso mehr, als wir uns einer Zeit bedrohlich nahe fühlen, wo der Frühling wirklich einmal »stumm« bleiben könnte. War die Auferstehung wieder einmal geglückt, das Leben wieder lebens- und liebenswert, dann konnte man – mit Sappho – singen:

> Göttin der Liebe! Empfange mein Blumengebinde.
> Komm und erscheine uns. Fülle die goldenen Schalen.
> Mische mit Nektar den Wein und schenke uns ein
> Himmlische Freude.
>
> *(Zingsem 2008, S. 145)*

2. Wie die »Große Liebe« einen Wal zum Menschen macht

> Märchen sind Wahrheit, an die zu glauben
> man manchmal vergisst.
>
> *Juri Rytchëu*

Das kleine Volk der Tschuktschen, die sich selbst Luorawetlan, wirkliche Menschen, nennen, wäre für uns wohl immer ein »Traum im Polarnebel« geblieben, hätte es nicht mit Juri Rytchëu einen weltberühmten Autor hervorgebracht, der auf dem Stuttgarter Kirchentag 1999 zu Gast gewesen ist. Dieses Volk, dessen Sprache zu den tschuktschisch-kamtschatkischen gehört, umfasst heutzutage nicht mehr als 12 000 Menschen. Die Tschuktschen siedeln im hohen Norden Sibiriens gleich an der Beringstraße. Die Schriftsprache wurde dort erst im Jahr 1930 eingeführt, demselben Jahr, in dem auch Rytchëu als Sohn eines Jägers in der Siedlung Uëlen, direkt am Meer, geboren wurde. Er, der das harte und dennoch so gemeinschaftsbezogene Leben in der Tundra noch selbst kennengelernt hat, konnte so zum ersten Schriftsteller seines Volkes überhaupt werden. In seinen Romanen und Erzählungen versucht er, uns den Mythenschatz und die Denkweise der Tschuktschen auf poetische Weise nahezubringen und die Gegenwart mit der Weisheit aus den alten Legenden zu verbinden. In seiner frühen Erzählung (Erstausgabe 1977) mit dem Titel »Wenn die Wale fortziehen« macht er uns sehr ausführlich mit der zentralen Schöpfungsgeschichte seines Volkes bekannt, die jedoch nur eine unter mehreren anderen ist, die nicht minder faszinierend sind. Das Thema der »Großen Liebe«, das er direkt mit der Menschwerdung des Menschen und seiner Verbundenheit mit der Pflanzen- und Tierwelt verknüpft, findet sich auch in anderen seiner (Schöpfungs-)Geschichten wieder und gibt somit eine offensichtlich zentrale Erfahrung in seinem und dem Leben seines Volkes wieder. Hören wir zunächst die Geschichte:

Die ersten Wesen in menschlicher Gestalt waren Frauen. »Sie entstanden aus Wind und Wolken, schwebten durch die Lüfte, wehten durch die Tundra.« (Rytchëu 2005, S. 110) Diese Frauen waren also eher spirituelle Geistwesen in flüchtigen Körpern, denen genau das noch fehlte, was sie zu wahren Menschen machen würde: die »Große Liebe«. Diese Liebe erscheint erst mit Nau, jener legendären Urmutter der Meeresjäger, welche die Ursache dafür ist, dass es überhaupt Menschen unter den Küstenbewohnern gibt:

Nau hieß die erste Frau, die vor Urzeiten als junges Mädchen an der Küste, dem sogenannten »Kap der bunten Kiesel«, lebte. Sie war von so bezaubernder Schönheit, dass sich selbst die leuchtende Sonne nicht satt an ihr sehen konnte. Und wie die Sonne nicht mehr vom Himmel wich, um sie zu bewundern, so gingen die Sterne aus demselben Grund am helllichten Tage auf. Wo sie hintrat, sprossen Blumen zu ihren Füßen auf und sprudelte klares Quellwasser hervor. Selbst die Tiere des Meeres kamen ans Ufer, um sie anzuschauen, wenn sie am Strand eingeschlafen war. »Die Walrosse krochen auf das Geröll, und die Seehunde starrten die Schlafende aus ihren runden Augen unverwandt an.« (Rytchëu 1993, S. 113)

Wenn das Gras ihre Füße kitzelte, vermischte sich ihr leises Lachen mit dem Klang der von der Brandung glatt polierten Kieselsteine, dem Flüstern des Windes und dem Pfeifen der Zieselmäuse aus der Tundra. Auch die Landtiere waren der jungen Frau zugetan. »Sie schauten dem hochgewachsenen Mädchen nach, mit seinem wehenden, flügelgleichen schwarzen Haar.« (Rytchëu 1995, S. 1) So fühlte sie sich vollkommen eins mit der Welt, die sie umgab und die ihr entsprach, und dachte nicht einen Augenblick darüber nach, ob und wie sie sich vielleicht von den anderen Lebewesen unterscheiden könnte.

All das sollte sich erst ändern, als sie zum ersten Mal in ihrem Leben einen großen Grönlandwal erblickte. Dieser war angezogen worden von dem Auflauf der Seetiere, welche entzückt die schlafende Nau am Ufer beobachteten und den Blick nicht von ihr wenden konnten. Bei ihrem Anblick vergaß auch der Wal Ziel und Zweck seiner Reise. Auch in der jungen Frau begannen sich bis dahin unbekannte Gefühle zu regen, sobald sie den Wal nur von weitem kommen sah. Zum ersten Mal zog es sie mit Macht dahin, die Grenze zwischen Land und Wasser zu überschreiten. Über dem Kopf des Wals bildete sich ein sonniger Regenbogen, wenn er seine Fontäne zum Himmel aufsteigen ließ. In deren warmen Wasserstrahlen ließ der Wal die junge Frau baden, und die Tropfen fühlten sich an wie Sonnenstrahlen auf ihrer Haut, die sie einhüllten und ihr ein nie gekanntes Gefühl von Zärtlichkeit schenkten. Zum ersten Mal in ihrem Leben wusste sie nicht, was sie tun sollte, und das war eine völlig neue Erfahrung für sie.

»R-r-re-u« rief sie mit einem Lachen, wenn der Wal auf sie zu geschwommen kam und laut blasend seine Fontäne in die Luft steigen ließ, und Rëu wurde schließlich sein Name. Eines Tages näherte sich der Wal dem Ufer, als die Sommersonne schon tief über dem Horizont stand und mit ihren Strahlen einen hellen Pfad auf die steinigen Uferkiesel zeichnete. Und da, wo eben noch ein Wal geschwommen war, stand plötzlich ein Mann und blickte Nau mit den schwarzen runden Augen des Seehundes an.

– Und so beginnt die Geschichte der Großen Liebe, die Nau und Rëu auf je unterschiedliche Weise zu Menschen macht; Rëu, indem er sich von einem Tier in einen Menschen verwandelt, Nau, indem sie sich zum ersten Mal fragt, wer sie eigentlich ist: »Es war mir gleichgültig, wer ich war, bis Rëu zu mir geschwommen kam und mich sehend machte durch die Große Liebe«, wird sie später ihren weit entfernten Nachkommen erzählen (ebd., S. 46).

Es kam der Tag, als die Wale fortziehen wollten, um der Eisesstarre des nördlichen Meeres zu entfliehen, Rëu aber zieht es in die andere Richtung, sehr zum Ärger seiner Brüder, die ihn nur widerwillig noch begleiten.

> »Sie schienen ihn zurückzuhalten, damit er nicht bis zu den Ufersteinen gelange. Doch Rëu kämpfte sich durch bis zur schäumenden Brandung und trat hinaus, an Land. Er atmete schwer, und seine Brust hob und senkte sich heftig.
> ›Nau‹, sprach er, ›ich bin zu dir gekommen.‹
> ›Für immer?‹
> ›Für immer‹, antwortete Rëu, und, als sei es eine Antwort darauf, schossen Dutzende Walfontänen, den Sonnenschein zerstückelnd und alle anderen Laute übertönend, hoch auf.« (Ebd., S. 18f.)

Von nun an leben sie das Leben der Menschen, Nau und Rëu, und machen alles genauso, wie es die Tschuktschen heute noch tun. Sie errichten eine Jaranga, die mit Fellen und Walrosshäuten überspannte Holzrundhütte, die sie mit einer Tranlampe wärmen, sie nähen sich Kleidung aus gegerbten Fellen, sie jagen und sammeln, stellen verschiedenes Jagdgerät her und bauen sogar schon das erste Boot (die »Baidare«, die von den Tschuktschen bis heute benutzt wird), weil sie ihren Kindern nahe sein wollen. Denn die ersten beiden Kinder, die Nau im Frühjahr zur Welt bringt, sind kleine Walkälber, die sie im Wasser des Meeres gebiert, wo sie sofort umherschwimmen und kleine Fontänen ausstoßen. Eine Lagune am Ufer wird gleichsam zu ihrem Kindergarten, wo Nau die Kleinen anfangs noch stillen kann. Doch sie wachsen schnell heran, und schon im Herbst wird ihnen die Lagune zu eng und ihre Mutter muss sie schweren Herzens ziehen lassen. Mit Hilfe des neu erfundenen Bootes können die Eltern ihre Kinder jedoch ins Schlepptau nehmen und sie sicher ins offene Meer hinaus geleiten, wo die Verwandten aus Rëus Familie sie schon freudig erwarten. Natürlich vergaßen die Walkinder ihre Eltern nicht, und oft kamen sie ans Ufer geschwommen, um bei ihnen zu spielen. Und auch Rëu und Nau können sie dank des Bootes jederzeit im offenen Meer besuchen.

Nicht lange darauf bringt Nau wieder Zwillingsbrüder zur Welt, und diesmal sind sie von menschlicher Gestalt. Von jetzt ab gebar sie nur noch Menschen, die nach und nach den gesamten Küstenstreifen besiedelten und zu den ältesten Vorfahren der Tschuktschen gehören. Immer jedoch sollten auch die Wale ihre Verwandten bleiben, denn Wale und Menschen sind Geschwister seit Urzeiten, weil sie derselben Mutter entstammen.

> Die Wale und Menschen sind ein Volk!
> Vereinigt, gebaren das Meer und
> Die Erde den Menschen …
> Die Wale und Menschen sind ein Volk!
> Und geboren zur ewigen Freundschaft!

Solche Lieder sang Rëu, wenn die Wale ihm halfen, sein vom Fang schwer beladenes Boot zurück ans Ufer zu bringen (ebd., S. 37f.).

Während der Vater nach der Erfüllung seines Menschenlebens starb, blieb Nau auch weiterhin am Leben. Die »Ewig Lebende« wurde sie sogar genannt, denn obzwar alt an Aussehen, blieb sie jung im Geist und lebte mitten unter ihrem Volk, indem sie von Hütte zu Hütte zog, dort eine Zeitlang mitlebte und ernährt wurde und dann in der nächsten Hütte Aufnahme fand. Und jeder Generation erzählte sie aufs neue die uralte Geschichte von der Verwandtschaft zwischen Wal und Mensch, die vor allem in der gegenseitigen Hilfsbereitschaft ihren konkreten Ausdruck findet.

Was Rytchëu »Große Liebe« nennt, beschränkt sich

nicht auf die Liebe zwischen Mann und Frau. Vielmehr schlägt sie eine Brücke auch zwischen Mensch und Natur, und sie ermöglicht Kommunikation über die Sprache. Bis dahin nämlich herrschte Sprachlosigkeit, und so sind Sprache, Denken und Erkennen untrennbar mit dem Erscheinen der Großen Liebe verknüpft. In ihr sind Sprache und Menschwerdung eins, so dass Sprache gleichbedeutend wird mit Menschwerdung überhaupt. So liegt der Unterschied zwischen Wal und Mensch, Tier und Mensch insbesondere in der Sprache. Als Nau eines Tages bedauert, dass ihre Walkinder die menschlichen Worte nicht verstehen, erklärt ihr Rëu, der es ja wissen muss:

> »Sie verstehen schon, nur sprechen können sie nicht. Um sprechen zu können, muss man Mensch werden, muss man … lieben, wie es mir geschehen ist … So sprach meine Mutter, als sie erfuhr, warum ich so sehr zum Ufer strebte, weshalb ich so lange nicht zur Familie zurückkehrte. Und sie sagte noch: ›Alles Leben an der Küste geht auf Wale zurück, welche die Liebe verwandelt hat.‹« (Rytchëu 1995, S. 32)

»Sehend wurde ich durch die Große Liebe«, wird Nau einem späteren Nachfahren erklären: »Die Große Liebe selbst war ein Geheimnis, denn wir wussten nicht, von wo sie gekommen war. Und das Geheimnis gebar den Gedanken. Denn solange es ein Geheimnis gibt, wird der Mensch immer versuchen, es zu lösen, und wird der Verstand arbeiten …«

Auf die Frage, woher das gesprochene Wort denn komme, antwortet sie dem jungen Mann: »Rëu und ich wollten sehr gern miteinander reden. Und so haben wir auch zu sprechen begonnen … Die Dinge leben unabhängig vom Menschen, mit ihren Bezeichnungen und Namen … Aber das Wort kommt, unter allen Lebewesen auf der Erde, nur zum Menschen. Die Sprache macht uns zu Menschen.« (Ebd., S. 46)

Diese besondere Auszeichnung des Menschen besagt aber nicht, dass Tiere etwa minderwertige Wesen wären. Über den Wal wird die gesamte Tierwelt zu Verwandten des Menschen, denen man mit Achtung und Mitgefühl begegnen muss, denn im Grunde hat »jedes Tier unter den Menschen Verwandte« (Rythchëu 1993, S. 122). So durfte man beispielsweise keine Jungtiere erlegen, war es Brauch, den Mäusen ein Stück getrocknetes Fleisch als Gegengeschenk zurückzulassen, wenn man ihren Löchern bestimmte Wurzeln entnahm, die sie als Vorräte für sich gesammelt hatten, oder man nahm nicht alle Wurzeln weg. Mit einem besonderen Ritual wird auch der Seehund empfangen: Wenn das tote Tier von der Jagd nach Hause gebracht wird, schöpft die Frau des Jägers Wasser in eine Kelle, in der ein kleines Stück Eis schwimmt, und damit geht sie ihrem Mann feierlich entgegen. Der Jäger greift nach der Kelle, und bevor er selbst trinkt, feuchtet er zuerst die Schnauze des erlegten Seehundes an, »als wolle er ihn nach langem, ermüdendem Weg mit einem Trunk erfrischen«. Danach erst setzte er die Kelle an die Lippen und trank selbst. »Doch so durstig er auch war, ließ er ein paar Tropfen zurück, die er zur See hin verschüttete, als Dank an die Götter, die ihm so reiche Beute beschert hatten.« (Ebd., S. 82)

Ein Höhepunkt des Jahres ist selbstverständlich das große Opferfest für die Wale, zu dessen Anlass man sich neue Lieder und Tänze ausdachte, mit denen man die Verwandtschaft zu den Meeresriesen bestätigte und erneuerte. Nach Sonnenuntergang tanzt und singt man in der größten Jaranga zum Schlag der Tamburine. Dabei führt man jenen heiligen Tanz des Wales auf, der einst geschaffen wurde, nachdem ein Trupp dieser Tiere eine Gruppe von hoffnungslos auf hoher See gekenterten Jägern heil zurück ans Ufer bugsiert hatte. Wieder und wieder wurden die alten Geschichten erzählt und szenisch dargestellt, wie Wale den Küstenbewohnern bei der Nahrungssuche und beim Jagen halfen und sie vor Unglück beschützten wie die älteren ihre jüngeren Geschwister. So bestätigte man die Dankbarkeit gegenüber den Brüdern aus dem Meer und festigte zugleich den Glauben an die ungewöhnliche Herkunft der Tschuktschen.

Eine Zeit zog herauf, da wollte man von derlei »Ammenmärchen« nichts mehr wissen. Eine Generation vor allem von jungen burschikosen Männern wuchs heran, die in der gepriesenen Verwandtschaft zwischen Wal und Mensch nur mehr ein Zeichen seniler Nostalgie erblickten und all die Riten, mit denen man den Tieren Achtung erwies, als Aberglauben abtaten. Für sie ist der Wal nicht mehr als ein Tierkadaver, eine Goldgrube an Fleisch und Fett, mit dessen Hilfe sie gut über den Winter kommen werden. Mag die alte Nau auch noch so oft warnen: »Dem anderen ein Bruder sein – das bedeutet nicht, ihm äußerlich ähnlich sein«, sie wird nicht mehr gehört. Eines Tages ist es soweit: Die Männer, die glauben, sich die Welt untertan machen zu müssen, erlegen ihren ersten Wal. Als das geschieht, ist auch das Leben der alten Nau zu Ende: »Wenn du heute deinen Bruder tötest, weil er dir nicht ähnlich ist, wirst du morgen ...« (Rytchëu 1993, S. 115) Mit diesen Worten auf den Lippen hat sie ihren letzten Atemzug getan.

Frühmorgens, als die Männer sich an das Zerteilen und Ausschlachten des Wales machen wollten, erlebten sie eine Überraschung. Vergebens suchten sie nach dem riesigen Berg von Fleisch und Fett. Stattdessen entdeckten sie an der Brandungslinie etwas Kleines, das von den Wellen umspült wurde.

> »Der Wal lag nicht mehr dort. An seiner Stelle lag dort ein Mensch. Er war tot, und die Wellen bewegten sein schwarzes Haar. Und weit bis zum Punkt, wo Himmel und Wasser zusammenstoßen, erstreckte sich das ungeheuer große, öde Meer, und nicht ein einziges Anzeichen von Leben war in ihm, nicht eine einzige Walfontäne.
> Die Wale waren fortgezogen.« (Rytchëu 1995, S. 135)

Nach Rytchëu liegt hier der eigentliche »Sündenfall« der Menschen: dass sie ihre Verwandtschaft mit den Tieren aufgeben, die sie zu gegenseitiger Hilfsbereitschaft verpflichtet hat. Wer in Tieren nur mehr »Fleischberge«, sprich: Sachwerte, erkennt, vergeht sich gegen das Leben selbst. Wer Tiere bedenkenlos tötet und quält und mehr von ihnen erlegt, als er zum Leben braucht, der wird, so seine Schlussfolgerung, auch nicht davor zurückschrecken, andere Menschen umzubringen (vgl. Rytchëu 1993, S. 115f.). Solcherart grausames Verhalten fällt noch in anderer Weise auf die Menschen zurück: Wenn sie die Tiere nicht mehr ehren, ziehen sich diese von ihnen zurück. Im Extremfall ist dann Hungersnot die Folge. Hier, wie auch in vielen anderen »schamanischen« Kulturen (vgl. auch die Anishnabeg, S. 144 ff.), geht man davon aus, dass die Tiere sich den Menschen freiwillig zur Nahrung (hin-)geben. Weshalb die Menschen ihnen zu Achtung und Dank verpflichtet sind, mit dem sie die Abhängigkeit von ihren Mitgeschöpfen bewussthalten.

3. Gestirne sind an den Himmel geschriebene (Liebes-)Geschichten

Nach der jüngeren Schöpfungsgeschichte der Bibel aus Gen 1 setzt Gott die Gestirne als Lampen ans Firmament. Selbst Sonne und Mond werden hier nicht direkt beim Namen genannt, sondern als »größere Leuchte zur Herrschaft über den Tag« und »kleinere Leuchte zur Herrschaft über die Nacht« bezeichnet. Sie werden dazu bestimmt, über den Tag und die Nacht zu herrschen und zwischen Licht und Finsternis zu unterscheiden (Gen 1,14–19). Der Gott der Bibel macht sich nicht gemein mit den anderen Völkern, deren Gestirnskult er durch die Geschichte in Gen 1 in Bausch und Bogen ablehnt. Hatte man ihn in den älteren Erzählungen über den Auszug aus Ägypten noch in Form von Wolken- und Feuersäule erkennen können, so lehnen spätere Zeiten einen solchen Bezug ihres Gottes zu etwaigen Naturerscheinungen rundweg ab. Darin eben zeigt sich nach Meinung der Exegeten die Überlegenheit des biblischen Gottes, dass er nicht eins wird mit der Welt, die er erschafft. Kommentare zur Bibel feiern geradezu enthusiastisch die vollständige Abhängigkeit der Welt von ihrem Schöpfer, wie sie aus Gen 1 hervorgeht. Undenkbar, dass dieser Gott seinem Volk als Stern voraufzieht. Oder als Sonne sein Herz mit ihren Strahlen erfreut.

Doch in den Geschichten zur Weihnachtszeit ist es ausgerechnet ein Stern, der alle Herzen zum Kind in der Krippe hin bewegt. »Sie folgten dem Stern ...« – das gibt Stoff für unzählige Weihnachtsgeschichten unterschiedlichster Herkunft. Oft scheint das Jesuskind selbst mit dem Leuchten des Sterns von Bethlehem beinahe identisch zu werden! Offensichtlich sehen wir die Welt weniger entmythologisiert, als wir uns einbilden. Und was wäre die dunkelste Jahreszeit ohne das Funkeln der Sterne und die Wiedergeburt des Lichts während der kürzesten Tage des Jahres? Wenn in den Kirchen die Sternsinger ausgesendet werden, um an jene denkwürdige neue Schöpfung zu erinnern, die in Gestalt des Neugeborenen im »Stall« der Welt eine neue Richtung geben sollte.

Ein Ereignis, das übrigens seit der römischen Kalenderreform (ca. 30 v. Chr.) schon längst um die Wintersonnenwende herum gefeiert wurde: Hier war es Eros, der griechische Gott der Liebe, der in hellenistischer Zeit mit dem ägyptischen Horus-Sonnenkind verschmolzen war, dessen »Geburtstag« man am 25. Dezember im Vorderen Orient als Wiedergeburt der Sonne und der Liebe in Zeiten der Finsternis beging. Auch Jesus wurde im Zuge dieser Entwicklung plötzlich zum *sol invictus,* zur unbesiegbaren Sonne erklärt, ein Beiname, den vor und neben ihm schon Isis und Venus trugen. Selbstverständlich nahm man nicht an, dass Jesus direkt als Sonne vom Himmel leuchten würde, doch symbolisch gesehen konnte man sein Wesen sehr wohl mit der Sonne verbinden.

Entsprechend wurde auch Maria, die Mutter Jesu, sehr bald schon zum »Mond der Kirche«, wovon unzählige

Madonnen auf Mondsicheln bis heute ein beredtes Zeugnis ablegen. Beim Mond wurde jedoch christlicherseits dessen vollständige Abhängigkeit von der Sonne hervorgehoben. Und was abhängig ist, gilt unserer Kultur als minderwertig. Maria mag noch so sehr im Licht des Mondes erstrahlen, ihr Licht erhält sie von anderer – männlicher – Quelle; aus sich selbst heraus kann sie nicht leuchten!

So wird noch aus dem Verhältnis von Sonne und Mond in unserer Kultur unversehens ein neues Herrschafts- und Abhängigkeitsverhältnis konstruiert. Dass diese Sichtweise allerdings keineswegs zwingend ist, erfahren wir etwa aus dem chinesischen Denken, wo es (bei Lao-tse) kurz und treffend heißt: »Wer selber scheinen will, wird nicht erleuchtet!« (Wing, Anm. zu Hex 15). So ist das also mit der Abhängigkeit, sie ist gar nicht von minderem Wert, sondern führt – je nachdem – geradewegs zur Erleuchtung! Für das alte chinesische Denken war es deshalb auch nicht wichtig, die Welt zu beherrschen und zu verändern, sondern sich der Welt und ihren Erscheinungsformen anzupassen, um sie dadurch verstehen zu können (vgl. Wilhelm, S. 244).

Auch wenn die große Göttin Isis in hellenistischer Zeit mit der griechischen Mondgöttin Selene verschmilzt und von da ab in der Erscheinungsform des Mondes verehrt wird, denkt niemand an die Abhängigkeit des Mondes von der Sonne. Zumal Isis in ihrem sonnenhaften Aspekt durchaus noch den Titel *invicta* (»die Unbesiegbare«) zusätzlich tragen konnte. Noch in Apuleius' antikem Roman »Der goldene Esel« (2. Jahrhundert n. Chr.) wird der »frauliche Schein« gepriesen, mit dem sie alle Religionen des damals bekannten Erdkreises erleuchtet. Es ist der milde Schein, das milde Licht des Mondes, das sich den anderen Religionen nicht aufzwingt, sondern sie gleichsam von innen heraus leuchten lässt. Indem die Anhänger der Isis-Religion die Göttin in sämtlichen Göttinnen der anderen Kulturen wiedererkannten, konnten sie auf Missionierung verzichten. Nicht, ob die anderen Völker Isis mit ihrem »wahren« Namen verehrten, gab den Ausschlag, sondern dass sie die zentrale weibliche Energie anerkannten, die mit »Isis« in die Welt gekommen war, unter welchem Namen sie das taten, war zweitrangig – eine bis heute unerreichte Form religiöser Toleranz, die vielleicht genau jenes »fraulichen Scheins« bedarf, den wir in den amtierenden Weltreligionen so schmerzlich vermissen.

Wenn allerdings Osiris mit dem Mond verbunden wird, stehen ganz andere Ideen im Vordergrund. Dann sind es die vierzehn Teile (= Tage), die der Mond braucht, um voll – oder neu – zu werden, die im Blickfeld stehen. In vierzehn Stücke wird Osiris von seinem Erzfeind und Bruder Seth zerrissen, und das vierzehnte Teil, das Isis der Legende nach nicht wiederfinden konnte, fällt dann zusammen mit der Zeit des Neu- oder Dunkelmondes.

Wie man sieht, zeugte der Gestirnskult der Antike keineswegs von Einfalt oder Dummheit. Es machte durchaus Sinn, das Leben der Gottheiten auch am Himmel wiederfinden und nachvollziehen zu können. Eine plumpe Identität von Gottheit und Gestirn nahm man deshalb noch lange nicht an. Vielmehr waren Gestirne und Sternbilder so etwas wie an den Himmel geschriebene mythische Geschichten, die das, was man sich auf Erden von den Gottheiten erzählte, in anderer Weise widerspiegelten und ihm den Stempel des Unveränderlichen und Ewigen aufprägten. »Das moralische Gesetz in uns und der gestirnte Himmel über uns« ist das, was noch der große Philosoph der Aufklärung, Immanuel Kant, mit dem Ewigen verbindet. Mag auf Erden auch alles vergehen, die Sterne wanken und weichen nicht. Sie sind verlässlich und beständig, selbst dann noch, wenn sie eine Zeitlang vom Himmel verschwinden, um zu gegebener Zeit wieder aufzutauchen. Und selbst wenn es Chaos wird, das dort hinaufprojiziert wird, so ist es eben unvergängliches, ewiges Chaos, vom Menschen zu weit weg, als dass er es ändern könnte. Die Verhältnisse auf Erden kann er verändern, zum Guten oder zum Schlechten, die am Himmel nicht. Was dort einmal anhaftet, fällt so schnell nicht mehr herunter.

Als »Erster Mann« laut den Schöpfungsgeschichten der Diné gerade alle Sternbilder sorgfältig auslegt, um sie dann am Himmel anzubringen, kommt Coyote des Wegs, schnappt sie sich in seiner Ungeduld und wirft sie mit seinen vorwitzigen Pfoten einfach hinauf ans Firmament. So wird vor allem die Milchstraße zum Sinnbild des Chaos, das Geschöpfe auf der Erde anrichten können. Chaos jedoch ist der Urgrund von Schöpfung, und dem Chaos ein Denkmal am Himmel zu setzen, dies zeigt, wie wichtig auch das Spontane und Ungeformte zuzeiten für das Leben sein kann.

In Ägypten heißt es u.a., dass die Menschen aus dem tränenden Auge des Sonnengottes Re entstanden seien: weshalb sie, solange sie auf Erden leben, alles nur wie durch einen Schleier erkennen können. Eine große Geschichte gab es in Ägypten aber vor allem um die Sternbilder des Sirius und des Orion. Beide Sternbilder gingen zeitgleich einher mit der Ankunft des Nils im Land. So wurde der 14. Juli, der Aufgang des Orion, zum Geburtstag des Osiris erklärt, der zur selben Zeit mit den Wassern des Nils zurück in sein »Bett« floss, um ganz Ägypten zu nähren. Wenn fünf Tage später das Sternbild des Sirius aufging, feierte man mit dem Geburtstag der Isis zugleich den Beginn des Neuen Jahres. Sirius-Sothis galt als die Seele der Isis. Beim Erscheinen des Sirius-Bildes war wichtig, dass es hinter Osiris-Orion aufging. Im Mythos heißt es, Isis habe schützend ihre Flügel von hinten um Osiris (Pharao/Mensch) gelegt. Dieselbe Geschichte konnte man auch am Himmel verfolgen:

> »Du erglänzest am Himmel als ein einzelner Stern, du bist der Orion am Leibe der (Himmelsgöttin) Nut … Isis ist als Sothis mit dir am Himmel und entfernt sich nicht von dir in Ewigkeit.« (Zingsem 2008, S. 408)

So heißt es im Einbalsamierungsritual für die Toten. Und in einer anderen Inschrift heißt es entsprechend:

»Ich bin Isis, ich wache! … Ich bin die große Jungfrau. Siehe, ich bin an deiner Seite, ich bin es, die dein Herz liebt.« (Giebel, S. 152)

Eine an den Himmel geschriebene Liebesgeschichte, der Ägypten jährlich wiederkehrend seine ganze Neu-Schöpfung und Existenz verdankte!

Auch in Mesopotamien hatte man – wie aus den alten Hymnen ersichtlich – den Eindruck, dass die im Morgen- und Abendstern verehrte Göttin Inanna regelrecht im Land spazieren ging, um sich dort zu erfrischen. Das Ergebnis war pure Freude auf Erden, die ihre unmittelbare Wirkung darin zeigte, dass die Männer ihre geliebten Frauen liebkosten!

In der germanischen Mythologie standen der Liebesgöttin Freyja und Odin je die Hälfte des Himmels zu. Beide besaßen einen Sternenmantel, auf dem jeweils die Hälfte aller Sternbilder abgebildet war. Sobald sie ihre Mäntel aneinanderlegten, wurde das gesamte Firmament darauf sichtbar. Dass selbst bei so weit entfernt liegenden Völkern wie den Tschuktschen das Erscheinen der Sterne und des Polarlichts mit dem Entstehen der Liebe verbunden wird, zeigt die universale (archetypische) Gültigkeit solcher Symbole.

Der Blick zum Himmel schenkte Vertrauen in die Welt, da man die Geschichten der Gottheiten dort abgebildet fand. Die Gestirne nur noch als Lampen am Firmament zu deuten, die keinen Eigen-Sinn mehr auszustrahlen vermögen, sollte diesem Vertrauen die Grundlage entziehen. Ob dies wirklich eine gute Idee war, mag dahingestellt bleiben. Die Sterne werden deshalb nicht vom Himmel fallen. Und noch immer regen sie unsere Fantasie zu neuen Geschichten an …

III. Schöpfung durch das Wort

»Schläft ein Lied in allen Dingen,
die da träumen fort und fort,
und die Welt hebt an zu singen,
triffst du nur das Zauberwort.«

Joseph von Eichendorff

1. Kleine Sprachgeschichte zum »Wort«, oder: Wie die Sprache das Licht der Welt erblickte

»Im Anfang der Zeiten lag Stille des Todes auf dem Ozean der Unendlichkeit. Kein Windhauch bewegte die Luft, keine Welle erhob sich aus der Tiefe. Alles war starr, stumm, ohne Atem und Leben. Da endlich zeigte sich auf den Wogen des Ozeans ein belebtes Wesen. Es fuhr ein Schiff über die öde starre Fläche. Auf dem Verdeck ruhte schlummernd, versunken in den Traum des Lebens, *Bragi,* der göttliche Liederschmied, und die Harfe mit goldenen Saiten lag neben ihm. Als das Fahrzeug vorüberglitt an der Schwelle des Todeszwerges *Nain,* da erwachte der herrliche Gott, griff mächtig in die Saiten und sang ein Lied, weit schallend durch die neun Welten, ein fröhliches Lied vom Wonnerausch des Daseins, von Kampfeswut und Siegesmut, von Liebeslust und Liebesglut.« (Wägner, S. 171)

Sprache, Lied und Dichtung sind überall auf der Welt mit dem Ereignis von Schöpfung verbunden. Umgekehrt gelten uns alle Tätigkeiten, die mit diesen drei Wörtern zusammenhängen, als schöpferisch. *Bragi,* von dem der obige Text erzählt, galt als der Dichtergott der Germanen. Der Mythos verheiratet ihn mit *Iduna,* jener wundervollen Frühlings-Göttin, die mit ihren goldenen Äpfeln der Verjüngung die Unsterblichkeit aller Gottheiten auf *Asgard* (der germanischen Götterburg) garantiert und außerdem den Trank der Poesie in Verwahrung hat.

Bereits der Name des Gottes, Bragi, ist direkt mit dem Wort »Sprache« als solchem verbunden. Bragi nämlich ist lautlich verwandt mit dem indischen Wort *Brahman,* wie es etwa durch *Brahma,* den Schöpfergott der Hindumythologie, in der Welt wirkt. *Brahman* meint »das heilige Wort«, und das bedeutet zugleich »die magische Gewalt, die in Spruch und Zauber lebendig ist« (Zimmer 1978, S. 106). In ihm sind Gottheit und Wort und Schöpfung ein und dasselbe. Die Wortwurzel zu *Brahman* aber ist in der indischen Sprache des Sanskrit *Brihaspati,* und das heißt so viel wie *sprechen* und *beten.* »Brihaspati« meint also ein Sprechen, das gleichzeitig Beten, Segnen und Zaubern ist. Wobei »zaubern« hier nichts mit Hokuspokus oder schwarzer Magie zu tun hat. Vielmehr ist ein Zaubern gemeint, das mit dem lateinischen Wort *cantare* zusammenhängt, und *cantare,* das wir heute allgemein mit »singen« übersetzen, bedeutet ursprünglich: durch Zauber schaffen, sprich: »ins Leben singen«. Auch das lateinische Wort *Carmen,* das man mit Lied oder Gedicht übersetzt, »war früher der Zauberspruch« (Berendt, S. 69). Nicht zuletzt leitet sich auch das hebräische Wort *Beracha,* der »Segensspruch«, aus der Wortwurzel *Brihaspati* ab! Sprache also betet, und Beten ist gleichzeitig (Er-)Schaffen (vgl. zum Ganzen: Berendt, S. 69–71). Zum selben Wortfeld wie *Beracha* gehören dann allerdings auch die hebräischen Wörter *Bereshit* (im Anfang) und *bara* (schaffen), jene beiden Worte, mit denen die Schöpfungsgeschichte der Bibel in Gen 1,1 einsetzt: »Im Anfang erschuf …« Der Anfang als sprechendes Gebet, ein Segensspruch, mit dem die Schöpfung ins Leben gerufen wird! Die ganze Schöpfung ist ein Gebet; durch das Wort wird sie Klang und im Klang wird sie lebendig

Die Gottheit also erschafft durch das Wort. Doch gerade unser deutsches Wort »Wort« hat es noch einmal besonders in sich: »Wort« hängt nämlich ursprünglich zusammen mit *Urd*, und Urd ist die älteste der drei Schicksalsgöttinnen (Nornen), die an der Wurzel der Weltesche sitzen und täglich die ganze Welt mit Lebenswasser und Lebensspruch in Gang halten:

> »Drei Schwestern wohnen am Weltenbaum,
> Drei Riesenjungfrau'n, die alles wissen
> Und täglich schöpfen im heil'gen Borne,
> Den Baum zu nähren vom Quell der Zeit.
>
> *Urd* heißt die eine, die Frühverblühte,
> Die rückwärts schauend forscht neue Kunde,
> Sie deutet sinnend und gräbt in Runen,
> Was sich begeben – Vergangenheit.
>
> *Werdandi*, die zweite, die Tatenmutter.
> Das blüh'nde Leben voll Jugendzauber.
> Ihr Auge lächelt, ihr Blick ist helle,
> Nach Augenblicken misst sie die Zeit.
>
> *Skuld* heißt die dritte der Zauberschwestern,
> Ist ew'ges Rätsel, ist Gott und Schicksal.
> Ach, alle Hoffnungen, alle Bitten
> Und alle Wünsche sind ihr geweiht.«
>
> *(Wagner, S. 219)*

Interessant ist nun, dass die Namen der beiden ersten Schicksalsgöttinnen vom gleichen Stamm gebildet sind: *Urd* und *Werdandi* gehen beide auf die Sanskrit-Wurzel *v-r-t* zurück (vgl. auch die englischen *wyrd*-sisters!). Worte, die mit dieser Wurzel zusammenhängen, haben alle mit »sich entrollen«, werden und entstehen zu tun: Sie lassen das Bild einer Rose entstehen, deren Knospe sich zur Blüte entfaltet. Davon abgeleitet ist auch das hebräische Wort *wered*, das man mit »Rose« übersetzt. *Wered* allerdings ist beides: die Knospe (das Werdende) und die Rose (das aus der Knospe Gewordene), und mit diesem *wered* ist unmittelbar das deutsche Wort *werden* verwandt. Knospe – Rose – Blüte: die *werd*-ende und ge-*word*-ene, *Wort*-ge-*word*-ene Rose. Knospe-wird-Rose. Alle drei Worte sind ursprünglich ein einziges: die Ur-Wurzel *v-r-t*. Und das ist ja wirklich die Idee der Knopse: Sie muss erst noch werden. Woraus wird sie? Aus der Wurzel, ein Wort, das wiederum demselben Wortstamm entspringt: Wort-Wurzel, also zweimal *v-r-t* (vgl. Berendt, S. 71f.).

Wort ist Wurzel und damit Anfang, und Urd ist dementsprechend die Wurzel-Norne, denn im Wort *Urd* steckt ebenfalls *Wurzel*. Das Wort ist Urd, und Urd ist Ursprung und der Ursprung eine Frau, zumindest nach der germanischen Mythologie. Im Wort hat das Werdende Gestalt angenommen. So ist Schöpfung bereits eingeschrieben in das Wort. Wort und Schöpfung sind im Grunde ein und dasselbe, und ein Satz wie »Im Anfang war das Wort« ist im Grunde schon »doppelt gemoppelt«! Im Laut- und Sinnbild der Rose entfaltet sich demnach das Werden der Welt. »Wort« erscheint hier als eine Geist gewordene Rose. Wenn wir die Rose als das älteste Symbol der Liebe verstehen können, dann ist die Liebe nichts anderes als die Wurzel der Welt!

Es gibt noch ein drittes Wort, das sich mit den Anfängen des Lebens verbindet: das griechische Wort *logos,* das *Wort, Rede* und *Sinn* bedeutet. »Im Anfang war das Wort« *(logos),* so heißt es im ersten Vers des Johannesevangeliums. Der Sprachforscher Jean Gebser hat darauf hingewiesen, dass die Wörter *logos* und das dazugehörige Verb *legein* (reden, lesen, zählen) der gleichen Wortwurzel entstammen wie die Wörter für Licht und Leuchten, Himmel und Sonne und eben auch: Anfang! Aus derselben Ur-Wurzel wie *logos* geht interessanterweise auch das Wort *La'atu* im Assyrischen hervor (vgl. Berendt, S. 68). Als Göttin der Liebe und der Geburt wurde *La'atu, Lat* oder *'llat* (wovon sich erst in islamischer Zeit der Name *Al-lah* ableitete) im gesamten arabischen Raum verehrt. Allgemein wird sie mit der griechischen Göttin Leto (Latona) gleichgesetzt, die wiederum als Mutter von Apollo und Artemis, sprich: von Sonne und Mond, gilt! Womit die ursprüngliche Einheit von *logos* und Licht und Anfang auch im Mythos nachvollzogen wird (vgl. Ranke-Graves/Patai, S. 311).

Schöpfung ohne Licht ist schlechterdings nicht denkbar. Statt »Im Anfang war das Wort«, könnten wir also auch sagen: »Im Anfang war das Licht«.

2. Mit sieben Sprüchen ...

»Wort« geht seit je mit Schöpfung einher. Nicht erst seit den Tagen des Neuen Testaments, wo es im Johannesevangelium heißt: »Im Anfang war das Wort.« Bereits in den ältesten Hymnen über die Göttin Inanna wird gesagt, dass sie über ein Wort verfügt, »das wie einen doppelten Faden niemand zerreißt«, dem man also restlos vertrauen kann. Zudem ist dieses Wort derart mächtig, dass der ganze Himmel davor erzittert (Zingsem 2008, S. 105). Ähnlich heißt es von ihrer »Nachfolgerin« Ischtar: »Auf deinen hehren Befehl, der nicht geändert wird, und dein zuverlässiges Jawort, das nicht umgestoßen wird ...« soll vor allem jegliche Form von Krankheit weichen. »Leben ist ihr Mund; an ihrer Erscheinung wird voll das Lachen.« Und »in der Versammlung hat der Spruch von ihr überragend gebietende Kraft« (ebd., S. 110f.). Spricht sie ihr »genug«, dann werden die Kranken augenblicklich gesund: »Auf deinen Befehl, oh Ischtar, kommt der Kranke wieder zum Leben, der dein Antlitz schaut, erblickt der Blinde wieder das göttliche Licht.«

»Möge aus deinem reinen Mund mein Lebenswort kommen!«, heißt es in einem Gebet. »Dein ›genug!‹ (sprich), denn du bist die Göttin ...«

Nicht zuletzt aufgrund dieser heilkräftigen Worte gilt sie als »Schöpferin aller Menschen, die die Lebewesen in Ordnung hält« (ebd., S. 120–22).

Im Alten Ägypten sind es gleich mehrere Gottheiten, die dieses schöpferische Wort für sich beanspruchen können. Hier, wo man sich nie auf eine einzige Schöpfungsgeschichte festlegen wollte, wird die Fähigkeit zur Wortmagie mit weiblichen wie mit männlichen Gottheiten gleichermaßen verbunden. So heißt es z. B. von dem großen Schöpfergott *Amun*:

»Ein Wasserzauber ist Amun, wenn sein Name auf der Flut erklingt.« (Hornung 1989, S. 59) Sobald dieser Name nur ausgesprochen wird, muss im selben Augenblick das Krokodil, das die Schöpfung zu verschlingen droht, machtlos in die Tiefe zurücksinken.

Zu den drei helfenden Mächten, die jeder Schöpfergottheit zur Seite stehen, gehören in Ägypten das planende Ersinnen (*Sia*), der schöpferische Ausspruch (*Hu*) und der »Zauber« (*Heka* oder *Hike*), worunter die Ägypter die ausstrahlende Wirkung des Gesprochenen verstehen. »Er befahl, und es entstanden (sofort) die Götter«, heißt es z. B. vom Sonnengott *Re* (Kairoer Amunhymnus)! Durch »Zauber« werden Dinge »wirk«-lich, seine Energie sorgt für die Wirksamkeit des Wortes, und ohne sie »wäre die Weltschöpfung nicht möglich« (Hornung 1973, S. 204).

Die Göttin *Neith*, mit der sich in Ägypten die allerältesten Schöpfungsvorstellungen verbinden, erschafft die Welt mit sieben Sprüchen ihres Mundes.

Auch besteht die Vorstellung, dass der Töpfergott *Chnum* an der Töpferscheibe sitzt und die Lebewesen bei der Schöpfung formt, Neith – oder die Göttin Hathor – aber danebensteht und ihnen Atem gibt mit den Sprüchen ihres Mundes (Keel, S. 14). In einem Hymnus aus dem Tempel zu Esna heißt es von Neith: »Als er (Chnum) entstand, entstand sie. Und sie ist die Gottesmutter, die zuerst aufzog. Vater und Mutter kamen so am Anfang hervor, und alle anderen Wesen entstanden erst, nachdem sie entstanden waren … Und Chnum ist der Vater, der zuerst als Töpfer auftrat, und Neith ist die Mutter, die zuerst gebar, indem die Töpferscheibe vor ihm und der Geburtsstein in ihrer Folge war.« (Zingsem 2008, S. 427)

In der Vorstellung »Vater der Väter, Mutter der Mütter« wird Neith sogar als androgyne Gottheit mit jener Ur-Einheit der Zeit vor der Schöpfung verbunden, jener Zeit, da es noch »nicht zwei Dinge« gab, die Zeit von Urflut und Urfinsternis. Wozu wiederum passt, dass sie selbst jenen Urhügel (*Tenen*) machte, der zu Beginn der Schöpfung aus den Urwassern hervortrat (*Nun*) und ohne den es überhaupt nichts Geschaffenes auf der Welt geben könnte. »Du bist die Wasserfläche, die den *Tenen* machte und den *Nun* und aus deren Gebären alles, was ist, hervorgegangen ist«, wird sie in einem Schöpfungslied besungen (ebd.).

Weder Neith noch Isis, weder *Aton* noch Chnum: keine der ägyptischen Gottheiten wird als exklusive Schöpfergottheit gedacht. In der Spätzeit hatte sogar jeder Tempel seine eigene bevorzugte Schöpfungslehre, was nicht ausschloss, dass man im selben Tempel auch noch andere Schöpfungsgöttinnen und -götter pries (vgl. Hornung 1989, S. 41).

3. Isis, die Zauberreiche

Bei dem, was die Ägypter als Zauber bezeichnen, handelt es sich vor allem um die schöpferische Kraft des Wortes. Und Isis als Schöpfergöttin wird von Anfang an mit dieser Macht verbunden.

»Siehe, mein Mund hat Lebenssprüche«, verkündet sie einer verzweifelten Frau, deren totes Kind sie wiedererweckt.

»Ich bin die göttliche Isis, Herrin der Zauberkraft, die den Zauber ausübt, glänzend im Beschwören. Jedes beißende Gewürm gehorcht mir.«

»Ich bin Isis, die göttlich ist durch die Formeln meines Mundes und durch die Weisheit meines Herzens.«

»Frau, die groß ist an Gesetzen. – Was aus ihrem Mund kommt, geschieht sogleich.«

»Mir gehorcht das Schicksal«, lässt man sie deshalb in

den Texten von sich behaupten. Womit zugleich auch an ihre hilfreiche Seite appelliert ist:

> »Seine (des Osiris) Schwester Isis war sein Schutz, die die Feinde fernhielt, die die Anschläge des Unheilstifters mit den Sprüchen ihres Mundes zuschanden werden ließ, die mit sicherer Zunge, deren Wort nicht fehlgeht, die mit wirksamen Befehlen, Isis, die Nützliche ...«

so wird die Göttin bereits im sogenannten Pariser Osirishymnus (um 1400 v. Chr.) geehrt.

Spätestens im Tode, wenn jeder Mensch (und jedes Tier) symbolisch mit Osiris eins wurde, wollte man sich auf die segensreichen Wirkungen ihres schöpferischen Wortes verlassen.

Bei den Thronbesteigungsfesten wurde jeder Pharao als Horus, Sohn der Isis, von der Göttin adoptiert und als Herrscher legitimiert. Damit stellte sich Ägypten unter ihren Schutz.

Von Osiris heißt es in einem griechischen Zauberpapyrus: »Sein Name ist ein Herz (auch Symbol Ägyptens), von einer Schlange umwunden.«

Die Zauberkraft der Göttin ist untrennbar mit ihrer Schlangengestalt verbunden. Dies wird auch deutlich in jener berühmten Geschichte über »die List der Isis«, bei der es Isis gelingt, den wirklichen Namen des Sonnengottes Re in Erfahrung zu bringen. Hier sehen wir einen vom Alter gezeichneten Sonnengott, dem der Speichel bereits von den erschlafften Lippen tropft. »Jedoch Isis war eine weise Frau«, heißt es zu Beginn des Textes. »Ihr Spruch war erlesener als der von Millionen Göttern, sie hatte tiefere Einsicht als Millionen Geister.« Aus dem zur Erde fallenden Speichel des Re formt sie eine Wunderschlange, die den Gott bei seinem täglichen Spaziergang mit ihrem Gift verwundet. Als der von Fieber geschüttelte Gott um Hilfe ruft, da bietet sich wiederum Isis zu seiner Heilung an:

> Aber Isis kam mit ihrer Zauberhilfe,
> mit ihrem Munde voller Lebensodem,
> mit ihrem Schmerz vertreibenden Spruch,
> deren Worte den Verröchelnden beleben.

Da niemand sonst ihm helfen kann, offenbarte der große Gott ihr schließlich, wenn auch höchst widerwillig, seinen Namen, wohl wissend, dass danach von seiner Macht nicht mehr viel übrigbleiben wird. Denn mit dem Namen geht zugleich sein Wesen an die große Göttin über (vgl. Zingsem 2008, S. 363–367).

Als *Uräus* am Bug der Sonnenbarke, als aufgerichtete Kobra an der Stirn des Sonnengottes wie auch an der Krone seines irdischen Stellvertreters, ist Isis die »Uranfängliche, die das Entstehen begann«, Herrin des Jahresanfangs und aller Anfänge überhaupt. Die Schöpferin schlechthin. Die Behauptung, die Älteste, Erste, uranfänglich Entstandene zu sein, enthielt in sich das Versprechen, Schöpfungswunder zu vollbringen, sprich: jeden Tag neu im Sinne der Welterhaltung tätig zu werden. Von der Gottheit, die mit dem Entstehen anfing, hängt fortan jegliches Entstehen und Geschehen überhaupt ab. Die geheime Kraft, die solche übernatürlichen Wirkungen hervorbringt, fassten die Ägypter als »Zauberkraft« im Sinne von Schöpfungskraft auf, denn sie sahen in Schöpfung und Zauber dieselbe wunderbare Kraft am Werke. Isis, »die an Zauber Große, die Zauberreiche«, nannten sie deshalb ihre Göttin, ein Titel, den sie mit ihrem Lehrer *Thoth (Hermes)*, und ihrem Vater *Geb (Kronos)* teilte.

Die gewöhnliche Bezeichnung des Uranfangs als »das Erste Mal« unterstreicht die fundamentale Einstellung, dass der ein für alle Mal bestimmte Vorgang der Schöpfung von nun an stets zu wiederholen ist. Womit zugleich auf den Idealzustand des Uranfangs angespielt wird, den jede Zeit für sich neu verwirklichen soll. Die bereits bei der Schöpfung uranfänglich wirksame Gottheit bleibt demnach die für immer Aktive. Isis als die Zauberreiche ist die Lebensspenderin, die das Leben schenkt und bis weit über den Tod hinaus beschützt, indem sie es fortwährend erneuert. Dabei kommt ihr ihre Zauberkraft zu Hilfe, denn es sind vor allem ihre wirksamen Beschwörungen, die Schutz gewähren; ihre mit Schöpfungskraft erfüllten Sprüche und Taten vermitteln und sichern das

Leben. Als Zauberin und Lebenspenderin ist sie zugleich die Heilkundige, die nicht nur vom Tode, sondern von jeglicher (zum Tode führenden) Krankheit erretten kann. Bei Joannes Lydus (*de mensibus* IV.45) heißt es deshalb, »dass Isis den Ägyptern dasselbe sei wie *Asklepios* den Griechen, nämlich die Sonne und die Gesundheit« (Meier 1985, S. 48).

IV. Die Kuh als Urbild des Schöpferischen

1. Inanna, die schöpferische Himmelskuh (Mesopotamien)

Im Vorderen Orient begegnet uns die Kuh als göttlich-schöpferisches Symbol nicht nur in Verbindung mit der Erde, sondern vorrangig sogar mit dem Himmel. In den ältesten (Keilschrift-)Texten der Welt bereits erscheint die heilige Himmelspriesterin und Himmelskönigin Inanna zugleich als die heilige Himmelskuh, die – gekrönt mit ihren großen Hörnern – den ganzen Himmel mit Licht erfüllt. Sie, die Göttin der Liebe und des Kampfes zugleich ist, preist sich selbst als die hehre und zügellose Wildkuh des Himmelsgottes *Enlil* (der ihr Großvater ist), die mutig und tapfer allem und jedem vorangeht. Gesellt sich Zorn zu dieser Wildheit, dann zertrampelt sie die Feinde und die Abtrünnigen. In den Liebesliedern badet sie sich für ihren Geliebten, den »wilden Stier« Dumuzi, mit dem sie sich im Ritus der Heiligen Hochzeit vereint.

Die Hörner der Kuh verweisen zugleich auf eine andere Himmelserscheinung, die auch »Hörner« hat: den Mond, dessen zu- und abnehmende Sichelformen geradezu ein himmlisches Abbild der irdischen Kuhhörner zu sein scheinen. Inanna ist eigentlich keine Mondgöttin. Ihr Symbol ist der Morgen- und Abendstern, der ja in der Tat als Erster am Himmel erscheint, morgens vor der Sonne und abends vor dem Mond heraustritt! Auch deshalb wird sie die tapfere und heldenhafte Frau genannt, die sich mutig und als Erste an den leeren Himmel wagt und dabei selbst die eigenen Eltern hinter sich lässt. Diese Eltern, *Ningal*, die Mutter, und *Nanna*, der Vater, sind die ursprünglichen Mondgottheiten, das sogenannte »Paar im Mond«. Von ihnen hat die Liebesgöttin ihre »Hörner«. Als Tochter ihrer Eltern »erbt« sie den Mond gleichsam mit:

> »Gekrönt mit großen Hörnern,
> Erfüllst du Himmel und Erde mit Licht!
> ›Heil dir!‹, sage ich zu Inanna, der Ersten Tocher des Mondes!« (Zingsem 2008, S. 89)

»Wie das aufgehende Licht des Mondes«, heißt es im Hymnus einer Hohen Priesterin, trägt die Göttin ihre Schönheit zur Schau und wird von ihren Eltern aufrichtig bewundert (ebd., S. 102). Der Mond überhaupt gilt ja als genuin schöpferisch, seine Sicheln haben den Umriss eines Schöpfgefäßes, mit denen er beständig sein Licht wieder auffüllt. In China stellt man sich vor, dass der Mond, sobald er voll wird, sein Licht an die Sterne ausgießt und damit weiterschenkt. Nur so, gleichsam leer geworden, ist es ihm möglich, immer wieder neu das Licht der Sonne aufzunehmen. Auch der Mond gibt also ab, um danach etwas aufnehmen zu können. Nachdem der Neumond drei Tage lang am nächtlichen Himmel nicht sichtbar war, füllt er sich wieder neu mit Licht. Indem der Vollmond sein Licht an den Himmel ausgießt, macht er sich leer für die Neuaufnahme. So ist er im wahrsten Sinne des Wortes »schöpferisch« und dadurch ewig, denn dieses Aufnehmen und Abgeben geht ohne Ende so weiter. »Das Sein entspringt dem Nichtsein«, hören wir Lao-tse sagen.

Auf Erden gibt es vor allem ein Tier, das neben der Kuh zum Abbild ständiger Selbsterneuerung werden konnte, und das war und ist die Schlange. Sie, die ihre Haut periodisch abwerfen kann, wurde damit geradezu zu einem Synomym für Ewigkeit, eine Ewigkeit, die durch den beständigen Prozess des Sterbens hindurch gewonnen wird, im »ewigen« Rhythmus des »Stirb und werde«. Es wundert nicht, dass auch der Liebesgöttin diese Schlangenqualitäten zugesprochen werden. Sie verbinden sich bei ihr noch zusätzlich mit der Wildheit des Drachens (beide Begriffe werden ursprünglich synonym gebraucht).

> »Herrin, von Ningal jubelnd zur Freude geboren,
> gleich einem Drachen ist dir Zerstörungskraft gegeben«,

heißt es in einem Hymnus (ebd., S. 104). Als Drache thront sie auf dem Sturmwind, fährt wie der Blitz über die Hochländer und gießt als »laut donnernder Sturm« ihren Regen über alle Länder und Völker aus (ebd., S. 89). In China wurde der Drache mit genau diesen Eigenschaften zum Symbol des Schöpferischen ernannt. Bei Inanna dürfte der Sinn solcher Texte kaum anders sein.

Die drei Tage, die der Mond während der Dunkelmondzeit vom Himmel verschwindet, gaben dem Vorderen Orient das Maß für den Abstieg in die Unterwelt. Und auch hier ist Inanna die beispielgebende Vorläuferin. Nicht genug, dass sie im Symbol von Abend- und Morgenstern Mond und Sonne am Himmel vorangeht, ihnen sozusagen als »heilige Fackel« den Weg erleuchtet, bahnt sie sich auch als Erstes einen Weg in die Unterwelt. In die undurchdringliche Finsternis des großen Unten schickt sie den hellen Strahl ihres himmlischen Erkennenwollens. Und sie schafft es mit Klugheit auch, als Erste dieses »Land ohne Wiederkehr« wieder zu verlassen. Auch dieser Mut, mit dem die Himmelskuh ihre Hörner senkt, um Neuland zu entdecken, ist also schöpferisch.

Das Symbol der Himmlischen Kuhhörner ist damit noch längst nicht ausgeschöpft. Auch Inannas Vulva wird »das Horn des Himmels« genannt, die liegende Mondsichel, die gleichzeitig das »Himmelsboot« ist, mit dem sie am nächtlichen Firmament dahinsegelt. Unsere Wörter *arc* (frz.: Bogen) und »Arche« hängen damit zusammen.

»Meine Vulva, das Horn,
Das Boot des Himmels,
Es ist von Begierde erfüllt wie der junge Mond.
...
Was mich betrifft, Inanna,
Wer wird meine Vulva pflügen?
Wer wird seinen Ochsen daran anschirren?
Wer wird meine Vulva pflügen?« (Ebd., S. 43)

Hier verstehen wir, warum diese große Göttin zugleich Göttin der Liebe ist, die ihrem Geliebten erlaubt, auf ihrer »heiligen Brust einherzustolzieren wie ein Lapislazuli-Kalb« (ebd., S. 49). »Ich habe mich für den wilden Stier gebadet«, heißt es in einem anderen Hymnus, der fortfährt:

»Er legte seine Hände auf meine heilige Vulva,
Er glättete mein schwarzes Boot mit Sahne,
Er belebte mein schmales Boot mit Milch,
Er liebkoste mich auf dem Bett ...« (Ebd., S. 48)

Sexualität und Erotik standen zu allen Zeiten in nächster Nähe zum Schöpferischen. Die Schöpfung neuen Lebens beginnt gerade hier!

2. Mythen von der Himmelskuh in Ägypten

Der Himmel konnte nach altägyptischen Vorstellungen gleich auf drei verschiedene Weisen dargestellt werden: als Kuh, als Baum und als Frau, in allen drei Fällen ist die Gottheit weiblich und wirkt sowohl als Lebensspenderin wie auch als Totengöttin. Auf Bildern sehen wir z.B. die Göttin Hathor, die »Herrin der südlichen Sykomore«, als schlanke Frau mit Kuhkopf, wie sie aus einem – *ihrem* – Baum heraus Gaben spendet (vgl. Keel, S. 83). In Ägypten ist das Bild der Himmelskuh bereits mit den allerersten Tagen der Schöpfung verbunden. Vor der Schöpfung – das meint die Zeit, als es »noch nicht zwei Dinge« gab –

herrschten allseits Urflut und Urfinsternis, die Ununterschiedenheit des Einen als Nichtsein. Schöpfung entsteht erst ab dem Zeitpunkt, da sich das Eine zur Zweiheit auseinanderfaltet und sich idealtypisch bis zur »Vielheit der Millionen« ausdifferenziert, »zur Fülle des Seins, zur Fülle der Götter« (vgl. Hornung 1973, S. 170f.; 249).

In dieser Zeit des Anfangs tauchte aus der Urflut jene gewaltige Kuh auf, die man später mit dem Namen *Mehetweret*, die »große Schwimmerin«, bezeichnete. Von Anbeginn trägt sie die Sonnenscheibe zwischen ihren Hörnern und steigt mit ihr gemächlich bis zum Himmel auf. So gilt sie als die Mutter des Sonnengottes Re, die ihn tagtäglich als ihr goldenes Sonnenkalb (wieder-)gebiert (vgl. Hornung 1989, S. 37f.). Schöpfung bedeutete den Ägyptern vor allem »Verjüngung«. Sprüche wie: »Du wirst dich in deinem Grab verjüngen«, zeigen, dass gerade die Region, die wir mit Tod verbinden, für die Ägypter Regeneration und Umwandlung in ein neues und frisches Leben bedeutete. Tod ist danach nicht gleichbedeutend mit Nichtsein, sondern meint eine verwandelte Form des Daseins. Da Schöpfung also mit Wiedergeburt zu tun hat, ist es nur natürlich, dass man an der Stelle, wo sich täglich Wiedergeburt ereignet, eine Schöpfergöttin verehrt. Und so finden wir das Bild der (Ur-)Kuh gleich mit mehreren zentralen Göttinnen der ägyptischen Götterwelt verbunden. Allen voran natürlich *Nut*, jene sternenübersäte Himmelskuh, die sich – auch als nackte Frau – fürsorglich über das gesamte Firmament beugt und so die Erde mit ihrem Leib beschützt. Es ist *Schu*, der Luftgott, der den (weiblichen) Himmel von der (männlichen) Erde (dem Gott Geb) trennt und durch die dauerhafte Hochhebung des Himmels für Raum und Luft zum Atmen sorgt.

Im Neuen Reich und in der Spätzeit erhält die Göttin Nut den Beinamen »Welche die Götter geboren hat«. Zusätzlich nahm man an, dass sie täglich nicht nur die Sonne, sondern auch den Mond gebar (vgl. Hornung 1973, S. 138). So sorgt sie dafür, dass jeden Morgen die ganze Welt verjüngt aus dem nächtlichen Chaos (dem

Rückfall in die Urflut) ins Leben tritt, und diese morgendliche Neugeburt gilt zugleich als eine Wiederholung von Schöpfung überhaupt. Mit jedem Sonnenaufgang wiederholt sich tagtäglich jenes »erste Mal«, das den Anfang von Schöpfung überhaupt kennzeichnet: Jeder Sonnenaufgang meint Weltschöpfung. So heißt es vom Sonnengott Re: »der sich verjüngt Tag für Tag, ohne sein Ende zu erreichen« (Hornung 1973, S. 156). Und das Mittel seiner »ewigen« Verjüngung ist ebenjener Leib der Himmelskuh oder -frau. Wobei sich im Bild der Kuh die mütterliche Sanftheit zu ihrer nährenden Qualität gesellt. Götter, Pharaoninnen und Pharaonen trinken an ihrem Euter, im Diesseits wie im Jenseits.

Urhügel, Urlotos und Urkuh sind im ägyptischen Denken verschiedene Umschreibungen für den tragenden Grund, der die Erschaffung der Welt täglich möglich macht, indem er ihr Halt gibt gegen die Überflutung durch das Nichtsein, das vor der Schöpfung herrscht. Weithin sichtbares Symbol dieser schöpferischen »Erdhügel« sind dann die Pyramiden geworden. Und auch die jährlich wiederkehrende Nilflut wurde als Teil dieser Urflut gesehen. Wenn beim Zurückweichen der Nilwasser allmählich wieder Land sichtbar wurde, dann ereignete sich auch hier alljährlich neue Schöpfung – weshalb man den Beginn des Neuen Jahres in Ägypten mit genau dieser Zeit der Nilschwemme verband. Jetzt war es die Göttin Isis, die als das fruchtbare Land zu beiden Seiten des Nils nach und nach aus der Flut auftauchte und neues Leben möglich machte. Nun endlich war die Trockenzeit vorbei, und das Korn konnte neu ausgesät werden. Genau an diesem Beispiel zeigt sich aber auch, dass Flut nicht in jedem Fall als etwas Schädliches angesehen werden muss! So wie die Nilflut neues Wachstum überhaupt erst möglich macht, so ist auch das zeitweilige Untertauchen in die Flut durchaus als schöpferischer Akt anzusehen. Das Sein bedarf zu seiner Erneuerung des Nichtseins bzw. muss durch die Auflösung des Chaos hindurchgehen, wenn es dauerhaft bestehen bleiben will.

Immerhin verbinden sich mit dem für das Land lebenswichtigen Ereignis der Nilflut zwei der bedeutendsten Gottheiten der ägyptischen Götterwelt: Isis und Osiris. So wie die Göttin in der fruchtbaren Erde, so ist der Gott im Nilwasser gegenwärtig und gleichzeitig auch im Korn, das dank dieses Wassers nun wieder frisch und grün aus der Erde hervorsprießen wird. Wen wundert es also, wenn auch Isis schließlich mit jener Himmelskuh gleichgesetzt wird, die zwischen ihren Hörnern die Sonnenscheibe an den Himmel trägt? Und Isis wiederum ist nur eine weitere Erscheinungsform der großen Himmelsgöttin Hathor, deren Name uns bereits viel über ihr Wirken verrät: Hathor bedeutet »Haus des Horus«, und Horus wurde als Sonnengott und -falke verehrt. Jeden Abend kehrt er nach Hause zurück, wo er durch den Leib der Himmelsgöttin hindurchfährt, die ihn am Morgen neu auf die Welt bringt. Ihr anderer Beiname, »die Goldene«, verweist – wie übrigens auch bei Aphrodite – darauf, dass sie selbst Sonnenqualitäten besitzt. Auch Hathor, wir haben es am Anfang schon gehört, ist eine »Himmelskuh«, außerdem noch Göttin der Liebe, des Rausches, der Musik und des Tanzes: Elemente, die interessanterweise allesamt mit dem »Vergessen« – auch einer Form von Nichtsein – zu tun haben. »Kennt nicht den Ort, an dem er / sie sich befindet« galt den Ägyptern als Ausdruck für den beseligenden Zustand der Liebesekstase, und wer wollte bestreiten, dass dieser Zustand des »Einsseins« ernorm schöpferisch sein kann? (In Griechenland bezeichnete man dieses Einssein in der Liebesseligkeit mit dem Wort »Koma«.) Auch Musik und Tanz können in Rausch versetzen, und nicht zuletzt der Wein, der als »Bote des Nichtseins« gilt (Hornung 1973, S. 178). Bedenken wir noch, dass auch Osiris als Gott des Weines verehrt wurde und man das Nilwasser zur Zeit der Nilschwemme wie Wein trank, dann schließt sich der Kreis auch hier wieder. Die Ägypter, so scheint es, haben das Nichtsein integriert, ohne ihm zu verfallen. Ordnung ist nur zu verwirklichen, »wenn sie ein gehöriges Stück Unordnung mit einbezieht, wenn sie auch dem Nichtseienden *in* uns und *um* uns gerecht wird« (ebd., S. 179).

Und hier kommen wir zur anderen Seite der Kuh, die sich insbesondere bei Hathor (wie auch bei der mit ihr gleichgesetzten Isis) zeigt: ihrer gefährlichen und rasenden Seite, die in der Gestalt der Löwin Sachmet ihren Ausdruck findet. Im sogenannten Buch von der Himmelskuh (etwa aus dem 14. Jahrhundert v. Chr.) erfahren wir, dass der Welt, wie wir sie heute vorfinden, noch ein anderes, ein »goldenes Zeitalter« vorausging. Eine selige und beseligende Urzeit, in der Götter und Menschen zusammenwohnen und es noch keine Unterscheidung zwischen Tag und Nacht gibt. Als Tochter des Sonnengottes Re kommt in dieser Zeit die Göttin *Maat* auf die Welt und mit ihr die harmonische Ordnung der Dinge, in der alle Lebewesen ganz selbstverständlich zu Hause sind. Dieser vollkommene und ideale Seinszustand der Welt geht zu Ende, weil die Schöpfung insgesamt zu altern beginnt. Auch die Sonne unterliegt diesem Alterungsprozess: Re wird zum Greis mit silbernen, brüchigen Knochen und versteinertem Haar aus Lapislazuli, dem die Zügel der Herrschaft aus der Hand gleiten – was wiederum die Menschen zu einem Aufstand gegen ihn ausnützen. Re schickt sein »Auge« als die Gestalt der Göttin Hathor auf die Erde hinab, und wütend fährt diese in Gestalt der schreckenerregenden Löwengöttin *Sachmet* (die Mächtigste) unter die aufsässigen Menschen. Das ganze Menschengeschlecht hätte sie vernichtet, wenn nicht der Sonnengott selbst Mitleid mit seinen Geschöpfen bekommen hätte. Eilends ließ er durch seine Schnellboten 7000 Krug Bier mit Ocker vermischen, damit sie aussahen wie vergossenes Blut, womit man die Felder überflutete, auf denen sie den Menschen den Garaus machen wollte. Die Göttin berauscht sich an diesem Trank, und der Rausch tut ihrem Herzen wohl, so dass sie wieder in friedliche Stimmung gerät. Re aber dankt endgültig ab, Nut verwandelt sich in eine Kuh, setzt ihn auf ihren Rücken und trägt ihn von der Erde fort. Zum ersten Mal wird es darauf finster in der Schöpfung!

Von da an ist Schöpfung stets gefährdet, und Götter wie Menschen müssen mit vereinten Kräften alles dazu tun, damit das Chaos nicht überhand nimmt, das auf der anderen Seite wieder nötig ist, damit die Welt sich »verjüngt« (vgl. Zingsem 2008, S. 440–443; Hornung 1989, S. 44f.).

Letztlich begegnet uns im Symbol der Hathorkuh mit ihrer Ergänzung durch die Löwin Sachmet genau diese Zweiheit des Seins: das Erhaltende und Nährende in der Kuh, das Rauschhaft-Auflösende in ihrem Aspekt als Liebesgöttin, wo der wohltätige Aspekt des Chaos oder der Urflut hervorgehoben wird, schließlich ihre vernichtende Seite in der Göttin Sachmet. Auf Statuen und Bildern trägt man dem Rechnung, indem man dem lieblichen Frauenantlitz der Hathor durch die Löwenohren einen Zug von katzenhafter Wildheit verleiht. Doch auch hier ist Vorsicht geboten. Sachmet ist keineswegs nur eine vernichtende Göttin. Gerade diese Löwenköpfige wurde zum Wahrzeichen ärztlicher Heilkunst. Obwohl sie einerseits Krankheiten sendet, verleiht sie den Priesterinnen und Priestern zugleich die Fähigkeit zur Heilung. So ließ beispielsweise der erkrankte Amenophis III. Hunderte von löwenköpfigen Sachmet-Statuen aufstellen, die wie eine steingewordene Litanei von Gebeten an die große Göttin wirken (vgl. Hornung 1989, S. 140 u. 177). Und ist nicht auch Heilung so viel wie »neue Schöpfung«? Umso mehr als Hathor – wie Isis – auch noch die Uräusschlange als Attributtier zugesprochen wird, ein uraltes ägyptisches Symbol der ewigen Erneuerung!

Nicht zuletzt hat auch die Göttin Isis einen Bezug zur Urflut. Dem Sirius, ihrem Sternbild am Himmel, sagte man nach, dass er die Nilschwemme anziehen sollte, und genau so wurde erzählt, dass sie mit den Tränen, die sie um den getöteten Osiris weinte, den Nil erst zum Anschwellen brachte! So dass aus Trauer Jubel wurde. Mitten in der Nilflut feiern Isis und Osiris ihre »Heilige Hochzeit«. Im Rausch ihrer Liebesekstase finden wir also beides: die Auflösung ins Nichtsein wie auch das darauf folgende befruchtende »Landgewinnen« der Schöpfung überhaupt!

In diesen Zusammenhang gehört auch die Geburts- und Erntegöttin *Renenutet* (wörtl. »Nährschlange«), die in ihrer griechischen Erscheinungsform *Thermutis* genannt wurde. In hellenistischer Zeit verschmolz Isis mit *Renenutet-Thermutis* zu einer neuen Einheit. Auf einem Weiherelief aus dem 2. Jahrhundert n. Chr. sehen wir Renenutet-Thermutis als aufgerichtete Kobra mit dem charakteristischen Kopfschmuck der Isis: Sonnenscheibe, Kuhhörner und zwei Straußenfedern (als Sinnbild der Maat), oder als *Isis-Thermutis*, deren menschengestaltiger Oberkörper aus dem Leib einer Schlange herauswächst und die in der Hand ein Füllhorn trägt. Ihr zu Ehren wurden Schlangen als gute Hausgeister in Hausaltären gehalten und regelrecht ins Familienleben integriert. Der folgende Hymnus vermittelt einen Einblick in ihre Machtfülle:

> Reichtumspendende Königin der Götter, Herrin Thermuthis,
> Allmächtige, *Agathé Týche* (gutes Geschick, Heil Glück),
> hochberühmte Isis,
> höchste Deo, Erfinderin allen Lebens,
> und allerlei Wunder wirktest du,
> um allen Menschen Lebensunterhalt und gesetzliche Ordnung zu bringen,
> und Sitten und Gebräuche führtest du ein, damit überhaupt Gerechtigkeit sei,
> und handwerkliche Fertigkeiten verliehst du ihnen, damit das Leben angenehm sei,
> und du erfandest das kräftig sprossende Wachstum aller Früchte.
> Dir ist zu danken, dass es Himmel und Erde, das Wehen der Winde und die Sonne mit ihrem angenehmen Licht überhaupt gibt.
> Durch deine Macht füllen sich zur Herbstzeit alle Flüsse des Nils,
> und in reißenden Fluten ergießt sich das Wasser über das ganze Land,
> so dass die Früchte unaufhörlich wachsen.
>
> *(Zingsem 2008, S. 399)*

3. Die Kuh Audhumla erschafft Riesen und Gottheiten (nordische Mythologie)

Auch die nordisch-germanische Mythologie kennt eine urschöpferische Kuh, die gleich am Anfang der Zeiten entstand. Zeitgleich mit dem Urriesen *Ymir*, dem Stammvater aller Frostriesen, erschien sie, als die Gluthitze des Südens auf die Eisschollen des Nordens trafen und diese zum Tauen brachten. Plötzlich belebte sich, was vorher ohne Leben war, und neben dem grässlichen, zweigeschlechtlichen Riesen wuchs eine Kuh hervor, die in den Mythen *Audhumla*, die »Saftreiche«, genannt wird. Ihr Euter hatte vier Zitzen, aus denen vier Milchflüsse rannen, und von dieser Milch ernährte sich auch Ymir. Beide zeugten ohne Befruchtung Nachkommenschaft. Bei dem Riesen entstanden sie aus dessen Schweiß, die Kuh aber leckte mit ihrer Zunge das salzige Eis von den Felsen. Und wo sie die Steine frei leckte, kam am ersten Abend menschliches Haupthaar zum Vorschein, am zweiten ein Menschenkopf und am dritten ein ganzer Mensch: *Buri*, der Zeugende, schön an Aussehen, groß und stark und von herrlichem Wesen. Dessen Sohn *Bör* nahm die Riesentochter *Bestla* zur Frau, beide wurden die Eltern des großen Asengottes *Odin/Wotan*. Der wiederum erschlug den tobenden Urriesen Ymir, auch Sinnbild für das chaotische Lebensprinzip, und schuf aus dessen gigantischem Leib die ganze Menschenwelt, *Midgard* (Mittelburg). Auf diese Weise kam Ordnung in die Welt (vgl. Wägner, S. 32f.; Diederichs, S. 122ff.).

Von Anfang an liegen hier das Lebensfördernde und das Lebenzerstörende eng beieinander. Nicht nur wächst der gräßliche, chaotisch-tobende Riese neben dem nährenden Lebensprinzip der Kuh heran, beide sind ja auch zur selben Zeit aus jener ersten »Ursuppe« hervorgegangen, die entstanden war, als das Feuer des Südens die Eiseskälte des Nordens buchstäblich erweichte. Die Kuh ernährt dann beide Wesen mit ihrer Milch: den Riesen Ymir ebenso wie den ersten Asen Buri. Die Frostriesen als Repräsentanten des ewigen Eises werden der geordneten Welt stets eine Bedrohung bleiben. Man kann sie in Schach halten, aber nicht dauerhaft besiegen. Dennoch stammt auch Odin selbst z.T. von ihnen und ist überhaupt fast alles im Kosmos aus einer Verbindung von Riesen- mit Götterenergien entstanden. Es kommt also auch hier, wie so oft im Leben, auf die richtige Mischung an! Und was man nicht unschädlich machen kann, kann man wenigstens in etwas Segenbringendes verwandeln!

Während Audhumla den Ymir mit ihrer Milch ernährt, schafft sie gleichzeitig mit dem, was sie selbst zu sich nimmt, eine neue und schönere Gestalt: Buri, vom Aussehen her ein Mensch, von der Wirkung her ein Gott, denn immerhin ist er der mythische »Großvater« des höchsten Asengottes Odin! Was prinzipiell für eine innere Einheit zwischen Gottheit und Menschheit spricht – wozu auch wiederum passt, dass nach der nordischen Mythologie die Göttinnen und Götter unter derselben Wurzel der Weltesche zu Hause sind wie die Menschen und daselbst gemeinsam aus dem reinen Quellwasser des Urdbrunnens ihre Kraft schöpfen. Die Urkuh aber bringt das seltene Kunststück fertig, dass sie mit dem, was sie gibt, etwas am Leben erhält und gleichzeitig mit dem, was sie (zu sich) nimmt, für sich selbst etwas Neues erschafft. Mit dem, was sie weggibt, ihrer Milch, ernährt sie die Riesen, und aus dem, was sie aufnimmt, nämlich salziges Eis, erschafft sie nichts Geringeres als das göttliche Leben. Wieder eine geniale Mischung: Die Frostriesen schlucken ihre warme Milch, während die Gottheiten nun wieder aus demselben Eis entstehen, das ihnen in Gestalt der Frostriesen das Leben so schwermacht. Auch wenn sie bekämpfen, was tief innerlich Teil von ihnen ist, wissen sie doch zugleich, dass sie ihm nicht entrinnen können, da sie doch recht eigentlich und seit den allerersten Tagen der Schöpfung verwandt damit sind. Audhumla aber ist gleich auf zweierlei Weise schöpferisch: wenn sie gibt und noch mehr, wenn sie (auf-)nimmt.

4. Die »Weiße-Büffelkuh-Frau« bringt Wissen und Weisheit (Lakota/USA)

> Es war der Wille von *Uakan-Tanka*, dass sich ein Tier in ein zweibeiniges Wesen verwandelte, um seinem Volke die hochheilige Pfeife zu bringen; und wir wurden auch gelehrt, die *Weiße-Büffelkuh-Frau*, die uns die heilige Pfeife brachte, werde am Ende dieser Welt wieder erscheinen.
>
> *Schwarzer Hirsch*

Schwarzer Hirsch, dem wir das Wissen über die heilige Pfeife und andere wertvolle Riten verdanken, die seinem Volk von der Weißen-Büffelkuh-Frau überliefert wurden, gehört zum Volk der Lakota, die wiederum die größte Unterabteilung der Sioux-Nation darstellen. Ethnologisch gesehen gehören sie zu den nordamerikanischen Prärie- und Waldlandindianern.

Der Bison oder Büffel war für die Prärie- und Waldlandindianer das wichtigste aller vierbeinigen Tiere. Er lieferte ihnen fast die gesamte Nahrung, ihre Kleider, die Wände für das Zelt und natürlich auch die Haut, mit der sie ihre Trommel bespannten. Die runde Trommel aber versinnbildlicht wiederum das ganze Weltall, ihr Schlag ist sozusagen das Herz, das in seiner Mitte pocht! Und wenn die Trommel, wie angenommen wird, der Bison ist, dann verkörpert der Büffel das Weltall. In gleicher Weise kann auch die getrocknete Büffelblase, so sie rituell verwendet wird, das gesamte Weltall enthalten. Alles ist in diesem machtvollen Tier sinnbildlich enthalten: »die Erde und alles, was aus ihr wächst, alle Tiere und sogar die ›zweibeinigen Völker‹.« Jeder bestimmte Teil des Tieres stellte einen besonderen Teil der Schöpfung dar, so dass es zu einem natürlichen Sinnbild des gesamten Weltalls wurde. Der Teil, der die Menschheit und speziell die heilige Weiße-Büffelkuh-Frau darstellt, ist ein besonderes Stück Fleisch von der Schulter des Bisons (vgl. Schwarzer Hirsch, S. 231–234). So ist über den Büffel und seine Verehrung letztlich die Verwandtschaft der Menschen mit allen Lebewesen der Welt gewährleistet.

Der Büffel war jedoch auch selbst bereits bei der Schöpfung zugegen. Gemäß den Mythen der Sioux wurde am Beginn dieses unseres Zeitalters ein Büffel im Westen aufgestellt, der die Wasser aufhalten soll, welche die Erde zu überfluten drohen. Dieser Büffel verliert in jedem Jahr ein Haar und in jedem Zeitalter ein Bein. Wir treffen hier auf eine Vorstellung, wie wir sie auch aus der Lehre von den vier Weltzeitaltern im Hinduismus kennen. Nach dieser Vorstellung gibt es ein großes Weltzeitalter, *Mahayuga*, das in seinem vollständigen Zyklus 4 320 000 Jahre umfasst und sich in vier Unterabteilungen gliedert. Diese Lehre wird veranschaulicht im Bild der »Kuh der ethischen Ordnung«, die im ersten, »goldenen«, längsten und harmonischsten aller Zeitalter noch fest auf allen vier Beinen steht. *Dharma*, das moralische Gesetz der Welt, das in allen Sphären, Kräften und Wesen der Welt offenbar wird, ruht während dieser Epoche so sicher auf seinen vier Beinen wie eine heilige Kuh. Denn alles Vollständige und in sich selbst Ruhende wird hier – ganz wie übrigens auch bei den Lakota – als aus vier Vierteln bestehend gedacht. »Da alles, was gut ist, in Vieren getan wird, werden die Zweibeinigen durch vier Lebensalter gehen und dabei mit allen Dingen verwandt sein«, erklärt uns Schwarzer Hirsch (S. 168). In jedem weiteren Zeitalter wird der Büffel, ebenso wie die »Kuh der ethischen Ordnung«, ein Bein verlieren – bis beide nur mehr auf einem Bein daherbalancieren und sich kaum mehr halten können: eine Zeit der Katastrophen und des moralischen Verfalls, der in beiden Kulturen übereinstimmend mit unserem jetzigen Zeitalter in Verbindung gebracht wird. Beide glauben auch, dass am Ende diese unsere Welt von neuem überflutet wird und danach die ursprüngliche Geistigkeit in einem neuen goldenen Zeitalter wiederhergestellt wird (vgl. Zimmer 1981, S. 18–20; Schwarzer Hirsch, S. 19 u. 233).

Der Büffel selbst wird als ein religiöses Wesen betrachtet, das von Uakan-Tanka (dem »großen Geistwesen«) selbst unterrichtet wurde. In der Weißen-Büffelkuh-Frau verdichtet sich sozusagen die Weisheit des gesamten Büffelvolkes, so dass die Menschen den Büffeln all ihre heiligen Riten verdanken. So sind die Büffel nicht nur in materieller Hinsicht die Nahrungsquelle der Menschen, sondern mindestens ebenso sehr in geistig-spritueller Hinsicht: »Denn es war die Weiße-Büffelkuh-Frau, die uns am Anfang unsere hochheilige Pfeife brachte, und von da an waren wir Verwandte der Vierbeiner und all dessen, was sich bewegt. *Tatanka*, der Büffel, ist der nächste vierbeinige Verwandte, den wir haben, und die Büffel leben als ein Volk, wie wir es tun.« (Schwarzer Hirsch, S. 164f.)

Bei der Ausübung der Riten sind es vor allem Mädchen und Frauen, die zu Repräsentantinnen der Weißen-Büffelkuh-Frau werden. Beim Sonnentanz stellt die Frau, welche die Pfeife trägt, die Weiße-Büffelkuh-Frau dar. Die Einweihungsfeier zur ersten Menstruation geht auf eine Vision zurück, bei der ein Lakota von einem Büffelkalb träumte, das von seiner Mutter abgeleckt wurde. Durch den Ritus der Reinigung, der hier vollzogen wird, wird das Mädchen, das nun zur Frau wird, geheiligt und selbst zum Lebensbaum, der Himmel und Erde miteinander verbindet: »Du wirst jetzt rein und heilig sein; mögen deine zukünftigen Geschlechter Frucht tragen! Wo immer dein Fuß hintritt, wird eine geheiligte Stelle sein, denn jetzt wirst du stets einen großen Einfluss mit dir haben.« (Ebd., S. 171)

Beim Ritus des heiligen Ballspiels oder »Aufwerfens des Balles« steht wiederum ein kleines Mädchen im Mittelpunkt, das den heiligen Ball, der aus Büffelhaar und -haut gemacht ist, in der Hand hält. Und wieder stellt auch dieser Ball das Weltall (Uakan-Tanka) wie die (Großmutter) Erde dar, so dass die Kleine buchstäblich die ganze Welt in ihren Händen hält. Wichtig ist, dass es diesmal ein kleines Mädchen ist und keine reife Frau, die diesen Ball hält und in die vier Richtungen werfen wird. Dies muss so sein, erklärt Schwarzer Hirsch, »weil der Große Geist ewig jugendlich und rein ist« (S. 193). Derselbe Grund, weshalb auch die großen Göttinnen des Vorderen Orients als »allzeit jugendlich« oder »große Jungfrau« bezeichnet werden!

Die Bedeutung des Büffels für die Kultur der Prärie- und Waldlandindianer kann gar nicht hoch genug eingeschätzt werden. Noch in der Zeit zwischen 1650 und 1750 weideten Büffelherden fast im gesamten Kontinent. Für das Jahr 1800 schätzt man sie »in ganz Nordamerika auf 50 Millionen Stück« (Müller, S. 20). Den Berichten der europäischen Siedler zufolge zeigten die Tiere keinerlei Furcht vor den Menschen. Die Menschen waren von Büffeln umgeben wie die Bäume von den Vögeln – was sich durch die Ansiedlung und Lebensweise der weißen Bevölkerung grundlegend ändern sollte. Das ganze Ausmaß des Schreckens, das hier durch skrupelloseste Jagdmethoden und Besiedelungstaktik der Europäer oder neuen Amerikaner angerichtet wurde, können wir uns vor Augen führen, wenn wir erfahren, dass man im Januar 1889 auf dem gesamten Gebiet der USA nur mehr 635 Bisons zählte! – Ein wahrer Büffelgenozid und zugleich ein Zusammenprall zweier Mentalitäten, um nicht zu sagen: Religionen, wie er unterschiedlicher nicht sein könnte. So wurde mit dem Büffel nicht »nur« eine Tierart ausgerottet, sondern eine ganze religiöse Weltanschauung und Spiritualität vernichtet.

5. Büffelkuh und Menschenfrau entspringen derselben Perle (Todas/Indien)

Die Todas gehören zu den wenigen Gesellschaften, die noch matriarchal organisiert sind und deren Frauen z.T. in Vielmännerei leben. Im Süden Indiens, hoch oben auf dem Plateau der Nilgiri-Berge, bewohnen sie ein Gebiet, das kleiner ist als der Bodensee. Ihr Volk umfasst nicht mehr als 1000 Mitglieder. Mehr Menschen kann das Land, das sie weitverstreut mit ihren kleinen Hütten besiedeln, weder tragen noch ernähren. Die Todas arbeiten nicht, betreiben weder Ackerbau noch Handel, sie haben keine Waffen und haben daher noch nie Krieg geführt. Sie haben eine einzigartige Sprache, kennen aber keine eigene Schrift, obwohl einige von ihnen inzwischen zur Schule gehen, dort mit der Sprache und Schrift der Tamilen in Berührung gekommen sind und sogar studiert haben.

Von ihrer kurzen Schöpfungsgeschichte kennen wir zwei Versionen:

Urmutter Törkisch schuf einst aus einer Perle eine Frau und eine Büffelkuh. Das war der Ursprung des Lebens und der Todas. Die Frau war androgyn und befruchtete sich selbst. Der erste Sohn wurde ihr Mann. Die Büffel aber sind den Todas heilig, weil sie derselben Perle entsprungen sind wie die Menschen.

Die andere Version der Geschichte lautet, dass vor etlichen tausend Jahren eine Göttin mit ihrem Zauberstab einen heiligen Fluss erschuf, dessen Wassern eine Reihe wunderschöner langhorniger Büffel entstieg. Am Schwanz des letzten Tieres hing die erste Toda-Frau. Das Leben entstand mit den Frauen. Der erste Mann ist die Frucht einer Frau.

Beide Geschichten erklären die bevorzugte Verwandtschaft des Menschen mit den Büffeln. Was die Tschuktschen für die Wale empfinden, das empfinden die Todas für ihre Büffel: Sie betrachten sie als ihre Brüder und Schwestern. Einige Tiere sind zudem heiliger Abstammung, ihr Stammbaum verbindet sie noch mit den ersten Tagen der Schöpfung. Diese Heiligkeit oder heilige Rangordnung, so erklären es die Todas, wird von den Tieren selbst akzeptiert und respektiert. Die Menschen erweisen ihnen Achtung und Dankbarkeit, indem sie nur die Milch der gewöhnlichen Büffel trinken und verarbeiten.

Für die Todas sind die Büffel alles, ihre Nahrung, ihr Reichtum und ihre Religion zugleich. Jedes der über 3000 Tiere sprechen sie mit Namen an, als wären es Menschen. Da sie die Tiere als ihre Geschwister ansehen, ernähren sie sich ausschließlich von deren Milch, aus der sie Buttermilch, Butter und Joghurt gewinnen. Weil sie die Büffel als ihresgleichen betrachten, kämen sie nie auf den Gedanken, sie zu schlachten, um ihr Fleisch zu verzehren. Zweimal täglich kommen die Büffel freiwillig zu den Menschen, um sich melken zu lassen.

Die Todas sind Vegetarier, neben den Milchprodukten leben sie allein von dem, was der Wald ihnen gibt. Neben dem Honig und anderen essbaren Pflanzen schenkt er ihnen vor allem 250 Heilmittel! Zu jedem dieser Kräuter gehört allerdings ein besonderes Mantra, mit dem auch die geistigen Helferinnen und Helfer gerufen werden, sonst bleibt es wirkungslos. Die Pflanzen, sagen sie, sind Wesen wie du und ich, sie haben Gefühle und Erinnerung und sie sind in der Lage, die Menschen (wieder-)zuerkennen, die sich mit ihnen befassen. Und je mehr ein Mensch sich in eine Pflanze hineinversetzen kann, umso mehr hilft sie ihm. (Eine Auffassung, die sogar von der modernen – neurobiologischen – Forschung unterstützt wird, vgl. Berendt, S. 99ff.) Traditionell sind die Frauen die Hüterinnen dieser Medizin, auch des Verhütungsmittels, mit dessen Hilfe die alten Frauen Bevölkerungspolitik betreiben. Sie sorgen dafür, dass ihr Land niemals mehr Menschen beherbergen muss, als es tragen kann. Die Todas wollen die Natur nicht verändern, da sie mit und von ihr leben.

Das Gras ist diesem Volk heilig, weil die Büffel sich davon ernähren. Deshalb laufen die Todas barfuß über ihr Land, »denn sie wollen nicht mit Schuhen in das Essen ihrer Geschwister treten« (Kuby 2006, S. 135). Ackerbau verletzt in ihren Augen das »Fell der Erde«, die Sonne verbrennt dann die offene Wunde, und das Feld braucht Dünger, um Ertrag zu bringen.

Die Todas kennen keinen Altar, bauen keine Tempel und schnitzen keine Götterbilder. Das, was die Ethnologen als *Tempel* bezeichnen, hat wiederum mit den Büffeln zu tun: Es sind die »Molkereien«, in denen sie ihre Milch verarbeiten und die nur von zeitweiligen Priestern betreten werden dürfen. Grundsätzlich kann jeder Mann dieses Amt eine Zeitlang ausüben, vorausgesetzt, er bereitet sich durch Gebet und Fasten in der Natur entsprechend darauf vor. Während die Frauen nicht Priesterinnen werden dürfen, sind die Männer nicht in das medizinische Wissen der Frauen eingeweiht. Ansonsten kennt das Volk keine Hierarchie und kein politisches Oberhaupt. Die Flamme ist das einzige Symbol von religiösem Charakter, mit dem die Todas umgehen. Ansonsten ist ihre Welt so spirituell wie die der »Indianer« in Amerika. Den Todas ist alles heilig, nicht nur ihre Büffel und die anderen Tiere, sondern ebenso die Pflanzen, Seen und Berge, die Steine und Bäume, mit denen sie so selbstverständlich in Kontakt treten wie mit ihresgleichen. »Diese Verbundenheit mit allem, sogar mit Steinen und Seen, die für sie lebendige Wesen sind, mit denen sie kommunizieren, ohne dafür spirituelle Fachleute, Priester oder Lamas zu benötigen, beeindruckt mich sehr«, schreibt Clemens Kuby. »Ich komme mir geistig verarmt vor und ich spüre, wie weit ich von diesem Eingebettetsein in die Natur weg bin – eine traurige Erkenntnis.« (Ebd., S. 138)

V.
Schöpfung als Traum und Yoga-Meditation

Sie tauchen im Geist empor
Und im Geist versinken sie

Milarepa

1. Die unwillkürliche Schöpfung nach dem indischen »Kalikapurana«

Purana bedeutet »alte Lehren und Erzählungen aus undenklichen Zeiten«, und in Indien gibt es deren unendlich viele (vgl. Zimmer 1987, S. 250; alle Zitate der Abschnitte 1 u. 2 in diesem Kap. aus Zimmer 1987, S. 249–307; Zingsem 2008, S. 473–497). Die folgende Geschichte ist deshalb so interessant, weil wir hier sehen, wie Schöpfung auch sein kann: ein spontanes und unwillkürliches Ereignis, das überraschend viel Ähnlichkeit mit unserer eigenen Art, zu denken und zu meditieren, hat. Nur dass es ein Gott ist, dem wir hier beim Meditieren über die Schulter schauen dürfen: *Brahma*, der höchste Schöpfergott des Hindu-Pantheons, der nur übertroffen wird von der Göttin *Maya*, von deren Wesen er einen Grundzug und Teilaspekt bildet.

Es ist, als würden wir einem Gott beim Denken zusehen und könnten dabei jeden seiner Gedanken bereits im Augenblick des Entstehens mitvollziehen. Denken geht dem Sprechen voraus. Bevor wir etwas aussprechen, müssen wir es uns zuerst vorgestellt haben. Ich denke, also »bilde« ich. Nur dass wir dies normalerweise nicht so nennen. Gedanken erfahren wir als Bilder, und auch die Sprache mag noch so abstrakt sein, jedem Wort, das wir formulieren, liegt zuallererst ein Bild zugrunde. So vollzieht sich Schöpfung immerfort in unseren Gedanken, ob wir wollen oder nicht. Wir denken in Bildern, wir können gar nicht anders. Und genau das führt uns in dieser Schöpfungsgeschichte der Gott Brahma geradezu vorbildlich vor. Es ergeht ihm dabei nicht anders als uns: Kaum gedacht, machen sich seine Gedanken (Geschöpfe) schon selbständig …

Brahma, im Lotossitz meditierend, umringt von seinen zehn geistigen Söhnen und weiteren zehn weniger bedeutenden Schöpfergottheiten, brütet über seiner eigenen Tiefe. Er sitzt und staunt mit offenem Mund, welche Bilder aus dieser Tiefe, aus seinem tiefsten inneren Wesen, aufsteigen. Die Art und Weise, wie Schöpfung hier geschieht, ist absichtslos. Brahma verfolgt keinen Plan. Er lässt einfach geschehen, und das ist Wunder genug. Das, was da vor seinen sehenden Augen entsteht, wird ihn nur zu bald schon in Atem halten, weil es ungewohnte Dinge in Gang bringt, die ihn aus seiner Beschaulichkeit reißen werden. Er verliebt sich nämlich in sein eigenes Geschöpf: eine Frau, die »Morgendämmerung«, strahlend von Jugend und Leben, wie es der Morgen unseres Lebens so an sich hat. (Würden wir uns nicht in die Welt verlieben, so würden wir nicht in ihr bleiben wollen.) Der Tag beginnt, er dämmert herauf, und mit ihm beginnt das Leben. Und leben heißt lieben, pardon, zuallererst fühlen! Und damit einher geht das Begehren, das Wünschen und Wollen, mit dem wir uns selbst verlassen und unseren Willen nach außen lenken (nur scheinbar von uns weg).

Brahma ergeht es nicht viel anders als uns: Während er noch darüber sinniert, welche Wirksamkeit die wundervolle Morgendämmerung wohl bei seinem Schöpfungswerk entfalten wird, werden bereits neue Tatsachen geschaffen. Das Verlangen nach dem Leben verdichtet sich beinahe schneller, als er denken kann, und nimmt flugs Gestalt an in der Erscheinung von *Kama*, dem Gott der Sinnenfreude und Liebeslust. Ein Mann von erlesener Schönheit! Der seinen eigenen Schöpfer stumm macht vor Staunen. Was nur war da aus ihm entsprungen? »Ein Mann, glänzend wie Goldstaub, reizend und stark, die Brust breit wie eine Flügeltür und mit einer Haarreihe geziert, mit lebhaften Brauen, die sich in der Mitte begegneten, verströmte er Blütenduft und glich einem brunsttrunkenen Elefanten. Hochgewachsen und mit schlanken Hüften führte er den Fisch als Zeichen in seinem Banner und schwang einen Bogen aus Blumen mit fünf Blumenpfeilen in Händen.«

Kaum entstanden, entfaltet auch dieses neue Geschöpf bereits Wirkung: Brahma und seine zwanzig Mitstreiter bemerken, wie bei seinem bloßen Anblick bereits eine gewaltige Veränderung mit ihnen vorgeht: Sie beginnen zu fühlen! Was bedeutet, dass Gefühl in dieser Schöpfungsgeschichte überaus wichtig genommen wird, da es so bald erscheint. Gefühl ist also nicht nur eine göttliche, sondern auch eine urschöpferische Kraft. Und in der Tat ist es ja auch so: Durch Fühlen verwickeln wir uns tiefer in die Welt. Und damit kommen wir, dieser Erzählung zufolge, unwillkürlich dem Göttlichen näher, denn die Götter zeigen sich hier als pures Gefühl. Sie fallen sozusagen von einem Gefühl ins andere, und das wirkt enorm schöpferisch. Es wird nicht lange dauern, und sie geraten völlig außer sich, verhalten sich im Gefühlsüberschwang wie von Sinnen, ganz wie die sterblichen Geschöpfe auch.

Das neue Geschöpf bittet seinen Schöpfer um einen Namen, eine Gefährtin und einen Wirkungskreis, denn »wenn einer wirkt, was zu ihm stimmt, gedeiht er.« Und da rutscht es Brahma im Überschwang seiner ersten Begeisterung nur so heraus:

»Mit Pfeilen und Bogen betöre Männer und Frauen und wirke die dauernde Schöpfung der Welt! Kein Gott, kein

Himmelsgeist oder Dämon und Unhold, nicht Schlangen noch Kobolde, nicht Mensch noch Tier oder was da fliegt und schwimmt ist deinem Pfeile unerreichbar. Ungreifbar dringst du in die Herzen und erregst die Lust – so wirke die dauernde Schöpfung der Welt! Das Ziel deiner Pfeile ist das Herz, allen atmenden Wesen sollst du Trunkenheit und Freude bringen. Dies ist dein Wirken, das die Weltschöpfung weitertreibt.«

Kama, Liebesverlangen, wird sein Name sein, weil seine Gestalt liebendes Verlangen weckt. Berauscht von diesem Wunder, das der Tiefe seines eigenen Wesens entsprang, begibt sich Brahma selbst in dessen Gewalt, wenn er ihm leichtsinnig verspricht, dass kein Gott sich der Wirkung der Liebe entziehen kann, mag er ansonsten auch noch so mächtig sein.

Welch atemberaubende Vorstellung: Der große Gott macht sich seinem eigenen Geschöpf untertan, d.h. der Wirkung der sinnlichen Liebe! Das ist wahrhafte Schöpfung, wo alles spontan und nichts kalkuliert ist und einer dem anderen nicht schon von vornherein und *qua definitionem* überlegen ist. Das spricht uns aus dem Herzen, denn geht es uns nicht ganz ähnlich? Unversehens werden auch wir von etwas ergriffen, das vorher noch gar nicht da war, und plötzlich ändert sich »von jetzt auf gleich« unser ganzes Leben, das wir doch so gut im Griff zu haben glaubten! Bei dieser Geschichte sitzen wir gleichsam wie im Kino und sehen uns den Film unseres (eigenen) Lebens an, vergrößert durch die göttliche Lupe, die uns alles nur überdimensionierter erscheinen lässt.

Klar, dass das da vorne auf der Leinwand nicht gutgehen kann. Schon die Namen der fünf Blütenpfeile deuten an, wohin die Reise geht: der Erreger rasenden Verlangens, der Entflammende, der Betörende, der Versengende und der Todbringer! Der Liebesgott, nicht faul, will deren Wirkung natürlich gleich an Ort und Stelle ausprobieren. Wo sonst fände er eine bessere Zielscheibe als beim Schöpfer und seinen geistigen Söhnen, die ja alle direkt vor ihm sitzen? Schon legt er den ersten Blütenpfeil auf die Sehne und zieht ab. »Da begannen berauschende Lüfte zu wehen, schwer vom Duft der Frühlingsblumen, und verbreiteten Entzücken. Und einen um den anderen, vom Schöpfer bis zu seinen geistigen Söhnen«, versetzte er mit seinen Pfeilen in Ekstase. Wie verwandelt blickten sie immer wieder auf die »Morgendämmerung«, bis der Liebesrausch ihnen allmählich die Sinne raubte. Dabei traten aus Brahmas Leib »alle Gefühle und Regungen mit ihren unwillkürlichen Gebärden und Ausdrucksformen ans Licht der Welt«.

Das alles wäre ja noch nicht so schlimm gewesen, wenn nicht just in diesem Augenblick, als alle, wie von Sinnen und sichtlich körperlich erregt, auf die »Morgendämmerung« starrten, *Schiva* auf seiner Yoga-Wolke vorbeigesegelt wäre. So wie Brahma am Anfang der Schöpfung steht, so bewirkt der große Gott Schiva ihr Ende. Mit *Vischnu*, dem Welterhalter, bilden Brahma und Schiva eine Einheit, sind ihrem Wesen nach eins, das sich nur in drei unterschiedlichen Wirkweisen äußert. Und Schiva gilt als der Asket unter ihnen, der, weltabgewandt in Yoga versunken, sein Leben allein dem höchsten Wesen widmet. Der »Friedewesende« wird er deshalb auch genannt, weil er im Frieden tiefer Selbstversunkenheit die Teilnahme an den Irrungen und Wirrungen der Welt verweigert. Nun jedoch ist es mit seinem Frieden vorbei. Als er Brahma im Kreis seiner geistigen Söhne dermaßen entblößt sitzen sieht, voll des sexuellen Verlangens und ihrer Sinne kaum mehr mächtig, bricht er in schallendes Gelächter aus. Und selbstgerecht weist er, ganz wie dessen anderes Ich, den Schöpfergott zurecht, der daraufhin sofort wieder nüchtern wird.

Augenblicklich ist Brahma von seiner Begierde geläutert, und wie es immer so ist, wenn wir uns auf frischer Tat ertappt fühlen, versuchen wir von uns abzulenken und die Schuld auf jemand anderen zu verlagern – so auch Brahma: Er verwünscht den Liebesgott, weil er ihn ausgerechnet vor dem strengen Schiva der Lächerlichkeit preisgegeben hat. Als hätte er schon vergessen, dass es doch keine anderer als er selbst gewesen ist, der dem Liebesgott diese Macht in die Hände gespielt hatte. Der verteidigt sich auch entsprechend, und so muss Brahma einsehen, dass er mit seiner zornigen Reaktion übers Ziel hinausgeschossen ist.

Es ist *Dakscha,* ein zweitrangiger Schöpfergott, der dem Liebesgott Kama eine Gefährtin zur Seite stellt. Diese Frau mit Namen *Rati,* Liebeslust, ist aus dem Schweiß des glühenden Verlangens entstanden, das Dakscha bei der eben geschilderten Szene empfunden hatte. Sie ist dermaßen sinnberückend, dass bei ihrem Anblick selbst Kama die Knie butterweich werden und er sich fragt, ob sie ihn am Ende mit seinen eigenen Waffen verwunden wolle. »Ihre Brüste ragten wie zwei goldene Lotosknospen, und ihre dunklen Spitzen waren wie zwei blauschwarze Insekten darauf, von der Mitte zwischen beiden bis zum Nabel lief zart und schimmernd eine schmale Haarreihe – über ihr vergaß der Liebesgott die Sehne seines Blütenbogens.« Ganz wie ein Yogin seine magische Wissenschaft, so zieht der Liebesgott seine neue Gefährtin voll seliger Freude an seine Brust, und auch Rati ist überglücklich und hochzufrieden mit ihrem Gemahl. Wie Mond und Nacht ist ihr leuchtender Bund. Zusammen strahlen sie wie eine abendlich angeleuchtete Wolke, die ein heller Blitz umzuckt.

Der Gott Schiva scheint zwar in dem Drama zunächst die bessere und ehrenvollere Figur gemacht zu haben, doch hat er mit seinem selbstgerechten Gehabe Brahmas Würde verletzt. Der sinnt deshalb auf Rache, denn Schivas Worte brannten in ihm wie Gift! Und so kommt ein neuer Stein ins Rollen, der Schiva wie eine Lawine unter sich begraben wird. Aber im Grunde hat er sich das alles selbst eingebrockt! Ihn, der über Liebe und Liebesverlangen nur verächtlich lachen konnte, wird es noch viel ärger erwischen als Brahma. Denn der Schöpfer setzt nun alles daran, Schiva selbst in eine Liebesgeschichte zu verwickeln, und wenn der höchste Gott des indischen Pantheons sich verliebt, dann wird auch diese Liebe ungeahnte Wirkung entfalten.

Zunächst aber stehen Brahma und Dakscha vor der schier aussichtlosen Aufgabe, eine Frau für den Friedewesenden zu finden. Solange er sich stets selbst genügt und den Kopf nicht einmal hebt, damit ihn nichts von seiner Selbstversunkenheit ablenken kann – wie soll er da eine Frau auch nur anblicken wollen? Mit seinem Yoga verträgt sich noch nicht einmal das Wort Frau! Der Schöpfer aber gibt nicht auf und versenkt sich erneut in innere Betrachtung, diesmal allerdings mit dem Vorsatz: »Ich will die bezaubernde Frau schaffen, die Schiva betören kann.« Aus dem Atem aber, der ihm bei dieser Meditation entströmt, entsteht mit Blütenwind der Frühling: ein weiterer prächtig aussehender Mann mit mondgleichem Antlitz und schwarzen Locken. Von Bienen umsummt und mit Mangoschößlingen wie Lotosblüten geschmückt, prangt er wie ein Baum in voller Blüte, und bei seinem Anblick fangen alle Vögel an zu singen. Brahma bringt ihn sofort mit dem Liebesgott zusammen und verspricht ihm: »Immer soll er dein Freund und Gefährte sein und gleich dir die Welt in Leidenschaft stürzen. Liebesstimmung und duftschwerer Südwind sind bei ihm, und alle Gebärden der Liebe, reizende Kälte wie unwillkürliche Lockung, sollen Freundschaft mit Rati schließen und deinem Willen dienen.«

Noch allerdings ist die Frau für Schiva nicht gefunden, doch kann dies letztlich niemand anders sein als eine, die noch mächtiger ist als er, denn wie sonst sollte er ihren Reizen erliegen? Die Einzige im gesamten Kosmos, die dafür in Frage kommt, ist die große Göttin Maya höchstpersönlich, sie, aus der überhaupt diese unsere ganze Welt besteht. Das weibliche Schöpfungsprinzip der *»Schakti«*: die Energie, welche die ganze Welt bewegt. Und von deren Wesen auch Brahma und Schiva (nebst Vischnu, dem Welterhalter) nur verschiedene Grundfacetten sind. Um sie für ihr Unternehmen zu gewinnen, müssen sich Brahma und Dakscha beide je für 36 000 Jahre an zwei verschiedenen Orten in tiefste asketische Meditation versenken, wobei sie sich nur von Wasser, Laub und Luft ernähren, ganz wie die asketischen Yogin des Hinduismus und ganz wie im Übrigen auch Schiva, der deren höchstes Ideal und Vorbild darstellt. Dieses höchste Ideal der Weltabgewandtheit soll aber nun gerade zu Fall gebracht werden!

2. Unfreiwillige Hochzeit und freiwilliges Ende

Schließlich ist es geglückt: Beiden Schöpfergottheiten erscheint unabhängig voneinander die Göttin leibhaftig: Dunklen Leibes, mit ragenden Brüsten und gelöstem Haar erschien sie, auf ihrem Löwen stehend. In zweien ihrer vier Hände hielt sie Lotos und Schwert, eine andere bedeutete ihnen ›fürchte dich nicht!‹ Die vierte war zum Schenken aufgetan. Und sie sichert ihnen zu, was sie sich so intensiv wünschen: Zum Heil der Welt will sie die geliebte Frau Schivas werden: »Wenn er sein innerstes Herz aufspaltet, soll er mich darin eingeschmolzen finden, die allen Wesen und Welten dient, und soll verzaubert mich an sich nehmen.«

Bei Dakscha stellt sie noch eine zusätzliche Bedingung. Da sie als seine Tochter *Sati* zur Welt kommen will (der Name bedeutet »sie, die ist«), wünscht sie sich, dass er ihr stets mit Ehrerbietung begegnet. Sollte er es je daran fehlen lassen, wird sie augenblicklich ihren Leib verlassen, egal ob sie glücklich ist oder nicht. Den Ausgang können wir uns schon denken. Vorerst aber herrscht eitel Freude.

Sati wird wie ein sterbliches Kleinkind von Dakschas Gemahlin *Virana*, der Tochter des duftenden Grases, empfangen und unter glückverheißenden Naturereignissen zur Welt gebracht. Von kleinauf ist das Sinnen und Trachten des ebenso schönen wie klugen Mädchens allein auf Schiva gerichtet. All ihre Gebete richtet sie an ihn, für ihn fastet und meditiert sie, als sie zur Frau herangereift ist, schließlich ein ganzes Jahr lang, Tag und Nacht. Nun ist es aber nach hinduistischer Vorstellung so, dass alles, was Menschen in glühender, langgehegter Meditation und Askese ersinnen, sich kraft der großen Energie, die sie dabei ansammeln, unweigerlich erfüllen muss. Und wie die beiden Schöpfer sich die Göttin Maya in langjähriger Observanz herbeimeditiert haben, so zieht auch Sati durch die Intensität ihres Wunsches den großen Gott in ihren Bann. Schiva wird ihr schließlich geneigt und erscheint ihr leibhaftig. In seinem plötzlichen Verlangen, die junge, bezaubernde Frau zum Reden zu bringen, verspricht der Gott, ihr einen Wunsch zu erfüllen. Sati jedoch hat es vor Freude die Sprache verschlagen, so dass sie ihm nicht mitteilen kann, was ihr Herz seit je erfüllt.

Da endlich schlägt die Stunde des Liebesgottes. Vorsorglich hat er sich auf Brahmas Geheiß bereits heimlich im Tempel in Stellung gebracht, in dem das Paar sich begegnet ist. Mit seinem Bestreben, Sati zum Reden zu bringen, hat Schiva sich verwundbar gemacht. Nicht länger mehr genügt er sich selbst, unberührt vom Lauf der Welt, sondern plötzlich nimmt ein Wunsch in ihm Gestalt an, und so ist es denn um ihn geschehen: Der erste Pfeil des Liebesgottes trifft ihn mitten ins Herz: Da vergisst er die Schau des höchsten Wesens. Der zweite Pfeil erledigt ihn vollends: Trunken von Liebe lässt er die sinnende Sammlung auf sein Selbst endgültig fahren. Dahin ist der Friede des Friedewesenden. Überquellend von Gefühlen verhält Schiva sich ganz wie ein sterbliches Geschöpf, das sich gerade unsterblich verliebt. Von morgens bis abends hängt sein Sinnen nur noch an Sati. All seine Gedanken sind nur noch bei ihr. Der Liebesgott kann stolz auf sich sein. Aber auch die anderen Götter, die alles angezettelt haben, lachen sich nun schadenfroh ins Fäustchen. Was sie nie für möglich gehalten haben, ist endlich wahr geworden: Schiva lernt, ob er will oder nicht, alle Freuden und Leiden der Liebe kennen.

Vorerst sind es nur die Freuden, die er genießt. Und die sind gewaltig, ganz wie es sich für diesen höchsten aller

Götter geziemt. Wie zuvor in die Yoga-Einsamkeit, so zieht sich Schiva mit Sati nach der Hochzeitsfeier in die Einsamkeit des Himalaya zurück. Kaum ist das Paar dort angelangt, so folgt ihm der Liebesgott mit Lenz und Frühling bereits auf dem Fuße und der Frühling vor allem breitet all seinen Zauber vor ihnen aus:

> »Alle Bäume und Schlingpflanzen brachen in Blüten aus, die Wasser schwammen voller Lotoskelche, von Bienen umschwärmt, sandelduftende Winde strichen von Süden, bezaubernder Geruch betörte auch ernster Frauen Sinn und verwirrte Heiligen das Gemüt. In Lauben und an Strömen des höchsten Berges genossen Schiva und Sati einander in Liebe, und Satis Lust war so gewaltig, dass Schiva keinen Augenblick ohne sie glücklich war. Er schmückte sie am ganzen Leib mit Blumenketten, betrachtete sie, schwatzte und lachte und sprach zu ihr und drang in sie ein, wie ein Yogin voller Sammlung in die Empfindung des Selbst eindringt und darin aufgeht. Er trank den Nektar ihres Mundes, und als wäre es der Göttertrank der Unsterblichkeit aus der Schale des Mondes, ward sein Leib voll ständiger Kraft und kannte nicht das Ermatten, das andere überkommt. Der Duft ihres Lotosgesichts, ihre Reize und Spiele fesselten ihn wie starke Stricke einen mächtigen Elefanten, dass er nicht von ihr wich.
>
> Schivas Herz war ganz von Sati erfüllt, unermüdlich in Liebesbeweisen und Glut. Bei Tag und bei Nacht kannte er nichts anderes, kannte das Höchste Wesen nicht mehr, noch kannte er asketische Glut der Versenkung. Satis Blick hing unverwandt am Antlitz des Großen Gottes, und Schivas Augen waren auf ihr Gesicht gebannt. Der unversiegliche Strom ihrer Leidenschaft nährte den Baum ihrer Liebe, dass er seine Krone breitete zu ihrer Vereinigung ohne Ende.«

Fast tut es einem leid, dass der Gott der Bibel derartige Liebeswonnen nicht kennengelernt hat. Sie gehen natürlich auch hier eines Tages wieder zu Ende, doch das spricht ja nicht gegen sie. Was Schiva macht, das macht er ganz. So intensiv, wie er sich vorher in sein Yoga vertieft hat, so konzentriert widmet er sich nun seiner geliebten Frau (die ja im Letzten niemand anderes ist als ebendieses höchste Wesen selbst!). Doch das Unheil ist ihnen schon auf den Fersen. Dakscha veranstaltet ein großes Opferfest zum Heil aller Wesen und Welten und lädt ausgerechnet seinen Schwiegersohn nicht dazu ein. Alles Lebendige aus allen Welten, Bewusstloses und mit Bewusstsein Begabtes, ist zum Fest geladen, nur Schiva nicht. Der Asket, der nach Art der Bettelmönche eine Schädelschale als Bettelnapf mit sich trägt, ist ihm nicht fein genug! Und so verspielt Dakscha, der doch immerhin 36 000 Jahre meditiert hat, um die Göttin Maya überhaupt geneigt zu machen, mit einer einzigen unbedachten Handlung sein ganzes Schöpfungswerk!

Für Sati schlägt jetzt die Stunde, da sie ihr Gelübde wahr machen muss, gleich ob sie glücklich ist oder nicht; und wie sehr glücklich sie ist, haben wir oben ja noch vernommen. Vor ihr geistiges Auge ruft sie ihre ewige Gestalt, »die unvergleichlich furchtbare und ganze, aus der die ganze Welt gemacht ist. Sie versank in die Betrachtung ihrer Urgestalt, der Maya, die den Namen trägt ›Weltschaffende Traumtrunkenheit des Welterhalters Vischnu‹.« Bevor sie aus ihrem Leib austritt, wie sie es dereinst mit Dakscha abgesprochen hatte, plant sie jedoch schon ihre nächste Wiedergeburt: Zum Heil der Welt will sie sich eine neue Mutter suchen und als Tochter der Gattin des Himalaya ins Leben zurückkehren. Dann will sie wieder Schivas heißgeliebte Gattin sein und einen Sohn mit ihm zeugen.

Schiva aber ist wie vom Donner gerührt, als er sie leblos findet – erst recht als er den Grund für ihren sinnlosen Tod erfährt. Wutschnaubend und zornbebend fährt er unter die feiernden Gäste des Opferfestes, »aus Augen, Mund und Nase schossen ihm Flammen, gleißende Meteore brachen sausend aus ihm, todstrahlend wie die sieben Sonnen beim Weltuntergang«. Die Altäre stieß er um und zerstörte das Opfer.

Nichts mehr von Weltabgewandtheit und der Abgehobenheit der Yoga-Wolke ist hier zu sehen. Vielmehr erkennen wir in ihm jenen Gott im Flammenring, der durch seinen wilden Tanz die Säulen der Welt zum Einsturz bringt. So hat sich also erfüllt, weswegen die anderen Götter die

Geschichte überhaupt in Gang gebracht hatten. Der Friedewesende ist zum Zornmütigen geworden und erfüllt so seine Aufgabe im Schöpfungswerk, so dass wieder Neues werden kann.

Doch die Liebe hat auch ihn selbst verwandelt, aufgelöst ist er und nicht mehr Herr seiner Sinne: »Grausamer Schmerz überwältigte ihn, und er brach in wildes Schluchzen aus wie ein gewöhnlicher Sterblicher.« Damit nicht genug, zieht ausgerechnet jetzt der Liebesgott heran und nähert sich dem besinnungslos Weinenden mit Liebeslust und Frühling. Mit all seinen fünf Pfeilen trifft er ihn grausam ins Herz und richtet dort ein völliges Durcheinander seiner Gefühle an: Ist Schiva im einen Augenblick von Trauer restlos überwältigt, so ist er im nächsten rasend vor Liebesverlangen, und obgleich er von Leid überschwemmt wird, gebärdet er sich gleichzeitig wie liebestoll. Von den widersprüchlichsten Empfindungen hin und her gerissen, wird er wahnsinnig in seinem übergroßen Schmerz.

Als Brahma und die anderen Gottheiten sich ihm leise nähern und ihn zu trösten versuchen, wird er vor ihren Augen zu Stein und erstarrt in seinem Liebeswahn und -schmerz zu einem großen Lingam (der steinerne, aufgerichtete Phallus gilt in Asien allgemein als ein verehrungswürdiges Symbol des Gottes). Die gleichen Götter, die vorher geholfen haben, Schiva in die Welt und die Liebe hineinzuverwickeln, sie kommen nun, um ihn daran zu erinnern, dass es im Leben noch mehr gibt als die Liebe zu einer Frau. »Du weißt aus deinem eigenen Wesen um das Höchste Wesen«, predigen sie ihm, »halte es fest in dir selber!« Und sie halten noch einen letzten Trost für den Schmerzgebeutelten bereit: »Dieselbe Sati, die dich verzaubert hat, ist ja die große Maya, die alle Welt verzaubert hält.« Schließlich ist auch Schiva nur Teil dieser selben Welt, die ihm nun so grausam mitgespielt hat. »Tausendmal hast du Sati schon verloren«, wird er von Brahma getröstet, »so sammle dich in innerer Schau und erblicke die tausend Satis, die dir schon durch den Tod entrissen wurden. Und sieh in innerer Schau, wie sie auch im nächsten Leben wieder deine Gattin sein wird!«

3. Ein auf die Leere gemaltes Fresko

So endet also diese Schöpfungsgeschichte in gewisser Weise, wie sie begann: Schiva, wegen dem ein großer Teil des Geschehens überhaupt in Gang kam, ist zurück auf seiner Yoga-Wolke und meditiert, in Yoga angespannt, erneut über das Höchste Wesen! Das aber ist niemand anders als die große Maya selbst. Sie, mit der – als Sati – er sich in höchster Liebesekstase vereint, wird auch über den Weg von Yoga und Askese eins mit ihm. Er begegnet ihr sowohl in seinem Inneren als auch in der Liebe zur Welt und ihren Geschöpfen. Denn Maya ist die weibliche Wurzel der Welt. Alles, was sich nur denken und erfahren lässt, ist sie. Sie ist alles und zugleich das Gegenteil von allem. Nichts ist sie, was es nicht gibt! Aus ihr herauszufallen ist schlechterdings nicht möglich, weil alles, was lebt, vom Geringsten bis zum Größten, Teil ihrer selbst, ihres berühmten »Schleiers« ist. Dieser Schleier bedeutet nichts anderes als das Gewebe der Welt, und wir selbst und alles, was lebt – Götter und Göttinnen eingeschlossen –, sind nichts weiter als Webfäden, längere und kürzere, farbige und blasse, je nachdem. Alle verwickeln wir uns hinein in den großen bunten Teppich, der sich Leben nennt, verknoten uns da und dort, bilden ein neues Muster, und wenn die Verfilzungen zu stark, die Verknäuelungen zu heftig geworden sind, entsteht in uns der Wunsch nach Auflösung. Wir wollen raus aus den ganzen Verstrickungen und sehnen uns nach der Klarheit eines Neuanfangs: Unsere Welt versinkt (beim Tod) ins Nichts, um frisch wie der junge Morgen wieder daraus aufzutauchen. Und so geht die Schöpfung immer weiter: Anfang, Erhaltung und Auflösung, das endlose kreisende Spiel der Maya, wie es sich in ihren drei Erscheinungsformen von *Maya* (Schöpfung), *Durga* (Welterhaltung) und *Kali* (Weltauflösung) entfaltet. Ihnen entsprechen auf der männlichen Symbolebene Brahma, Vischnu und Schiva, wobei diese drei als in ihr enthalten vorgestellt werden und Wesenszüge der großen Göttin selbst darstellen, die sie selbständig ausleben.

All diese Gottheiten, die uns in der obigen Schöpfungsgeschichte als verschieden erscheinen, sind also letztlich im innersten Kern ihres Wesens eins (wie ja auch im Tiefsten wir Menschen nicht von ihnen verschieden sind): weshalb all das, was wir soeben dramatisch miterlebt haben, im Grunde gar nicht geschehen müsste. Maya und Schiva gehören einander seit ewig und für ewig. Brahma und Schiva sind (zusammen mit Vischnu) ohnehin eines Wesens, und auch Rati ist wiederum nur eine andere Erscheinungsform der Maya, welche selbst ganz allgemein als die Verkörperung weiblicher Schönheit und Auslöserin von Liebeslust gilt usw. Dass alles das, was sich in dieser Schöpfungsgeschichte ereignet, im Grunde nicht geschehen müsste und doch unweigerlich geschieht, das ist, wie der Indologe Heinrich Zimmer es ausdrückt, die große Pointe im Roman um die Göttin Maya. Das ist allerdings – wenn wir genau sein wollen – auch die Pointe in unserem eigenen Leben!

Es müsste all das nicht passieren, was uns am laufenden Band passiert. Natürlich hätten wir jenem Menschen an jenem Tag nicht über den Weg laufen müssen, und wenn wir ihm schon begegnen mussten, hätten wir ihm nicht folgen müssen. Natürlich hätten wir nicht jene Landschaft entdecken müssen, in die es uns nun immer wieder magisch zurückzieht. Wir hätten nicht die Anzeige lesen, den Laden betreten, den Bus verpassen und uns in diesen und keinen anderen Menschen verlieben müssen, nicht plötzlich einen Hund anschaffen müssen, wo wir doch nie im Leben einen haben wollten, nicht ausgerechnet diesen Beruf ergreifen müssen, der uns doch gar keinen Spaß macht, und, und, und. Jeder Tag stellt uns vor neue Entscheidungen, doch wir können immer auch anders. Etwa uns angewidert von diesem ganzen Budenzauber verabschieden, der sich Alltag und normales Leben (oder poetisch »Schleier der Maya«) nennt, und uns in die Einsamkeit zurückziehen.

Die großen asiatischen Meisterinnen und Meister der Meditation taten dies, indem sie sich in die Höhen des Himalaya, in die Einsamkeit der Wälder oder in verborgene Täler zurückzogen. Doch Vorsicht: Dämonen lauern auch hier. Hier, wo plötzlich nichts mehr uns ablenken kann, fallen sie über uns her, die alten Ängste, die Minderwertigkeitsgefühle, unsere Selbstüberheblichkeit, dass wir besser sind als die anderen, weil wir hier in der Einsamkeit sitzen und meditieren … Selbst wenn wir noch so weit weggehen, noch so dicht Augen und Ohren verschließen mögen, irgendwann wird vielleicht doch das muntere Zwitschern einer Vogelstimme uns wecken, werden die treuherzigen Äuglein einer kleinen Maus unser Herz berühren, könnte ein Tier plötzlich unsere Hilfe brauchen. Dazu die banale Frage: Was werden wir essen, in unserer selbstgewählten Einsamkeit? Nur den wenigsten von uns ist es vergönnt, sich über Jahrzehnte hinweg nur von Wasser, Luft, Licht und Laub ernähren zu können. Deshalb sehen wir Schiva, das höchste Ideal des Asketen, mit der Bettelschale auf dem Weg! (Der souveränste aller Götter als Bettler!)

Peinlich, diese Inkarnation hehrer Vergeistigung und Weltabgewandtheit, wie Schiva da mit der nackten Schädelschale des Bettelmönchs umherläuft und sich das Gefäß mit Gaben füllen lässt. So peinlich, dass sich in der eben erzählten Schöpfungsgeschichte sein eigener Schwiegervater Dakscha für ihn schämt – und ihn als Einzigen nicht zu seinem großen Fest einladen will.

Unser Bedürfnis nach Nahrung macht uns abhängig, ob wir wollen oder nicht. In Asien hat man dafür eine sinnvolle Lösung gefunden: Die Mönche und Nonnen, die sich in die Einsamkeit zurückziehen, werden von denen mit Nahrung versorgt, die mitten im Leben bleiben und ihren alltäglichen Besorgungen nachgehen. Abwechselnd bringen sie Nahrung vor die Pforten der Einsiedeleien. Oder sie füllen eben – wie im Falle des Bettelmönch- und -nonnentums – bereitwillig die Schädelschalen, die sie zugleich an die Vergänglichkeit ihres Tuns erinnern, mit Nahrung. Auf diese Weise kommt ein Energieaustausch zustande. Die »Kinder der Welt« geben den Yogin und Yogini zu essen, damit diese wiederum stellvertretend für sie meditieren. Denn wenn alle in die Einsamkeit gehen wollten, wäre dort bald ein Betrieb wie auf einem Rummelplatz. So werden beide Aspekte des Lebens gewürdigt: Brahma und Schiva kommen dabei je auf ihre Kosten, wenn wir so wollen. Und Vischnu, die Mitte und Gegenwärtigkeit des Lebens, entsteht aus der Balance zwischen diesen beiden Polen des Schöpferisch-Sinnenfrohen und des ebenso Schöpferisch-Auflösenden.

Selbst in der einsamsten Einsiedelei können wir das Leben dennoch nicht davon abhalten, uns einzuholen. Das Bedürfnis nach Nahrung macht uns, wie gesagt, abhängig von anderen. Und schon kann es sein, dass ein Strahl von Neid und Missgunst auf uns trifft, und sei es nur, weil man uns unseren Frieden nicht gönnt. So wie es in dem bezaubernden Roman um den »verborgenen Türkis« geschieht, den uns die große Tibet-Eingeweihte Alexandra David-Néel hinterlassen hat. Dort wird ein spiritueller Meister sogar von einem seiner Schüler umgebracht, weil der sich in den Besitz eines sagenhaft kostbaren Türkises bringen will, den sein Meister in einem sorgsam gehüteten Reliquienkästchen aufbewahrt. Am Ende stellt sich heraus, dass das Kästchen leer ist, der Türkis nur in der Vorstellungskraft existiert hat! Aber wie viel Wirbel um ein bloßes Nichts! »Alle hatten sich um die Leere im Kreis gedreht, bewegt, von der Macht des Nichts.« (David-Néel, S. 237) Dennoch war dieses Nichts nicht unwirksam geblieben, ganz im Gegenteil sogar: Kranke waren gesund geworden, wenn sie nur das Kästchen berührt oder angerufen hatten, in Zeiten der Trockenheit hatte man es zum Himmel erhoben, und daraufhin war umgehend Regen gefallen. Wegen diesem nicht vorhandenen Türkis war der eine Schüler zum Mörder geworden, seinetwegen hatte ein anderer Schüler sich auf den Weg gemacht, sein Land verlassen und sich auf die Suche nach beiden begeben, Mörder und Türkis. Seinetwegen hatte dieser ehemalige Mönch sich schließlich in einen chinesischen Händler verwandelt, der niemals mehr in seine Heimat zurückkehren würde!

Am Ende hat also gerade das Leben dieses einfachen Schülers eine gänzlich unvorhersehbare Wendung genommen. Er wird kein spiritueller Lehrer, wie er es immer vorgehabt hatte, sondern nur ein ganz gewöhnlicher Kaufmann:

> »Schatten, Marionetten – hatte man ihm nicht als solche die Wesen und die Dinge dieser Welt beschrieben? Zweifellos hatten sie recht, die Weisen, die so sprachen. Er erhob weder Anspruch, es ihnen an Weisheit gleichzutun, noch gedachte er, ihnen zu widersprechen. Er war nichts als ein kleiner närrischer Schatten, eine Marionette, die als Händler verkleidet war und die von einer Kraft bewegt wurde, die von einem Nichts ausging, von einem nicht vorhandenen Türkis. Und diese Marionette wollte leben, wollte ihre Rolle eines Traumhändlers voll und ganz erfüllen … Und frohgemut ritt er der Mongolei entgegen, um dort die Bilder seines neuen Schicksals auf den farblosen Hintergrund der Großen Leere zu zeichnen.« (S. 243)

Die Welt, so kann man es auch sehen, ist ein auf die Leere gemaltes Fresko, und in diesem Wandgemälde sind wir ebenso Schöpferinnen bzw. Schöpfer wie Gefangene. Durch unser Tun (– Karma) bewegen wir uns darin und machen die Bilder lebendig, die uns gleichzeitig in Atem halten, bis der Wunsch in uns entsteht, das alles loszulassen und zur Leere zurückzukehren, die wieder Vorbedingung für die Fülle der daraus hervorgehenden Bilder ist. Nicht zufällig spielt sich in der obigen Schöpfungsgeschichte der Kampf zwischen den Göttern Brahma und Schiva ab, der eine zuständig für die Schöpfung, der andere zuständig für deren Auflösung. Schöpfung kann nur entstehen, wo Altes vergeht. Deshalb ist Schiva für den Schöpfungsprozess so wichtig, deshalb ist es wichtig, dass er sich, über die Liebe, voll und ganz in diese Welt hineinverwickelt, bis der Wunsch, dem Ganzen wieder zu entfliehen, ihn ganz und gar durchdringt. Solange Schiva nicht auflösen will, was Brahma geschaffen hat, stagniert die ganze Schöpfung. So ist das Nichts die schöpferische Bedingung von allem. Und deshalb sind Tod und Auflösung dem Leben nicht entgegengesetzt, sondern Teil davon. Schöpfung kann sich immer nur ereignen, wo vorher »nichts« ist, Leere: Eine bunte Wand braucht man nicht mehr zu bemalen. Sie lädt auch nicht dazu ein. Nur eine leere Wand motiviert zum Bebildern.

> Dreißig Speichen treffen sich in der Nabe.
> Auf dem Nichts daran beruht des Wagens Wirksamkeit.
> Durch Tonkneten macht man Gefäße,
> Auf dem Nichts darin beruht des Gefäßes Brauchbarkeit.
> Durch Aushöhlen von Türen und Fenstern macht man Häuser,
> Auf ihrem Nichts beruht des Hauses Brauchbarkeit.
> Darum: Das Seiende ist zwar nützlich,
> Das Nichts ist das Wirksame.

So formulierte es mit unübertroffener Klarheit der große chinesische Philosoph Lao-tse in Ode 11 seines *»Tao-te-king«*. Und in Ode 1 desselben Werkes erklärt er über das *»Tao«* oder *»Dau«*, im Gedicht auch »Mutter der zehntausend Wesen« genannt:

> Wer stets wunschlos, erblickt ihr Geheimnis,
> Wer stets wunscherfüllt, erblickt nur ihre Außenbereiche.
> Diese beiden sind eins,
> Aber hervortretend verschiedenen Namens.
> Ihre Einheit ist dunkel,
> Das Mysterium der Mysterien,
> Aller Geheimnisse Schoß.

Setzen wir für »wunschlos« den Namen Schiva ein und für »wunscherfüllt« den Namen Brahma und für die »Einheit« der beiden Maya, dann sehen wir, dass China und

Indien von ihrem Welterleben her an einem Strang ziehen. Für uns als Menschen ergibt sich daraus die tröstliche Perspektive, dass wir es machen können, wie wir wollen, wir machen es eigentlich immer richtig! Wer sich in Yoga und Meditation versenkt, ist dem Göttlichen grundsätzlich nicht näher als der »Weltmensch«. Er oder sie erblickt und erfährt nur andere Teile davon. Im Innersten sind diese Teile so wenig voneinander getrennt, wie wir selbst von dem schöpferischen Quell unseres Seins.

Warum denn dann, so könnte man nun fragen, der ganze Wirbel, wenn am Ende doch alles eins ist und schon seit je innerlich zusammengehört? Nur ist ununterschiedene Einheit eben nicht Schöpfung! Erst durch Unterscheidung wird etwas für uns sichtbar, werden wir sichtbar, auch für uns selbst. Daher die große Bedeutung von Licht in allen Schöpfungsmythen! Doch diese Trennung ist gleichzeitig Illusion, das zumindest ist die »östliche« Auffassung. Sie stimmt nur für den erkennenden Verstand, nicht aber für unser innerstes Sein, unsere innerste Wahrheit. Dort sind wir für immer eins mit der göttlichen Quelle des Lebens. Ob als »Dau« oder »Maya«: diese Quelle wird in Asien als die »Mutter der Welt« verehrt.

VI. Fürsorglichkeit und Geborgenheit als zentrale Werte im Schöpfungsgeschehen

Zwei junge Männer, die auf die Jagd gingen, retteten eine Libelle, die im Schlamm stecken geblieben war. Aus Dankbarkeit gewährte sie jedem einen Wunsch. Der eine wünschte sich, zum klügsten Mann der Welt zu werden, und die Libelle sagte: »So sei es!« Der andere wollte noch klüger werden als der klügste Mann. Worauf die Libelle diesen zweiten Mann in eine Frau verwandelte.

Zuni

1. Entstehungsgeschichten einer matrilinearen Kultur (Diné/Navajo)

Das Diné hatte seit jeher die Frau als dem Manne gleichberechtigt respektiert, hatte ihre Gleichheit beim Besitz, in metaphysischen Dingen und bei den Clans eingeräumt und die Rolle der Mutter in den Spuren von Changing Woman als Erhalterin des Navajo-Wegs anerkannt.

Tony Hillerman

Wie die Hopi leben auch die Diné in der sogenannten *Four Corner Region* in Arizona / New Mexico, was sicher auch zur gegenseitigen Beeinflussung ihrer mythischen Erzählungen beigetragen hat. Zusammen bewohnen sie das Gebiet zwischen Orten wie Shiprock, Gallup, Flagstaff und Tuba City. Es ist ein eher karges, wenn auch landschaftlich traumhaft schönes Wüstengebiet am Rande des Grand Canyons und in Nord-West-Richtung begrenzt durch den Fluss Colorado. Der beständige Kampf mit der Trockenheit, die Sehnsucht nach Regen, die große Bedeutung des Maisanbaus, all das spiegelt sich in den Mythen der beiden Völker, zu denen sich als drittes noch die Zuni gesellen (alle drei Völker sind im Übrigen matrilinear organisiert).

Im Unterschied zu den Hopi waren die Diné ein Nomadenvolk, das vor allem von der Schaf- und Ziegenzucht lebte. Mit rund 200 000 Menschen sind sie heute das größte Indianervolk Nordamerikas. Traditionell gehörten dort das Land und die Herden den Frauen. Den Diné-Frauen war grundsätzlich kein Bereich des Lebens verschlossen, vorausgesetzt, sie eigneten sich für die Aufgaben, die er mit sich brachte. Durch ihre hervorragende Rolle bei der Schaf- und Ziegenzucht waren sie wirtschaftlich unabhängig und besaßen die vollständige Kontrolle über die Verwendung ihres Eigentums. Der Brauch der Weißen, demzufolge durch die Ehe das Eigentum der Frau an den Mann überging, wurde von den Diné als Mangel an Achtung gegenüber den Frauen abgelehnt.

Die Gesellschaft der Diné besteht aus insgesamt 65 Clans, die ein kompliziertes System von Verwandtschaftsbeziehungen begründen, welche sich noch aus den allerersten Tagen der Schöpfung herleiten. Für die Klärung dieser Beziehungen (ob etwa Inzest vorliegt oder nicht) ist allein der Clan der Mutter maßgebend.

Traditionell wohnte ein Paar bei der Familie der Frau, was allerdings kein unbedingtes Muss war. Wenn die Familie des Mannes besser gestellt war oder der Mann schon ein gesichertes Auskommen hatte, ging die Braut mit ihm. Im Fall einer arrangierten Ehe konnte die junge Frau einen Bewerber annehmen oder ablehnen und noch am Hochzeitstag einfach verschwinden. Auch Scheidung war kein Drama. Der Mann ging einfach weg, oder seine Frau trug seine persönliche Habe aus dem *Hogan*, einer Rundhütte (vgl. S. 137), und legte sie 40 Schritt entfernt davon auf den Boden. Im Fall der Scheidung war ihm erlaubt, alles Vieh, das er mitgebracht hatte, zurückzufordern. Auch konnte er weiter für die gemeinsamen Kinder sorgen, sofern er das wünschte (vgl. Delilah Orr bei Walters, S. 18).

Wie bei einem matrilinearen Familienverband üblich, wurde jeder Clan von einer Matriarchin geleitet, die in sämtlichen Familienangelegenheiten das letzte Wort behielt. Gewöhnlich nahm eine reife Frau, die genügend Weisheit, Intelligenz, Erfahrung und Führungsqualitäten zeigte, diese Rolle nach dem Tod ihrer Mutter oder Tante ganz von selbst ein. Entsprechend dieser zentralen Bedeutung, die den Diné-Frauen zukam, genossen bereits die jungen Mädchen das Privileg, sich ihre Liebhaber und Partner selbst aussuchen zu dürfen, und konnten dafür von ihnen noch ein Geschenk erwarten! Keine Seltenheit war es überdies, dass sich Schwestern einen Ehemann teilten. Auch gleichgeschlechtliche Beziehungen waren allerdings willkommen, und bei den Diné begriff man lesbische Frauen ganz allgemein als einen Gewinn für die gesamte Gemeinschaft und gab ihnen einen bevorzugten Status (was auch auf homosexuelle Männer und Transvestiten zutraf).

Diese hervorragende Stellung der Frau im Gesellschaftsleben spiegelt sich auch in den Schöpfungsmythen der Diné wider. Von Anfang an ist bereits das Leben der jungen Mädchen mit der Hauptgöttin des Volkes verbunden, die den Namen »Sich Wandelnde Frau« (auch »Änderfrau« oder »Frau, die immer wieder wird«, engl.: *Changing Woman*) trägt. In den Schöpfungsgeschichten wird erzählt, wie sie zum ersten Mal menstruiert, und somit tritt jedes Mädchen während der Zeit ihrer ersten Menstruation in die Fußstapfen dieser großen Göttin, wird gleichsam eins mit ihr. Entsprechend wird die erste Menstruation im Leben dieser Mädchen zu einem großen Fest, einer viertägigen Zeremonie mit Namen *kinalldá*, auf die sie jahrelang vorbereitet wurden und die als Zeit der Freude angesehen wurde.

Die Schöpfungsmythen der Diné (was so viel wie »Menschen« bedeutet) gehören mit zum Differenziertesten und Komplexesten, was man sich nur vorstellen kann. Allein zwölf Jahre war der Professor für englische Literatur und Spezialist für Dichtkunst der Ureinwohner Amerikas, Paul G. Zolbrod, damit beschäftigt, die verschiedenen mündlichen Erzähltraditionen zu einem 400 Seiten starken Werk vom Ursprung der Diné zusammenzufügen. Das heißt noch nicht, dass die Geschichten damit schon vollzählig sind, doch für das vorliegende Buch sind sie immer noch zu zahlreich. Ich werde mich also auf die wichtigsten Aspekte beschränken müssen.

Zweierlei ist zudem wichtig:

- Bei diesen Geschichten handelt es sich um gelebte Mythologie, was bedeutet, dass jede dieser großen Überlieferungen nur zu einer bestimmten Zeit und an einem bestimmten Ort erzählt wurde, wo sie gleichzeitig noch mit bestimmten heilenden Gesängen und Zeremonien verbunden waren.
- Kein einzelner Diné würde jemals die ganze Geschichte erzählen, sondern – gemäß den kooperativen Idealen seines Volkes – immer etwas zurückhalten, um auch anderen die Gelegenheit der Mitwirkung zu geben (vgl. Hillerman 2003, S. 78).

2. »Erste Frau« und »Erster Mann« und die zentrale Bedeutung der Sexualität

Die Schöpfungsgeschichten der Diné vermitteln ein evolutives Weltbild. Für die Diné befinden wir uns zur Zeit in der fünften Welt. Jede vorherige Welt fiel einer großen Flut zum Opfer, die z.T. auf das Fehlverhalten ihrer Bewohner zurückgeführt wurde. Indem diese Wesen, eher noch Tiere in Menschengestalt, in großen Schilfrohren versammelt und vor dem Wasser gerettet wurden, stiegen sie jeweils eine Welt weiter nach oben, wo sie sich gänzlich neu orientieren mussten. Nur den Mais hatten Pueblo-Völker noch aus der vorigen Welt mitgebracht, und sie waren bereit, diese segensreiche Pflanze mit ihren Nachbarn zu teilen.

Mais war und blieb die Lebensgrundlage beider Volksgruppen, der sesshaften wie der nomadisierenden. Bei den Diné bilden Maiskolben die Grundlage des Menschseins, und so werden *Erste Frau* und *Erster Mann* aus Maiskolben erschaffen und vom Wind mit Leben beseelt. Vier bedeutende Gottheiten (bei den Diné »Heilige Leute« genannt), zwei männliche (in den Farben Weiß und Schwarz) und zwei weibliche (in den Farben Blau und Gelb) standen dabei Pate, und sie vollführten dazu ein ganz neues Ritual: Sie legten einen weißen (männlichen) und einen gelben (weiblichen) Maiskolben zwischen zwei heilige Hirschfelle, umkreisten es viermal und ließen dazu den *Weißen Wind* zwischen die Felle fahren. Auf diese Weise entstanden »Erste Frau« und »Erster Mann« als die frühesten Vorfahren der Menschen (vgl. Zolbrod, S. 50).

Erste Frau und Erster Mann sind jedoch selbst noch keine Menschen, sondern vielmehr Gottheiten: was man auch daran erkennt, dass sie selbst schöpferisch handeln und das Werk der vier anderen Götter und Göttinnen mit deren Hilfe fortsetzen. Es sind Erste Frau und Erster Mann, die diese fünfte Welt, auf der die »fünffingrigen Erdoberflächenleute« später zu Hause sein werden, mit ihrer Fantasie und ihrem Einfallsreichtum erschaffen und (aus-)schmücken. Vorerst befinden sie sich allerdings noch in der vierten Welt, und dort sorgen sie, nachdem sie sich ein erstes Heim eingerichtet haben, zuerst einmal selbst für Nachwuchs. Erste Frau gebiert in rascher Folge fünf Zwillingspaare, von denen die ersten beiden Hermaphroditen, die anderen vier Paare jeweils weiblich und männlich sind. Bereits hier zeigt sich, was für den Diné-Kosmos so wesentlich ist: die ausgewogene Harmonie zwischen Weiblich und Männlich, derzufolge diese Welt sich nur dann im Gleichgewicht befindet, wenn jede nur vorstellbare Wesenheit – auch alles, was in unserer eigenen Sprache »Ding« heißt – einmal in männlicher und einmal in weiblicher Form existiert: egal, ob Menschen oder Naturerscheinungen oder Gedanken und erst recht Gottheiten!

Nachdem dieses erste Paar zunächst für seine Vermehrung gesorgt hat, erschafft Erste Frau als Nächstes die Sexualität. Sie sollte ein starkes Band bilden zwischen Frauen und Männern und dafür sorgen, dass ihr Miteinander harmonisch verläuft. Und nachdem sie alles in ihrem Herzen bedacht hat, setzt sie ihren Plan in die Tat um:

> »Männer und Frauen sollen über die Kraft verfügen, einander ein Leben lang anzuziehen«, dachte sie. Sie formte ein Glied aus Türkis. Dann schabte sie lose Oberhaut von der Brust einer Frau, vermischte sie mit Yuccafrucht und steckte diese Mischung in das Glied aus Türkis. Und sie nannte das Organ *'aziz*. Danach machte sie eine Scheide aus weißer Muschelschale und fügte einen Kitzler aus roter Muschelschale hinzu. Dann schabte sie lose Oberhaut von der Brust eines Mannes, vermischte sie mit Yuccafrucht und gab diese Mischung in den Kitzler. Sie vermengte Wasser mit mancherlei Kräutern und brachte diese Mischung tief in die Scheide ein. Dadurch konnte die Schwangerschaft eintreten. Dieses Organ nannte sie *ajóózh*.
>
> Sie legte die Scheide auf die Erde. Daneben stellte sie das Glied. Dann hauchte sie aus ihrem Mund Medizin über beide … Und zu beiden sprach sie diese Worte:
>
> »Nun ruft!«, sagte sie zu beiden zugleich.
>
> »Ruft beide.
>
> Glied, rufe, damit deine Gefährtin die Kraft deiner Stimme spürt.
>
> Scheide, rufe, damit dein Gefährte die Berührung deiner Stimme fühlt.«
>
> Glied rief sehr laut. Doch Scheide hatte nur eine schwache Stimme.
>
> Beide versuchten es noch einmal. Diesmal konnte Glied jedoch nicht so laut rufen wie beim ersten Mal. Dafür hatte Scheide diesmal eine gute Stimme.
>
> Erste Frau war mit ihrem Werk zufrieden. Jetzt würden Männer und Frauen lernen, füreinander da zu sein. Sie wür-

den ganz versessen darauf sein, Kinder zu bekommen. Sie würden die Arbeit gleichmäßig aufteilen. Und ein/e jede/r würde gern geben, wessen die/der andere bedurfte.

Sie bestimmte, dass jedem Mädchen und jedem Jungen, die ein gewisses Alter erreicht hatten, solch eine Scheide und solch ein Glied gegeben würden, den Jungen ein Glied, den Mädchen eine Scheide. (Vgl. Zolbrod, S. 55f.)

Hier wird der menschlichen Sexualität die ihr eigene Kraft und Schönheit verliehen, die das Menschsein in gewisser Weise erst vollkommen macht. Dies umso mehr, wenn wir bedenken, dass die beiden höchsten und beliebtesten Göttinnen des Diné-Pantheons aus Türkis und weißer Muschelschale bestehen: »*Weißmuschelfrau*« (vgl. S. 126) und die »*Sich Wandelnde Frau*«, die aus Türkis besteht. Sexualität wird hier als Kraft gedeutet, welche die Menschen unmittelbar mit dem Göttlichen verbindet. Ohnehin ist dem Text über die Erschaffung von Erster Frau und Erstem Mann klar zu entnehmen, dass die Diné sich als direkte Abkömmlinge und Nachfahren ihrer Gottheiten verstehen, wenn sie diese beiden Heiligen Leute als ihre Ahnen bezeichnen. (Gottheit und Menschheit sind nach dieser Vorstellung gerade in dem geeint, worin sie nach der biblischen Tradition am weitesten auseinanderklaffen.)

Kaum wird jedoch eine erste Zeremonie zur Übergabe von Scheide und Glied an ein junges Menschenpaar vollführt, da tritt auch schon der Coyote auf den Plan. Er, der genau an der Stelle aus dem Boden gesprungen ist, an der sich Himmel und Erde berührt haben, muss noch das Seine zur Verschönerung der Sexualität dazugeben. Er zupft sich Haare aus seinem Bart und setzt diese den Jungen und Mädchen zwischen die Beine, damit Glied und Scheide »noch besser« aussehen. Diesmal stimmen ihm alle zu: Coyote hatte diese beiden Jugendlichen noch anziehender füreinander gemacht! Da Coyote aber, wo er geht und steht, für Chaos und Wirbel sorgt, hat nun die Sexualität in noch höherem Maße Anteil an der Kraft von Auflösung und Neuschaffung. Von nun an müssen die Menschen sich etwas überziehen, damit sie nicht allzu attraktiv füreinander werden und darüber alles andere vergessen.

Dass Sexualität mit den Kräften von Chaos und Auflösung und den damit verbundenen Gefahren zu tun hat, diese Vorstellung findet sich in fast allen Kulturen der Welt. Die Bibel verknüpft das Erkennen der Sexualität mit dem Essen der verbotenen Frucht und verbindet sie so von Anbeginn mit den Vorstellungen von Sünde und Scham. Da Jahwe nach dem Gottesbild der Bibel keine göttliche Gefährtin zur Seite steht, fällt es schwer, ihn sich sexuell aktiv vorzustellen. Wird nun der Mensch sexuell aktiv, muss er sich in diesem Weltbild beinahe zwangsläufig als von Gott getrennt und damit im Zustand der Sünde erleben, denn Sünde bedeutet ja Absonderung vom Göttlichen.

Auch bei den Diné sorgt die Sexualität nicht nur für schöne Stunden: Die Geschichten über das Erste Paar nehmen schon bald eine unglückliche Wendung. Acht Jahre lang ging alles gut. Dann aber hatten Erste Frau und Erster Mann einen heftigen Streit, an dessen Ende sie im Zorn auseinandergingen. Bei dieser Auseinandersetzung spielt die Sexualität eine entscheidende Rolle. Erste Frau ist nämlich der Überzeugung, dass ihr Mann nur deshalb arbeitet und auf die Jagd geht, weil ihre Scheide so attraktiv für ihn ist.

Deshalb dankt sie eines Tages nicht ihrem Mann für das gelieferte Wildbret, sondern ihrer eigenen Scheide! Und selbstbewusst fügt sie noch hinzu:

»Dass die Dinge da sind, ist ebenso uns zu danken wie euch. Wir brauchen euch nicht!«

Erster Mann ist außer sich vor Zorn. Er beschließt, dass Männer und Frauen getrennte Wege gehen sollen. Die Männer überqueren den Fluß und siedeln sich am anderen Ufer, weit entfernt von den Frauen an. (Nach einer anderen Version sind es allerdings die Frauen, die ans andere Flußufer ziehen, weil sie der Männer überdrüssig werden und lieber für sich allein leben wollen, vgl. Hillerman 1995b, S. 256). Zorn allerdings gilt bei den Diné als eine verwerfliche Emotion. Aus Handlungen, die im Zorn begangen wurden, kann niemals etwas Gutes entstehen. Und so wird diese Geschichte u.a. auch erzählt, um den Männern zu erklären, dass Zorn zwar zum Leben gehört, dass sie sich aber niemals von ihm in ihren Entscheidungen beeinflussen lassen dürfen.

Ganz allmählich beginnen Männer und Frauen sich doch nacheinander zu sehnen, denn vor allem die sexuellen Freuden bleiben aus. Während die Männer sich mittels der Leber von erlegten Hirschen selbst befriedigen, versuchen die Frauen es mit länglichen Steinen, dicken Federn, Tierknochen und Kakteen. Im vierten Jahr der Trennung ist es schließlich der Uhu, der ein Machtwort spricht. Er sucht sich junge Männer aus, die ihre Lust mit der Leber eines erlegten Hirschs zu befriedigen suchen, und redet ihnen ins Gewissen: Was würde passieren, wenn nur noch Männer auf der Erde lebten? »Glaubst du, ihr könnt das Leben ganz allein fortführen? Wird die Leber eines erlegten Hirsches euch Kinder gebären?« – Und er weist auch darauf hin, dass die Männer mit ihrer Sturheit und Unversöhnlichkeit das gesamte bisherige Werk der Schöpfung ins Wanken bringen. Das Leben, so gibt er zu verstehen, kann nur fortbestehen, wenn Männer und Frauen wieder zusammenfinden. Ganz gleich, wer »schuld« ist, dass es so gekommen ist, aus dieser Trennung kann nichts Gutes hervorgehen.

Immer stärker bricht sich bei einzelnen Männern auch der Gedanke Bahn, dass sie einfach nur kopf- und willenlos hinter Erstem Mann hergegangen sind. Sie überlegen, dass sie selbst ja gar keinen Streit mit ihrer Frau gehabt und also auch keinen Grund zur Trennung hatten. So fangen sie alle zusammen nach und nach an, seine Autorität in Frage zu stellen. Zu guter Letzt lässt Erster Mann sich umstimmen, er entschuldigt sich bei Erster Frau, dass er sich derart von seinem Zorn hat hinreißen lassen, und auch sie bedauert ihre Worte von damals, und so kommt es, dass sie ihren Streit endgültig beilegen. Gemeinsam machen sie sich später alle auf, die fünfte Welt zu besiedeln, nachdem eine große Flut sie aus der vierten vertrieben hat. Von da ab nennt man sie auch »Aufstiegsleute« und sie gelten als die direkten Vorfahren der Diné (vgl. zum Ganzen: Zolbrod, S. 58–71).

Bei solchen und ähnlichen Geschichten geht es nicht um Verurteilen und Strafen. Das in die Irre führende Verhalten wird nicht beschrieben, um jemanden der Sünde zu bezichtigen oder seine Tat als »böse« zu brandmarken, sondern um zu zeigen, wie man es dauerhaft besser machen kann. Wobei man auch davon ausgeht, dass es Unwissenheit ist, die zum falschen Verhalten führt, und dagegen sind selbst Gottheiten zuzeiten nicht gefeit, wie man an obiger Geschichte sieht. Die Folgen des eigenen Verhaltens »ausbaden« zu müssen, ist im Übrigen »Strafe« genug: eine Auffassung, die an asiatische Vorstellungen vom »Karma« erinnert.

3. Auf der (Visions-)Suche nach »Langem Leben« und »Glück«

In der fünften Welt müssen das Erste Paar und seine Nachkommen die Folgen jenes allerersten Streites tragen. Aus den Selbstbefriedigungsversuchen der Frauen waren in der Zwischenzeit verschlingende Ungeheuer entstanden, die alles Leben von der Erde tilgten, bis schließlich nur mehr Erste Frau, Erster Mann und vier weitere Leute übrigblieben. Diese vier waren erschöpft, abgemagert, voller Furcht und ohne jegliche Hoffnung. In dieser ausweglosen Situation begab sich Erster Mann eines Tages auf seine Visionssuche zum Riesenfichtenberg. Dieser Berg, so hatte er bemerkt, war schon seit vier Tagen in eine dunkle Wolke eingehüllt. Nun wollte er nachsehen gehen, was es mit dieser Naturerscheinung auf sich hatte. Und er war sich sicher, dass ihm trotz der überall lauernden Ungeheuer nichts zustoßen würde, denn, so sagte er zu seiner Frau:

»Ich werde mich mit Gesang umgeben.
Ich werde singen, während ich zum Berg unterwegs bin.
Ich werde singen, solange ich auf dem Berg bin.
Ich werde singen, wenn ich heimgehe.
Ich werde mich mit Gesang umgeben.
Du kannst gewiss sein, dass die Worte meines Gesangs mich schützen werden.«

Während er den Berg hinaufstieg, stellte er sich ihm vor als Erster Mann, der vieles von der Erde geschaffen hatte. Vier Tage lang wanderte er in einem fort und sang dabei laut und furchtlos und voller Vertrauen:

»Erster Mann bin ich und gehe zum Riesenfichtenberg auf der Suche nach hohem Alter und Glück!
Auf der Suche nach hohem Alter und Glück folge ich dem Blitz und nähere mich dem Ort, wo er einschlägt.
Auf der Suche nach hohem Alter und Glück folge ich dem Regenbogen und nähere mich dem Ort, wo er die Erde berührt.
Auf der Suche nach hohem Alter und Glück folge ich der dunklen Wolkenschleppe und nähere mich dem Ort, wo sie am dichtesten ist.
Auf der Suche nach hohem Alter und Glück folge ich dem Geruch des fallenden Regens und nähere mich dem Ort, wo seine Ströme am dunkelsten sind.«

Selbst als er den Gipfel des Berges erreichte, hörte er nicht auf zu singen:

»Langes Leben und Glück erlange ich für meine Leute und für mich selbst.
Langes Leben und Glück liegen vor mir.
Langes Leben und Glück sind hinter mir.
Langes Leben und Glück sind über und unter mir.
Überall um mich her ist langes Leben und Glück.«

Und als er singend die äußerste Spitze erreichte, wo der Riesenfichtenberg den Himmel berührte, hörte er das Weinen eines kleinen Kindes. Dort, wo er das Kind hatte weinen hören, entdeckte er zu seinen Füßen eine kleine Figur aus Türkis und erkannte darin das Ebenbild einer Frau. Obwohl sie so klein war wie ein neugeborenes Kind, hatte die Figur doch schon das Aussehen einer erwachsenen Frau. Ohne zu überlegen hob Erster Mann die kleine Türkisfrau auf und nahm sie mit nach Hause. Was er dort oben auf dem Gipfel des Riesenfichtenbergs gefunden hat, war niemand Geringeres als die spätere Hauptgöttin seines Volkes: die »Sich Wandelnde Frau« oder »Frau, die immer wieder wird«. (Alle Zitate Zolbrod, S. 175–178.)

Nicht ohne Bedeutung ist auch, wie er auf seine Suche ging: An jedem der vier Tage erklärte er dem Berg, in welcher Absicht er zu ihm kam: In aufsteigender Klarheit suchte und folgte er zuerst nur sich selbst, dann suchte er »Glück«, dann »hohes Alter und Glück« und zuletzt fand er »hohes Alter und Glück für sich und seine Leute«. Der Vorgang, wie er hier beschrieben wird, ist typisch für Visionssuchen auch bei anderen dem Schamanismus nahestehenden Völkern. Wieder begegnet uns hier zudem die große schöpferische Kraft, die dem Gesang in der Welt sog. schamanischer Völker zugemessen wird (s. u. Kap. VIII).

Hohes Alter und Glück aber sind die höchsten Ideale, nach denen sich das Leben der Diné überhaupt ausrichtete. Sie konnten auch personifiziert werden als »Langes-Leben-Junge« und »Glücksmädchen« und waren, insofern man sie als die Eltern von Sich Wandelnde Frau ansehen konnte, selbst Gottheiten. Die beiden bilden ein untrennbares Paar und sind zudem äußerst komplexe philosophische Begriffe.

Sa'ah Naaghai, langes Leben, ist männlich und kontrolliert die Winterphase des Jahreskreislaufs; es repräsentiert das innere Wesen, die innere Form der Erde und äußert sich in Gedanken (inneres Wesen).

»Langes Leben« kann gleich mehrere Bedeutungen annehmen:

- aus der Hilflosigkeit des Säuglingsalters zur voll entfalteten Reife des hohen Alters (die volle Lebensspanne eines Menschen wurde sogar mit 102 Jahren angegeben!) gelangen;
- aus hilfloser Krankheit zu gänzlich wiederhergestellter Gesundheit gelangen;

- die Bewegung des Menschen hin zu seiner Bestimmung;
- die endgültige Identifikation des Menschen mit allem, was Gott ist.

Bik'eh Hózhó, Glück, ist weiblich und kontrolliert die Sommerphase des Jahreskreislaufs; es repräsentiert das äußere Wesen der Erde und umfasst die Schönheit und das Glück der Pflanzen, Seen, Bäume und Berge; es äußert sich über die Sprache (äußeres Wesen).

Hózhó setzt sich aus einem Verb und einem Präfix zusammen. Das Verb *zhó*, für das es in unserer Sprache kein Äquivalent gibt, beinhaltet alles, was den Diné als wertvoll erscheint: Vorstellungen von Schönheit, Vollkommenheit, Harmonie, Normalität, Erfolg, Wohlgefühl, Glückseligkeit, Ordnung, von dem, was ideal ist bzw. sein sollte, sind damit verbunden. Das Präfix *hó* verweist auf die Beziehung zur Umgebung oder Mitwelt als Ganzes

»Glück« meint demnach das Zusammenspiel aller Dinge und Kräfte gemäß den kosmischen Regeln der Ganzheitlichkeit und Harmonie und stellt das höchste Ideal im Weltbild der Diné, ihr zentrales Lebenskonzept überhaupt, dar. *Hózhó* kann als Kurzform auch beide Begriffe umfassen: Langes Leben *und* Glück!

Als unzertrennliches Paar versinnbildlichen Langes Leben und Glück zudem noch eine weitere Idealvorstellung der Diné: Vollkommenheit und Vollständigkeit wird erst durch die Kombination von »weiblich« und »männlich« erreicht. Nur diese Kombination ist in sich schöpferisch. Deshalb war die Trennung, die Erster Mann von seiner Frau vollzogen hatte, gegen den innersten Kern von Schöpfung gerichtet (vgl. Zolbrod, S. 370f.; Münst, S. 30; 35f.; 58).

Zwölf Tage später macht sich Erster Mann erneut auf den Weg zum Riesenfichtenberg (Gobernador Knob), diesmal zusammen mit seinen Leuten und mit der kleinen Türkisfrau, vor allem aber, weil die gütige Stimme des »Sprechenden Gottes« oder »Weißen Körpers« es ihnen so geraten hat. Als sie alle zusammen den Gipfel erreichen, haben sich dort schon andere Gottheiten versammelt, und sie sehen, dass der Sprechende Gott das Abbild einer kleinen weißen Gestalt in Händen hält, die wie eine Zwillingsausgabe der Türkisfrau aussieht – nur ist sie aus weißer Muschelschale gebildet statt aus Türkis. Wie schon bei der Erschaffung von Erster Frau und Erstem Mann werden die beiden Edelstein-Figürchen zusammen mit zwei Maiskolben zwischen zwei Hirschfelle gelegt. Anschließend feiern die dort anwesenden Gottheiten und Geist-Leute zum ersten Mal mit dieser einzigen noch überlebenden Familie das erste *hózhóóji*-Ritual (engl.: *Blessingway*), das von da ab immer wieder gefeiert werden kann und zu den ältesten Ritualen der Diné überhaupt gehört. Die Endung *-ji* beschreibt die Art und Weise, den Weg, wie etwas geschieht. Mit dem folgenden Ritual, das zunächst die Götter selbst vollziehen, um ihresgleichen ins Leben zu rufen, wird den späteren Menschen also bereits gezeigt, was sie tun, wenn sie im guten und ausgewogenen Zustand des *hózhó* bleiben wollen. Gleichzeitig erkennt man im Folgenden sehr schön, wie der Mythos auch hier wieder direkt ins Ritual einmündet, das durch den Mythos geradezu institutionalisiert werden konnte. Im Unterschied zur Erschaffung von Erster Frau und Erstem Mann spielen beim *hózhó*-Ritus Lieder und Sprechgesänge eine zentrale Rolle:

»Unterdessen sangen die versammelten Heiligen Leute das Lied von *hózhóóji sin* weiter. Lieder wechselten mit Sprechgesängen, Sprechgesänge mit Liedern ...« Insgesamt viermal vollziehen der Gelbe (weibliche) und der Weiße (männliche) Körper diesen Ritus. Und während der ganzen Zeit sangen die dort Versammelten unaufhörlich weiter das heilige Lied von *hózhóóji sin*, wobei sich Lieder mit Sprechgesängen und Sprechgesänge mit Liedern abwechselten. Erst beim vierten Mal muss der Wind nicht mehr zwischen die Felle hauchen, denn: »Wahrhaftig! Die Bildnisse und die Maiskolben hatten sich in Lebewesen verwandelt, Lebewesen von der Gestalt erwachsener Menschen, wie sie heute auf der Erde leben.«

Die Figur aus Türkis war von nun an die »Sich Wandelnde Frau«, *Asdzáá nádleehé*, die am meisten verehrte Gottheit der Diné. Ihr Name bezeichnet eine Frau, die sich beständig mit den Jahreszeiten ändert und verjüngt. Die Figur aus weißer Muschelschale wurde zur »Weißmuschelfrau«, *Yoolgai asdzáá*, auch sie eine überaus beliebte Göttin, die sich später im weiblichen Regen und im Wachstum der Pflanzen ihren Geschöpfen offenbaren und verbinden wird. Beide Göttinnen werden, sicher auch aufgrund ihrer gemeinsamen Entstehung, als Schwestern angesehen.

Auch aus den Maiskolben waren göttliche Wesen geworden: das Gelbmaismädchen und der Weißmaisjunge, die später im Gipfel des Riesenfichtenbergs dauerhaft wohnen werden (vgl. Zolbrod, S. 179–82).

Die beiden Söhne, die Weißmuschelfrau und Sich Wandelnde Frau schließlich zur Welt bringen, spielen im Kampf gegen die Ungeheuer dieser Welt eine große Rolle: sie werden als die heiligen Zwillinge bezeichnet, obwohl sie genau genommen weder dieselbe Mutter noch auch nur denselben Vater haben. Der eine ist ein Kind der Sonne, der andere eins des Wassers, »Der aus dem Wasser Geborene« wird er später genannt werden, und er hat ein weniger kämpferisches Naturell als sein »Bruder«. Indem die beiden Göttinnen sich mit den Energien von Sonne und Wasser sexuell vereinigen, ziehen sie die Kräfte des Oben und Unten in ihr Leben und verbinden Himmel, Erde und Unterwelt zu einer einzigen »Familie«.

Die beiden jungen Frauen werden innerhalb von vier Tagen schwanger und die Wehen setzen nach vier weiteren Tagen ein. Da sie jung und unerfahren in den Angelegenheiten des Gebärens sind, leisten die anderen Gottheiten Geburtshilfe: Der Sprechende Gott trägt ein Tau aus Sonnenstrahlen (für Sich Wandelnde Frau), die Regengöttin eines, das wie ein Regenbogen aussieht (für Weißmuschelfrau). Beide Götter reichen den jungen Göttinnen ihre Seile, »und so kam es, dass alle Diné-Frauen bis zum heutigen Tag an einem Seil ziehen, wenn sie neues Leben gebären«. Das Götterpaar betätigt sich auch als »Hebammen«, sie durchtrennen die Nabelschnur der Kinder, damit sie später ihr eigenes freies Leben führen können. Erster Mann und Erste Frau werden herbeigerufen, um die jungen Göttinnen in ihre Aufgaben als Mütter einzuweihen.

> Der *Sprechende Gott* und die *Regengöttin* [bei Zolbrod auch *grollender* oder *rufender Gott* genannt] stellten Dinge bereit, aus denen Erster Mann zwei gleiche Tragekörbe für die beiden Neugeborenen anfertigen konnte. Sprechender Gott brachte Sonnenstrahlbretter, aus denen Erster Mann die Fußstützen und Rückenteile baute. Die Regengöttin brachte Streifen von Wetterleuchten und Nähsehnen aus Zickzackblitzen. Daraus fertigte Erster Mann die Hauben, die Seitenstränge und die Verschnürung. Nachdem beide Kinder in ihre Körbchen gesetzt worden waren, legte der sprechende Gott eine Decke aus dunkler Wolke über das eine, während die Regengöttin über das andere eine kleine Decke aus weiblichem Regen breitete. Beide Kinder nannten sie »Enkel«, womit sie die Verwandtschaft zum Ausdruck brachten, die zwischen ihnen bestand. (Vgl. Zolbrod, S. 184–186)

Das hier idealtypisch hergestellte Wiegenbrett wurde bis in die Gegenwart von den Diné-Vätern gefertigt. Der Vater half seiner Frau während der Geburt und teilte von Beginn an die Verantwortung für die Kinderpflege (vgl. Delilah Orr bei Walters, S. 17). Das Wiegenbrett wurde als eine geheiligte Schlafstätte für das Kind gesehen. Die Diné erklären, dass seine Kopfleiste der Regenbogen ist, »die Borten sind die Sonnenstrahlen, die Schlaufen, durch die sie geschlungen sind, sind Blitze; die Decken sind die Wolken; und das untere Brett sind kleine Regenbögen« (Nia Francisco bei Walters, S. 52).

Traditionell haben Männer zudem immer gekocht und sich um ihre Nachkommen gekümmert, insbesondere auch um die Kinder ihrer Schwestern, für die sie als sogenannte »kleine Väter« sorgten.

Wie schon beim gemeinsamen Singen, so zeigt sich im Übrigen auch hier, dass Schöpfung ein gemeinschaftliches

Unternehmen und Schöpferkraft ein gemeinsames Vermögen ist. Das wird noch deutlicher, wenn die Zwillinge, kaum erwachsen geworden, den Ungeheuern den Kampf ansagen, damit diese Erde endlich zu jener schönen und harmonischen Welt werden kann, auf der sich die Menschen später zu Hause fühlen können.

4. Wie die Ungeheuer verwandelt werden, oder: Vom Umgang mit dem »Bösen«

Bevor die beiden Jungen den Kampf mit diesen Scheusalen aufnehmen können, müssen sie allerdings selbst wieder auf eine Art von Visionssuche gehen, denn sie wollen vor allem herausfinden, wer sie eigentlich sind und wer ihr Vater ist. Mehr oder weniger zufällig schlagen sie »den Pfad der Götter« ein, der ihnen von Regenbogen, Sonnenstrahlen, weiblichen und männlichen Blitzen geebnet wird. Hier treffen sie als Erstes auf *»Spinnenfrau«*, die sie in ihrer unterirdischen Höhle besuchen. Ihr erzählen sie von ihrer großen Angst: »Wir folgen dem Heiligen Pfad, weil wir gezwungen sind zu fliehen. Die Ungeheuer, die uns verfolgen, werden auch unsere Leute vernichten.« Spinnenfrau breitet die Arme aus, um die beiden in ihrem Erdhaus willkommen zu heißen. Sie weiß, wie die beiden zu Sonne, ihrem Vater, gelangen können, und sie weiß auch, wie man die vier tödlichen Gefahren in Schach hält, die jedem Eindringling den Weg dorthin versperren. Aus Federn der Riesenadler fertigt sie ihnen einen Reifen als Talisman und lehrt sie ein Zauberlied, das sie im Angesicht ihrer Feinde singen müssen:

Reib deine Füße mit Pollen ein und ruh sie aus.
Reib deine Hände mit Pollen ein und ruh sie aus.
Reib deinen Körper mit Pollen ein und leg ihn zur Ruhe.

Reib deinen Kopf mit Pollen ein und bring deinen Geist zur Ruhe.
Dann werden deine Füße fürwahr zu Pollen.
Deine Hände werden zu Pollen.
Dein Körper wird zu Pollen.
Dein Kopf wird zu Pollen.
Dein Geist wird dann zu Pollen. Alles an dir ist, wie Pollen ist.
Und was Pollen ist, ist, was Frieden ist.
Der Pfad, der vor dir liegt, ist nun ein schöner Pfad.
Langes Leben liegt voraus. Glück liegt voraus.
(Zolbrod, S. 198–202)

Viermal sang Spinnenfrau ihnen dieses Lied vor und viermal wiederholten sie es, bis sie sicher waren, dass sie es behalten hatten. »Nun habt ihr die Kraft, für euch selbst und eure Leute Hilfe zu suchen«, verspricht ihnen die Göttin, »macht euch nun auf, und geht erhobenen Hauptes!« (Vgl. ebd.)

Der Sonnenvater ist keineswegs beglückt, seine Kinder zu sehen, und versucht zuerst mehrfach, diese zu vernichten. Hätten die beiden sich nicht immer wieder an den Adlerfedernreif von Spinnenfrau klammern können und hätte nicht *Nilch'i*, der Wind, ihnen zur rechten Zeit den richtigen Rat eingeflüstert, dann hätten sie die Nähe ihres Vaters nicht überlebt. Schließlich aber zollt er ihnen Respekt und stattet sie mit den Waffen aus, die nötig sind, um gegen die alles Leben verschlingenden Ungeheuer vorzugehen.

Die Zwillinge werden in diesem Kampf endgültig von Jugendlichen zu Erwachsenen werden – was man auch daran sieht, dass sie einander Namen geben, nachdem sie das erste Monster, den fürchterlichen Riesen *Yé'iitsoh*, besiegt haben. »Ungeheuertöter« und »Der-dem-Feind-das-Leben-herausschneidet« wollen sie fortan genannt werden, doch auch ihr Vater hat entscheidend mitgeholfen, das Untier zu erlegen. Nicht nur hat er seinen Söhnen die Waffen gegeben, er hat auch selbst den entscheidenden Blitzstrahl geschleudert, mit dem die Bestie zu Fall gebracht wurde. Aus dem Körper des Ungeheuers formen sie anschließend einen Teil der Geographie des Landes.

Nach und nach werden sämtliche Ungeheuer, die seit den Zeiten von Erster Frau und Erstem Mann so viel Schaden angerichtet haben, von den Jungen endgültig zur Strecke gebracht; wobei sie meistens nicht nur einfach getötet, sondern in etwas Gutes und Segenbringendes verwandelt werden. So leben sie in gewisser Weise weiter in der Welt, wenn auch jetzt in nützlicher Form: Sie werden beispielsweise zur Yuccafrucht- und Seifensudyucca-Pflanze, zur Mescalfaserpflanze, die das Material für Garne liefet, sie werden zu Beschützern der Quellen, zu Adlern, die den Menschen ihre Federn für Zeremonien geben und aus deren Knochen sie Flöten herstellen. Auch Eule, Bussard und der für die indianische Welt so bedeutsame Ziegenmelkervogel entstehen auf diese Weise: Seine Bestimmung wird sein, den Dingen einen schönen Klang zu geben:

> »Es ist dein Schicksal, die Welt froh zu machen, wenn die Dunkelheit sich senkt … Am Tage wirst du schlafen und nachts hervorkommen und singen. Dein Gesang wird allen, die dich hören, die tröstliche Gewissheit geben, dass die Sonne am Morgen wieder aufgeht und aufs neue Tag werden lässt.« (Zolbrod, S. 254)

Die Zwillinge sind jedoch nicht in der Weise Helden, wie wir sie heute verstehen. Sie sind auch keine Einzelkämpfer, sondern erhalten Hilfe oft gerade von den kleinsten Tieren. Den größten Beistand erfahren sie zudem von ihren Müttern, insbesondere von der Sich Wandelnden Frau und von Spinnenfrau, die so etwas wie die geistige Mutter der Jungen ist. In deren »Kiva« erleben sie so etwas wie eine zweite Geburt; Zauberlied und Zauberreifen, den sie von ihr geschenkt bekommen, bieten Schutz im Kampf gegen die Monster: wobei es nach *Yé'iitsoh* nur noch Ungeheuertöter ist, der zum Kampf auszieht, der andere bleibt zu Hause, um die Seinen dort zu beschützen, und hält sich auf Abruf bereit.

Bevor Ungeheuertöter loszieht, gibt ihm seine Mutter jedes Mal Auskunft, wo er die Monster aufspüren kann. Auch warnt sie ihn jedes Mal, doch lieber nicht in den

Kampf zu ziehen, worauf er stets dieselbe Antwort gibt: »Auch für dich war es schwer, mich zu gebären, und hast du es nicht trotzdem getan?« Indem er seinen eigenen Kampf mit einem Geburtsvorgang vergleicht, ehrt er auf der einen Seite, was seine Mutter für ihn getan hat, und gibt auf der anderen Seite den männlichen Weg der Kreativität vor: Da Männer nicht gebären können, müssen sie für sich etwas anderes suchen, um neues Leben in die Welt zu bringen und sich in der Welt nützlich zu machen. In ihrer Bereitschaft zu selbstlosem Dienen geben die Zwillinge den Männern ein nachahmenswertes Vorbild. Dazu passt auch jene andere Geschichte, derzufolge die Zwillinge von Spinnenfrau bei jenem legendären Besuch nicht nur in die Kunst des Kämpfens, sondern auch in die Kunst des Webens eingeweiht werden, die sie später an die Frauen weitergeben.

Wie in vielen Kulturen üblich (nicht zuletzt der indischen und der nordisch-germanischen) wird auch hier die ganze Welt mit einem Webstuhl verglichen. Und Weben bedeutet dann gleichzeitig, an der beständigen Erschaffung der Welt teilzuhaben. Indem man diese Kunst mit den allerersten Anfängen der Diné-Welt verbindet, vermittelt man den Weberinnen, dass ihr Tun etwas Heiliges ist, das die Gegenwart mit den ersten Tagen der Schöpfung verknüpft. Das hergestellte Tuch wurde von den Weberinnen zunächst nicht als persönliches Eigentum begriffen. Decken und Teppiche waren zum Geben da, weil auch die Diné sie als ein Geschenk von Spinnenfrau erhalten hatten. Man schenkte sie her im Austausch für nichts oder für etwas Wertvolles. »Arbeit war nicht nur dazu da, die Familie zu ernähren; sie bedeutete Religion, Reichtum und Kultur.« (Isabel Deschinny bei Waters, S. 27)

Als schließlich keine Monster mehr übrig zu sein scheinen, kommt die Zeit, da Ungeheuertöter seinen eigenen Weg gehen muss. Er hat nämlich herausgefunden, dass genau noch vier Ungeheuer am Leben geblieben sind. Zum ersten Mal jedoch weigert sich seine Mutter, ihm weiterzuhelfen. »Die vernichtet werden mussten«, gibt sie ihm zu verstehen, »sind nun zur Strecke gebracht, gewisse andere Dinge aber lässt man besser, wie sie sind. Vielleicht ist es auf lange Sicht besser für uns, wenn bestimmte Feinde bleiben.«

Mit diesen »Feinden« sind gemeint: die Frau des Alterns, die Kältefrau, der Hungermann und die Armutswesen. Ihnen muss der Junge ganz alleine gegenübertreten, und es ist *Nilch'i*, der Wind, der ihm hilft, sie ausfindig zu machen. Die Auseinandersetzung mit diesen Schreckgespenstern gehört zu den berührendsten und aufschlussreichsten Szenen der ganzen Diné-Mythologie, weshalb sie hier, wenn auch knapp, erzählt werden soll:

Zunächst begibt der Junge sich zur *Frau, die-das-Alter-bringt:*

> »Alte Großmutter«, sagte er zu ihr, »ich sage es ungern, aber ich bin gekommen, um dich zu töten, denn letzten Endes wirst du jeden verschlingen, genauso wie die anderen Ungeheuer es getan haben.«
>
> Sie aber führt gute Gründe an, am Leben bleiben zu müssen:
>
> »Wohlan denn, mein Enkel, doch denke zuerst nach, bevor du mich umbringst. Haben nämlich die späteren Menschen erst gemerkt, dass ich ihnen nicht mehr langsam die Lebenskraft aussauge, dann haben sie nichts mehr, was sie dazu antreibt, Nachkommen zu zeugen. Stillstand wird die Folge sein, und die Leute werden sich nicht mehr vermehren. Ist es da nicht besser, wenn die Leute irgendwann einmal sterben, wenn sie ihre Weisheit und ihre Lebenspflichten an die Jüngeren weitergeben?«
>
> »Wenn es das ist, was du tun willst«, sieht Ungeheuertöter ein, »werde ich dich allerdings verschonen.«

Bei der *Kältefrau* ergeht es ihm ähnlich. Auch sie erklärt ihm, wozu sie da ist:

> »Wenn ich tot bin, wird das Land vor Entkräftung verdorren, weil es keine Jahreszeit mehr gibt, in der es sich erholen kann. Wenn aller Schnee geschmolzen ist, werden die Quellen versiegen und die Gewässer verschwinden. Die Leute werden umkommen, weil sie von Jahr zu Jahr weniger Melonen und Mais zu essen haben.«

Auch die *Armutswesen* wissen sich zu verteidigen:

»Wenn wir sterben, werden die Leute tagaus, tagein dieselben Kleider tragen. Ohne uns hätten sie keinen Grund mehr, Altes durch Neues zu ersetzen und ihre Werkzeuge zu verbessern. Solange wir weiterleben und langsam verschleißen, was andere benutzen, werden Fantasie und Einfallsreichtum unter ihnen blühen! Die Kleidung wird schöner und die Werkzeuge haltbarer und zweckdienlicher werden. Die Machart aller Dinge wird sich stetig verbessern.«

Bleibt noch der *Hungermann* mit seinen elf gierigen Kumpanen: Doch natürlich weiß auch der sich zu rechtfertigen:

»Wenn du uns tötest, werden die Leute ihren Geschmack am Essen verlieren und damit auch die Lust am Kochen und Essen. Solange wir leben, werden sie weiterhin säen und ernten, ihr Vieh hüten und ihre Haustiere pflegen. Sie werden geschickte Jäger werden, die mit Begeisterung das Fleisch zerlegen und ihr Essen zubereiten.«

Viermal kommt also ihr Sohn ohne eine Trophäe nach Hause, und am Ende fragt ihn seine Mutter, ob er etwa die Lust zu kämpfen verloren habe.

»Manche Dinge lässt man lieber, wie sie sind«, antwortet er ihr.

Als ob sie das nicht schon längst gewusst hätte! Doch Wissen und Erfahren sind eben zweierlei, und nichts kann die eigene Erfahrung an Überzeugungskraft übertreffen. Der »Ungehorsam« ist mithin persönlichkeitsbildend und Teil des Erwachsenwerdens.

Jetzt jedenfalls kann »Ungeheuertöter« seine Waffen endgültig ablegen, denn er hat erkannt, dass seine Arbeit getan war:

»Diese Welt ist jetzt eine friedliche Welt. Wohin ich auch gehe, werde ich wie ein Anverwandter behandelt«, erklärt er zufrieden. (Alle Zitate Zolbrod, S. 272–278).

Zeit also, bald den Menschen zu erschaffen, der diese rundum geglückte Welt bewohnen soll!

Auch das ist interessant: Während in der Vorstellung unserer eigenen Kultur das Leben zunehmend als Kampf angesehen wurde, halten die Diné den Kampf mit dem Eintritt des Menschen prinzipiell für beendet. Wichtig ist nicht der Kampf als solcher, sondern dass über Ritual und Zeremonie, insbesondere *hózhóji*, die Harmonie und der Ausgleich der Kräfte jederzeit wieder hergestellt werden können. Kurz nachdem die Monster besiegt sind, haben die Zwillinge eine Vision:

> »Vor ihnen breiteten die Götter das Land der fünffingrigen Erdoberflächenleute aus, die dereinst als Diné bekannt werden würden. »Diese Leute würden an Zahl rasch zunehmen. Sie würden alles über das Säen und das Hegen der Saaten lernen. Sie würden lernen, sich ihren eigenen Viehbestand zu halten. Und sie würden lernen, die Rituale auszuführen, die zur Erhaltung von Ordnung und Zeremonie auf der Oberfläche der Welt notwendig sind.« (Zolbrod, S. 264)

Wir sollten uns vergegenwärtigen, dass wir uns immer noch auf der Ebene des göttlichen Lebens befinden. Bisher hat noch kein Mensch die Szene betreten. »Fünffingrige Erdoberflächenleute« werden erst erschaffen, nachdem die Welt zu einem friedlichen und glückverheißenden Ort geworden ist, an dem sie sich wohl- und zu Hause fühlen können. Im Laufe dieser Schöpfungsgeschichte kommen die Gottheiten den Menschen immer näher. Erst sind sie nur weibliche und männliche Körper in den vier heiligen Farben der Diné, dann kommen Erste Frau und Erster Mann ins Leben, schließlich schaffen alle gemeinsam die beiden Göttinnen, die den Menschen am nächsten und ähnlichsten sein werden und bereits nach Menschenart die Zwillinge gebären und – vorbildhaft – auch die erste Menstruation erleben und feiern. Nimmt man dazu noch all die göttlichen Paare, die bestimmte Teile des Landes, allen voran die Berge, beseelen, so dürfen sich die Diné in dem eigens für sie geschaffenen Land rundum beschützt fühlen, ja man kann sogar sagen, dass sie aus dem Besuch dieser heiligen Orten wiederum selbst Kraft und Stärke beziehen! So eng fühlen die Diné sich ihren Gottheiten verbunden, dass sie manche sogar »unsere Onkel und Tanten« nennen (vgl. Hillerman 2003, S. 160).

Die paarweise Anwesenheit der Götter- und Geistwesen könnte man geradezu als das dialogische Prinzip der Diné ansehen. Es wird nämlich angenommen, dass sich selbst die Paare, die in den Naturerscheinungen (wie den Bergen) anzutreffen sind, ansehen und miteinander besprechen!

5. Die Welt von »Sich Wandelnder Frau« und »Weißmuschelfrau« und die Erschaffung der Menschen

Noch allerdings ist die Harmonie in der Welt nicht ganz hergestellt, denn immer noch leiden die Sich Wandelnde Frau und ihr Geliebter, »Sonne« oder »Sonnenträger«, unter ihrer Trennung. Nachdem Sonnenträger sich bisher wenig um die Beziehung zur Mutter seiner Kinder gekümmert hatte, versucht er sie nun dazu zu überreden, mit ihm nach Westen zu ziehen und ihm dort ein Zuhause zu bereiten. Doch obwohl sie sich nach seiner Liebe sehnt, ist *Changing Woman* nicht sogleich zu überreden. Vielmehr stellt sie zunächst ihre eigenen Bedingungen: Ein schönes Haus im Westen möchte sie von Sonnenträger zum Geschenk, mit Kostbarkeiten aller Art, dazu Tiere zu ihrer Gesellschaft, da sie ohne ihre Schwester und ihre Söhne dort leben soll. Und selbstbewusst erklärt sie ihm auch, warum sie so viel von ihm verlangt:

»So unterschiedlich wir auch sein mögen, es kann im Universum erst Harmonie geben, wenn zwischen uns beiden Harmonie besteht. Deshalb musst du meine Wünsche genauso ernst nehmen, als wären es deine eigenen. Denn so verschieden wir sind, sind wir doch vom gleichen

Wert. Meine Launen zählen wie deine. Meine Treue zu dir bemisst sich daran, wie sehr du zu mir hältst. Wieweit du auf mich eingehst, so weit werde ich auf dich eingehen, nicht mehr, aber auch nicht weniger. Immer soll das Gefühl der Zusammengehörigkeit und des Füreinander-Einstehens zwischen uns herrschen, denn so verschieden wir auch sind, du und ich, wir sind von einem Geist.« (Vgl. Zolbrod, S. 282–85)

Angesichts der Gegebenheit, dass in der Weltordnung der Diné alle Dinge und Wesen zu einem der beiden Geschlechter in Beziehung stehen, spricht die Sich Wandelnde Frau hier eine umfassende kosmische Ökologie an, die auf der Ausgewogenheit zwischen weiblichen und männlichen Kräften beruht. Die Solidarität, die sie hier einfordert, bildet die Grundlage für eine tragfähige Gesellschaftsordnung, in deren Mittelpunkt die Prinzipien Liebe, Gegenseitigkeit, (Gast-)Freundlichkeit und Zusammenarbeit stehen. Dies bringt auch Hillerman zum Ausdruck, wenn er die Diné-Philosophie als ein »Konzept ineinander verwobener Harmonien« bezeichnet, ein Universum, in dem alles miteinander in Verbindung steht, »von der Stimmung eines Menschen bis zum Flug des Kornkäfers und zur Musik des Windes« (Hillerman 1997, S. 147).

Indem die Sich Wandelnde Frau mit dem Sonnenträger nach Westen zieht, um dort ihr schwimmendes Haus vor der Pazifikküste zu beziehen, tritt sie in einen neuen Lebensabschnitt ein, in dem es nicht mehr zu ihren Aufgaben gehört, Kinder in die Welt zu setzen und für sie zu sorgen. Die Zwillinge sind jetzt erwachsen und daher alt genug, um für sich selbst zu sorgen. Anstelle ihrer Kinder nimmt sie nun Tiere in großer Zahl und Verschiedenheit mit in ihr neues Zuhause. Sie vermehren sich schnell und bevölkern schon bald das ganze Land. Noch heute, so heißt es, künden diese Tiere von der tiefen Zuneigung, die zwischen dem göttlichen Ehepaar wachsen sollte.

Erst jetzt, auf dem Weg in ihr neues Zuhause, wird Sich Wandelnde Frau ihre erste Menstruation feiern, als Einweihung in ihr neues Frauenleben. Und dieses Ritual, die insgesamt viertägige Zeremonie des *kinalldá,* wird von den Diné bis auf den heutigen Tag vollzogen.

Nachdem die Sich Wandelnde Frau mit ihrem Geliebten nach Westen gezogen ist, bleibt Weißmuschelfrau zunächst allein im Osten des Landes zurück. Und da nach der Überzeugung der Diné aus der Einsamkeit die größten schöpferischen Kräfte hervorgehen, so kommen jetzt endlich die Menschen in den Blick. Sie werden geschaffen, weil beide Göttinnen sich zutiefst nach ihrer Gesellschaft sehnen. In Anwesenheit von Weißmuschelfrau und Sich Wandelnder Frau, der Regengöttin und des sprechenden Gottes sowie etlicher anderer Heiliger Leute wird das erste Menschenpaar nach dem schon bekannten Zeremoniell aus Maiskolben zwischen Hirschhäuten erschaffen. Zusätzlich werden die beiden Kolben diesmal jedoch, bevor der Wind unter die Häute fahren kann, in alle vier Himmelsrichtungen gehalten. Daraus wird abgleitet, dass die Diné, im Unterschied zu den Pueblovölkern, beständig von Ort zu Ort ziehen. Sie leben in kleinen, über das Land verstreuten Häusern, den *Hogans,* die häufig weit entfernt voneinander liegen. Diese Hogans sind stabile, aus Steinen, Lehm und Strohgeflecht errichtete Rundhütten, deren vier Pfeiler die vier Himmelsrichtungen abbilden und nach *Erde-Frau, Berg-Frau, Wasser-Frau* und *Mais-Frau* benannt sind (vgl. Walters, S. 5) – ein Kosmos im Kleinen also, der hier erbaut wird.

Nicht nur Weißmuschelfrau, auch die Sich Wandelnde Frau fühlt sich in ihrem Haus auf dem schimmernden Wasser einsam, denn ihr Sonnengefährte kommt ja immer erst abends zu ihr. Zunächst tanzt sie auf den vier Bergen, die das Diné-Land noch heute umrahmen: Auf dem östlichen Berg tanzt sie, um Wolken entstehen zu lassen, auf dem südlichen, um Kleidung und Schmuck zu schaffen, auf dem westlichen lässt sie tanzend alle Arten von Pflanzen entstehen, und auf dem nördlichen Berg tanzt sie Getreide und Tiere ins Leben. Insbesondere die Pflanzen lässt sie als Schutzgeister im Land zurück: all die Samen der Kräuter und Gräser, mit deren Hilfe die Menschen immer wieder Heilung als Wiederherstellung der Harmonie mit dem gesamten Kosmos erfahren können. Dazu stiftet sie gleich selbst noch zwei Heilzeremonien: den *Wind Way* und den *Night Chant*, bei denen die Heilpflanzen eine bedeutende Rolle spielen (vgl. Hillerman 2003, S. 160).

Danach erst, als wirklich alles für die späteren Menschen vorbereitet ist, fasst sie den Gedanken, dass die Erdoberflächenleute auch ihr Gesellschaft leisten könnten. Anders als bisher erschafft sie die Menschen allerdings nicht mehr aus Maiskolben, sondern aus ihrer eigenen Haut! Indem sie Haut von ihren Armen, ihren Brüsten, zwischen den Brüsten und zwischen den Schulterblättern abreibt und eine Zeitlang in der Hand wärmt, lässt sie zwölf Paare entstehen: »Leute wie wir, die wir als Säugling auf die Welt kommen, heranwachsen, alt werden und schließlich aus dem Leben scheiden« (Zolbrod, S. 323).

Diesen neuen Menschen teilt sie Folgendes mit:

»Ich habe euch erschaffen, damit ihr in meiner Nähe lebt und ich mich an eurer Gesellschaft erfreuen kann. Doch ihr habt auch Verwandte, denn im Osten hat meine Schwester ebenfalls Menschen erstehen lassen. Solltet ihr, oder eure Nachkommen, später dorthin ziehen wollen, werde ich es verstehen und euch ziehen lassen.«

Nach etlichen Jahren kommt es genau, wie sie vorhergesehen hat. Die älteren Menschen behält sie bei sich und lässt sie in Edelsteinzimmern wohnen. Den jüngeren, die wegziehen wollen, gibt sie zu deren Schutz fünf ihrer eigenen Haustiere mit: den sanftmütigen Hirsch, das aufrechte Stachelschwein, den mächtigen Puma, den furchtlosen Bären und die große Schlange. Zusätzlich schenkt sie ihnen noch fünf Zauberstäbe aus Türkis, weißer Muschelschale, Abalonenschale, schwarzem und rotem Stein. Wo diese Stäbe später die Erde berühren, wird sich Trinkwasser bilden. Trotz aller Schutzmaßnahmen verspricht sie ihren Leuten, auch selbst noch über sie zu wachen, damit sie nur ja wohlbehalten zu ihren Verwandten finden (vgl. Zolbrod, S. 324–27).

Nachdem die Menschen zueinander gefunden und Hab und Gut miteinander geteilt haben, ziehen sich die Heiligen Leute mehr und mehr zurück. Von nun an werden sie nicht mehr persönlich erscheinen, sondern ihre Gegenwart anders zu erkennen geben: im Rauschen des Windes etwa, in Adlerfedern, im Wachstum der Pflanzen, in Naturerscheinungen, in den Träumen der Menschen …

Sehr bewegend wird in dieser Hinsicht der Abschied von Weißmuschelfrau beschrieben:

Ihr Lieblingskind war ein Mädchen, mit dem sie sogar im selben Raum schlief.

»Ich werde euch verlassen«, sagt sie eines Tages zu ihr, »doch ich werde euch oft besuchen kommen und über euch wachen, wie ich auch stets über dich wachen werde.«

Sie erklärt ihr, dass sie ihr fortan in anderer Gestalt nahe sein wird: in den sanften Schauern des weiblichen Regens und in den Feldfrüchten, die er wachsen lässt. Auch hat sie ihren Leuten einen Maiskolben geschenkt, dessen Körner unendlich fruchtbar sind, wenn man sie richtig setzt und der sanfte weibliche Regen sie nährt.

6. Leben in Harmonie

Harmonie, Solidarität, das Zusammenspiel aller Kräfte, der menschlichen wie auch der nicht menschlichen, ist bis auf den heutigen Tag die große und zentrale Leitidee der Diné. Die Verwirklichung dieses Ideals ist zugleich die Garantie dafür, dass sie sich mit den Ursprüngen ihrer Schöpfung und den darin wirkenden »Heiligen Leuten« in Einklang fühlen dürfen. Wo sie gehen und stehen, beziehen sich heutige Diné noch immer auf diese Gottheiten, allen voran die Sich Wandelnde Frau, zurück: wobei es vor allem darum geht, in schöpferischer Weise das Heute mit dem Gestern zu verbinden, was dann durchaus auch zu Neuerungen führen kann. In seinem Roman »Das

Labyrinth der Geister« macht Hillerman dies auf sehr anschauliche Weise klar:

Hier erinnert sich ein Mann, wie seine Mutter ihm einst erklärt hat, wieso die Sich Wandelnde Frau die Beschaffenheit eines *kinalldá*-Kuchens mit »einen Schaufelstiel breit« und »garniert mit Rosinen« angeben konnte, obwohl es zu dieser Zeit beides im Land der Diné noch gar nicht gab. »Auf diese Weise«, so seine Mutter, »hat sie uns gelehrt, in Harmonie mit der eigenen Zeit zu leben« (vgl. ebd., S. 105).

In seinem Roman »Geistertänzer« hat Hillerman ein anderes treffendes Beispiel für die Verwirklichung von *hózhó* gefunden:

Angenommen, es herrscht eine entsetzliche Dürre. Die Ernten verdorren, die Quellen und Brunnen versiegen und die Schafe verenden. »Die Hopi, die Christen und vielleicht auch die Moslems würden um Regen beten. Ein Navajo aber muss den richtigen Gesang singen lassen, damit er sich wieder in Harmonie befindet mit dem Leben, so wie es ist – also auch mitsamt der Dürre … Unsere Philosophie ist darauf angelegt, sich klarzumachen, was Menschen zu ändern vermögen und was nicht. In diesem Fall muss der Mensch sich ändern, damit er seinen inneren Frieden findet und sich abfindet mit dem Unabwendbaren.« (S. 284)

Was aber passiert, wenn Menschen aus der Harmonie von *hózhó* herausfallen bzw. wenn sie bewusst oder unbewusst dagegen verstoßen haben? Ist der Verstoß schwerwiegend, so umschreibt man ihn damit, dass man sagt, der »Wind des Bösen« habe solche Menschen gestreift und ihren inneren Gerechtigkeitssinn durcheinandergebracht. Für ein solches Verhalten kam nicht Strafe, sondern ausschließlich Heilung und Wiedergutmachung in Frage. Wichtig war z. B., dass derjenige, der einen anderen willentlich oder unwillentlich geschädigt (evtl. sogar getötet) hatte, für einen Ausgleich sorgte, mit dessen Hilfe die verlorengegangene Harmonie wiederhergestellt werden konnte (was im Übrigen auch den Umgang mit Tieren betraf, die man töten musste, um zu überleben). Wem durch einen anderen Schaden zugefügt wurde, der ging also – selbst wenn es sich dabei in unserem Sinne um ein Verbrechen (Fahrerflucht oder Totschlag) gehandelt hatte – nicht zur Polizei oder vor Gericht, sondern bat um eine Heilungszeremonie – und der Verursacher versuchte das angerichtete Übel nach Kräften wiedergutzumachen. Einen solchen Menschen, je nach Schwere des Delikts, zu verhaften und ins Gefängnis zu bringen, bedeutet dagegen lediglich eine Verschlimmerung der Zustände und wird im Sinne von *hózhó* entschieden abgelehnt. So wie die Zwillinge mit den Ungeheuern umgegangen sind, indem sie das Lebensfeindliche an ihnen in etwas Nützliches und Segenbringendes verwandelt haben, so sollten auch die Menschen auf die Verwandlung des »Bösen« in etwas Harmonisches hinarbeiten. Nie geht es darum, die Schuldigen zu bestrafen, sondern darum, sie (rituell) zu heilen und ihnen Wege aufzuzeigen, wie sie das, was sie durch ihr Verhalten zerstört haben, selbst wieder »heil« machen können.

Wenn jemand einem anderen Menschen Schaden zufügt, sollte er sich mit ihm und dessen Familie zusammensetzen und überlegen, wie der Schaden wiedergutgemacht und ein gerechter Ausgleich hergestellt werden kann, der alle zufriedenstellt. So kann jemand, obgleich er Schuld auf sich geladen hat, dennoch in *hózhó* bleiben und die Familien können wieder in Harmonie miteinander leben. Der Umgang mit Schuld ist demnach lösungsorientiert. Nehmen wir an, jemand hätte durch Trunkenheit am Steuer den Tod eines anderen Menschen verursacht, so ist vor allem wichtig, dass er sich danach um die Angehörigen des oder der Toten kümmert und ihnen auf jede erdenkliche Art und im Rahmen seiner Möglichkeiten Hilfe anbietet und dies von der anderen Familie auch angenommen wird. Es geht also nicht darum, die Übeltäter oder Übeltäterinnen zu bestrafen (gar noch mit einem per Gesetz festgelegten Strafmaß), sondern darum, ihnen eine Möglichkeit der Heilung zu eröffnen, die sie auf den Weg der Harmonie mit ihrer Mitwelt zurückführt, und ihnen das wiederzugeben, was die Diné »Schönheit« nennen. In diesem Sinne ist es auch bezeichnend, dass zu den grundlegenden Ansprüchen der Diné an eine kindgerechte Pädagogik zuallererst das »Recht auf eine gesunde und schöne Umwelt« gehört (Ethelou Yazzie bei Walters, S. 38). Man könnte dies auch einen Weg der Verbrechensvorbeugung nennen!

In seinem Roman »Geistertänzer« macht Hillerman klar, wie sehr unser »weißes« System der Justiz, gemessen am *hózhó*-Ideal, Gerechtigkeit mit Rache verwechselt. Wir reden über Gerechtigkeit und gerechte Bestrafung nach einem vorher genau festgelegten, abstrakten Strafmaß, davon, dass die Strafe der Tat angemessen sein soll (z.B. für dieses oder jenes Vergehen soundsoviele Jahre Gefängnis). In Wirklichkeit orientiert sich dieses Rechtssystem eher noch an dem alten Gesetz des »Auge um Auge, Zahn um Zahn«. Wir geben uns damit zufrieden, den Täter nach einem ausgeklügelten System von Haftstrafen und Bewährungsauflagen abzuurteilen, und fühlen uns weiter nicht verpflichtet, uns um ihn zu kümmern, schon gar nicht um sein »Seelenheil«. Weshalb die Rückfallquote auch unverändert hoch bleibt. Einen Verbrecher beispielsweise einfach nur in Haft zu nehmen und jahrelang wegzusperren, erschiene den Diné dagegen als so heillos wie das ursprüngliche Verbrechen selbst. Hier trifft sich das *hózhó*-Ideal im Grunde wieder mit modernen Formen des Opfer-Täter-Ausgleichs, in denen ja durchaus auch versucht wird, das Feind-Schema zu durchbrechen und beide Parteien behutsam an einen Tisch zu bringen. Was wiederum zeigt, wie viel wir von diesen angeblich ungebildeten und »minderwertigen« Kulturen lernen können!

Im Rahmen ihres Weltbildes kamen die Diné, wie im Übrigen auch die Hopi, ohne Begriffe wie Sünde, Strafe oder (Un-)Gehorsam aus. Fehler zu machen gilt dagegen als normal und gehört zum Leben wie die Nacht zum Tag. Einer, der immer wieder Fehler macht, ist Coyote (der auch bei den Hopi in ähnlicher Weise auftritt). Er leidet oft an seinem eigenen Egoismus, aber er bringt die Menschen, deren Verhalten er spiegelt, auch dazu, über sich selbst zu lachen. Lachen und Humor jedenfalls bewirken das Gegenteil von Zorn und führen geradewegs zurück auf den Weg zu langem Leben und Glück, oder – wie die Anishnabeg sagen würden, von denen als Nächstes die Rede sein wird – sie halten die Seele im Körper. Denn die Seele des Menschen besteht aus Lachen (vgl. Erdrich, S. 173f).

VII. Schöpfung ist immer ein Miteinander (Anishnabeg/Ojibway)

1. Schöpfung als gelebte Mythologie

Die Schöpfungsgeschichten mündlicher Kulturen waren und sind so etwas wie gelebte Mythologie. Sie waren Teil einer religiösen Praxis, die sich ihre Ausdrucksformen über Gebet, Ritual, Zeremonie, Lied und Tanz suchte: eine Art von heiligem Theater, denn wie anders als durch beständige Rezitation und »Aufführung« hätten die oralen Kulturen diese Geschichten sonst lebendig halten können? Zum Beispiel wurde bei den *Tsistsistas* (Cheyenne), einem Volk der nördlichen Prärien, jedes Jahr das Massaum-Fest als Erdschenkungszeremonie zelebriert, das fünf Tage lang dauerte und bei dem nichts Geringeres als die Erschaffung der ganzen Welt (nach-)vollzogen wurde (vgl. Schlesier, S. 153).

Diese Ursprungslegenden hingen überdies eng mit der Geographie des Landes zusammen, auf dem ein solches Volk lebte, und ließen die Geschehnisse des Anfangs auf Schritt und Tritt gegenwärtig werden. Täglich gingen die Menschen über das für sie geschaffene Land, wo sie jederzeit den Gottheiten und Geistwesen begegneten, die alles eigens für sie erschaffen hatten. Denn diese waren ja alle noch da, hatten das Land nie verlassen, hatten sich nur in bestimmte Berge, Hügel, Seen, Flüsse, Bäume, Pflanzen wie z. B. Mais oder unterirdische Kivas (Erdkammern) zurückgezogen. Frank Goldtooth aus dem Volk der Diné gab dazu 1972 Folgendes zu Protokoll:

> »Dieser Gipfel wurde von Heiligen Leuten am Anfang gemacht. Als er gemacht wurde, wurde er von den Heiligen Leuten gemacht, nicht von den Weißen Leuten und nicht von irgendwelchen Indianern. Er wurde von den Heiligen Leuten gemacht, und dieses Ding hier, dieser San Francisco Peak, ist Gebet, er ist ein Gebet, und er sitzt in Gebeten und hat Weißmuschelperlen und Türkise und Apachetränen und Abalonen, und damit sitzt er da und auch mit Lebenspflanzen, mit dem Leben sitzt er da.« (Zolbrod, S. 353)

Die »Welt«, wie sie bei den meisten Völkern erschaffen wird, ist in der Regel nur auf deren eigenes Gebiet begrenzt. Ein Universalanspruch, wie wir ihn aus der Bibel kennen, ist da nicht angesagt. Es geht nicht darum, dass die Welt im Allgemeinen geschaffen wird, sondern darum, dass für dieses oder jenes Volk – oft erst nach langen Wanderungen – der beste Platz zum Leben gefunden wurde. Es ist sein Land, mit seinen ganz besonderen Bergen, Flüssen, Seen, Tieren, Pflanzen und Äckern. Hier leben die Geistwesen, die sich entschlossen haben, mit diesem und keinem anderen Volk zusammenzuarbeiten, sie alle zusammen haben geholfen, um das bestmögliche Ergebnis hervorzubringen. Deshalb auch ist es nicht gleichgültig, welches Land man bei der Schöpfung erhalten hat. Erst recht kann man es nicht so ohne weiteres wieder verlassen, denn damit würde man das gesamte Gefüge der Spiritualität aufgeben, dessen Entwicklung Teil des Schöpfungsprozesses war. Schließlich leben hier die Gottheiten, die sich dem Volk ursprünglich vertraut gemacht hatten, und jeder Hügel, jede Felsformation, jedes Tal erzählt von einem anderen Teil der Schöpfungsgeschichte: Wer, wann, wo und was auf welche Weise erschaffen wurde, wer dabei mitgeholfen hatte usw. … Diese Vorstellungen bilden den Hintergrund für die Aussage: »Jeder Teil dieses Landes ist meinem Volke heilig!« Das war keine abstrakte Behauptung, sondern zeremoniell stets erneuerte Erfahrung. Einem solchen Volk nimmt man mit dem Land zugleich seine spirituelle Landkarte und damit seine eben nicht nur »weltlich« verankerte Identität.

Über ihre Gründungsmythen wurden die Menschen darin eingeweiht, wie sie mit »ihren« Göttinnen und Göttern umgehen sollten, damit die Welt für sie alle zusammen ein schöner Ort wird und bleibt, ein Ort, an dem Gottheiten, Menschen, Tiere, Pflanzen und die zahlreichen anderen – beseelten – Erscheinungsformen von »Natur« im friedlichen Austausch miteinander leben können. Deshalb all die Geschichten über Gefahren und dazu, wie man sie besteht, indem man das, was eine/n anfänglich als Ungeheuer zu erdrücken scheint, verstehen lernt und in etwas Gutes und Segensreiches verwandeln kann. Die Welt nämlich ist »am Anfang« noch längst nicht der schöne, sichere und vortreffliche Ort, der sie am Ende des Schöpfungsprozesses sein wird. Gefahren, die als beinahe unbezwingbare »Ungeheuer« ringsum lauern, müssen zunächst aus dem Weg geräumt oder verwandelt werden, um die Welt zu einem friedvollen, lebenswerten und liebenswerten Ort zu machen, an dem es ihren Bewohnern und Bewohnerinnen an nichts mangelt. Und für den Fall, dass doch einmal eine Katastrophe naht, Entbehrungen wie Hunger und Krankheit sich nicht vermeiden lassen, müssen die Menschen unterrichtet werden, was von Fall zu Fall zu tun ist, um wieder Fülle, Harmonie und Gerechtigkeit herzustellen.

Hier hat auch der religiöse Brauch der sogenannten »Visionssuche«, die bei den meisten indigenen Völkern Nordamerikas als Einweihungsritus für die Jugend galt, seinen Sitz im Leben. Wobei es für die jungen Leute auf beides ankam: auf das Erproben der eigenen Kräfte (auch im Hinblick auf ihre spirituelle Berufung) wie auch auf Eingliederung in den Gesamtzusammenhang des Lebens. In den Schöpfungsmythen indigener Kulturen sind es häufig die Göttinnen und Götter selbst, welche die Menschen ins Leben einweihen. Wie selbstverständlich leben sie ihnen das erwünschte Verhalten zunächst beispielhaft vor, so dass die Menschen nachvollziehen können, was von ihnen erwartet wird (bei den Diné wird sogar noch die Art des Gebärens vorgemacht!). Dabei ist es wichtig, dass vor allem die jungen Leute Fehler machen, ja, sie *müssen* sie sogar machen! Nur so können sie ihre eigenen Erfahrungen machen und daraus lernen. Die Übertretung von Warnung und Verbot wird dabei als normal und sinnvoll angesehen: »*Youth cannot be warned but must see for itself*«, heißt es dazu: Es ist ein vergebliches Unterfangen, Jugendliche warnen zu wollen, sie müssen selbst sehen, was geht! Und sind wir – an den Göttern gemessen – nicht alle »jung«?

Nimmt man dazu, dass auch die Clan-Tiere, die zum unabdingbaren Bestandteil der meisten Ursprungslegenden von sogenannten Naturvölkern gehören, immer noch da sind, wo diese Völker sich niedergelassen haben, dann wird vollends klar, dass hier mit Schöpfung eher ein gegenwärtiges denn ein vergangenes Geschehen gemeint ist. So ist es auch möglich, in den Heilungszeremonien immer wieder jenes »erste Mal« heraufzubeschwören, das die Schöpfung des Anfangs mit der Heilung der Gegenwart verbindet. Bei den Hopi und Diné beispielsweise waren die Ursprungslegenden fester Bestandteil der Heilungszeremonien, häufig in Verbindung mit farbigen Sandbilder-Mandalas, in denen derselbe Vorgang, der erzählt wurde, gleichzeitig auch bildlich vergegenwärtigt werden konnte. Jede Heilung bedeutet danach zugleich auch für den Menschen, der sie erlebt, eine Neuschöpfung – und nicht minder für die Menschen, die als »Zuschauer« daran teilnehmen und das Geschehen nach Kräften durch Trommeln und Singen unterstützen. Wobei sie das bestätigen, was die Quintessenz der meisten mündlich überlieferten Schöpfungsmythen ist: Die Erschaffung neuen Lebens entsteht erst im Zusammenwirken aller, die daran beteiligt sind, und ist niemals nur das Werk eines oder einer Einzelnen.

2. Wie die Himmelsfrau die Vision von »Kitche Manitu« erneuert

Obgleich die Anishnabeg zu den eher patrilinear organisierten Völkern des amerikanischen Kontinents gehören (Wolf, S. 52), steht dennoch auch in ihren Schöpfungsgeschichten eine Urmutter im Mittelpunkt: Nokomis, was so viel bedeutet wie »Großmutter«. Woraus ersichtlich wird, dass Patrilinearität und Verehrung der weiblichen Kraft einander keineswegs ausschließen müssen. Der Name »Anishnabeg«, den dieses Volk sich selbst gibt, bedeutet so viel wie: die Menschen (LaDuke, S. 288). Basil Johnston gibt uns jedoch eine noch genauere Übersetzung: »Wesen, die aus nichts gemacht sind, denn sie bestanden weder aus Stein noch aus Feuer, noch aus Wasser noch aus Wind. Sie waren aus sich selbst geschaffene Wesen.« (S. 17)

Die Anishnabeg waren in dem riesigen Grenzgebiet zwischen Kanada und den nördlichen Waldregionen Nordamerikas zu Hause und besiedelten insbesondere die Regionen um die großen Seen: Lake Superior, Michigan-See, Huron-See, Erie-See, Ontario-See im Osten bis zum Manitoba- und Winnipeg-See im Westen. Zurzeit gibt es Anishnabeg-Resevate in »Michigan, Wisconsin, Minnesota, North Dakota, Ontario, Manitoba, Montana und Saskatchewan« (Erdrich, S. 220). Allerdings wechselte seit 1867 fast die gesamte Landbasis dieser Nation ihre Besitzer: Um die 90 Prozent des ursprünglichen Landes befinden sich heute in weißem Privatbesitz oder sie sind (amerikanisches) Pacht- und Staatsland, das von der weißen Bevölkerung im Wesentlichen durch Betrug erworben wurde (vgl. LaDuke, S. 5, 17f.).

Im Folgenden beziehe ich mich vor allem auf das Buch von Basil Johnston »Und Manitu erschuf die Welt«, engl.: *Ojibway Heritage*; der Titel ist allerdings in beiden Sprachen unglücklich gewählt, denn weder nennen die Anishnabeg sich selbst »Ojibway«, noch ist »Manitu« auch nur im geringsten der alleinige Schöpfer der Welt! Hier wie im Umgang mit allen »indianischen« Sprachen gilt im Grunde das, was Ursula Wolf zu Beginn ihres Buches über nordamerikanische »Indianer«-Frauen schreibt:

> »Wird *ein* Schöpfer, *ein* Geist in diesem kollektiven Prozess besonders hervorgehoben, ist ›er‹ meist geschlechtslos, wie Wakan-Tanka bei den Lakota, … Manitu bei den Algonkin …«

Audrey Shenondoah, eine ihrer Interwiewpartnerinnen, äußerst sich dazu sehr treffend:

> In den europäischen Sprachen »wird immer davon ausgegangen, dass der Schöpfer eine männliche Person ist, aber wir wissen das nicht, es wird in unserer Überlieferung nicht gesagt, ob es ein männliches oder ein weibliches Wesen ist. Es heißt: ›*the one who created us, the one, who made the creation.*‹ Es ist ein Geheimnis … Doch es ist offensichtlich für uns, dass alles geschaffen wurde mit großer Liebe und Mitgefühl für das, was er oder sie erschuf.« (S. 21)

Weiblich und männlich werden in diesem Zusammenhang als gleichwertig gesehen, weshalb auch Frauen und Männer in der Regel gleichzeitig erschaffen werden.

Am Anfang stand eine Vision *»Kitche Manitus«*, und so entstand die ganze Welt aus seinem tiefsten Wunsch nach Verwirklichung seiner Träume. Er verstand, dass es nicht genügt zu träumen, sondern dass Träume in Leben verwandelt werden müssen. So wollte er allem, was er gesehen, gehört und gefühlt hatte, eine passende Gestalt geben.

Aus dem Nichts erschuf er die vier Elemente Stein, Wasser, Feuer und Wind. Jeder dieser Substanzen hauchte er den Atem des Lebens ein, und zugleich mit seinem Atem verlieh er jedem Wesen seine eigene Kraft und Natur, die ihre Geist-Seele wurde. Aus diesen vier Substanzen wurden Sonne, Mond, Sterne und die Erde erschaffen. »Der Sonne gab Kitche Manitu die Kräfte des Lichtes und der Wärme. Der Erde gab er Wachstum und Heilkraft; den Wassern Reinheit und Erneuerung, dem Wind Musik und den Atem des Lebens selbst.« (Johnston, S. 12f.)

Danach formte Kitche Manitu das landschaftliche Aussehen der Erde: Berge, Täler, Ebenen, Inseln, Seen, Buchten und Flüsse. Als alles schön gelungen und am richtigen Platz war, erschuf er zuerst die Pflanzen- und dann die Tierwesen – und ganz zuletzt den Menschen. Jedem für sich verlieh er ganz besondere Kräfte, und alle Wesen setzte er dort ein, wo sie am besten zur Schönheit, Harmonie und Ordnung der Erde beitragen könnten. Der Mensch aber, obwohl als Letzter geschaffen, erhielt die kostbarste aller Gaben: die Fähigkeit zu träumen, die als Vorstufe dazu angesehen wird, überhaupt Visionen empfangen zu können. In dieser Kraft, Visionen zu erträumen und ins Leben rufen zu können, besteht somit Gleichheit zwischen Gott und Mensch von Anfang an!

Doch diese erste Welt blieb nicht bestehen. Regen fiel vom Himmel und verwandelte alles bisher Erschaffene in ein riesiges Meer. Wobei alle Lebewesen des Landes, allen voran die Menschen, in den Fluten umkamen. Einzig die Wassertiere und die Vögel konnten überleben.

Und nun kommt *Nokomis*, die Himmelsfrau, ins Spiel. Sie lebt zunächst einsam im Himmel und Kitche Manitu sendet ihr voller Mitgefühl einen Gefährten. Doch obwohl die beiden zunächst glücklich miteinander sind und die Himmelsfrau bald schwanger wird, wird sie von ihrem Gefährten verlassen, ehe die Kinder geboren sind. Diese beiden Kinder sind von so unterschiedlicher Natur – eines ist ein reines Geist-, das andere ein reines Körperwesen –, dass sie einander bekämpfen und zerstören.

Danach schickt Kitche Manitu, der die Betrübnis der Frau sieht, ihr einen neuen Gefährten, von dem sie wieder schwanger und kurz darauf verlassen wird. All diese Geschehnisse am Himmel werden von den Wasserwesen unten auf der Erde aufmerksam verfolgt. Und in ihrem Mitgefühl überlegen sie, wie sie der Himmelsfrau entgegenkommen und ihr etwas Gutes tun können. Schließlich überreden sie eine riesige Schildkröte dazu, an die Wasseroberfläche zu steigen und der Himmelsfrau ihren breiten Rücken als Zufluchtsstätte anzubieten. Darauf laden die Wasserwesen sie ein, zu ihnen herunterzukommen. Die Himmelsfrau nimmt diese Einladung an und lässt sich auf dem Rücken der Schildkröte nieder. Dort bittet sie die Wassertiere, Erde vom Grund des Meeres heraufzuholen.

Alle Tiere sind gern bereit, den Wunsch der Geistfrau zu erfüllen, doch eins nach dem anderen scheitern sie – bis sich schließlich das geringste der Wasserwesen, die Bisamratte, zu Wort meldet und hinuntertauchen will. Natürlich glaubt niemand, dass ausgerechnet ihr gelingen wird, was die stärkeren und tüchtigeren unter ihnen nicht geschafft haben, doch ebenso unerschrocken, wie sie entschlossen ist zu helfen, verschwindet die kleine Bisamratte in den Wellen. Und kommt und kommt nicht mehr zurück. Die Tiere, die noch einen winzigen letzten Funken Hoffnung in sie gesetzt hatten, werden immer verzweifelter. Als sie schließlich nicht mehr an den Erfolg glauben können, taucht plötzlich die Bisamratte wieder auf, mehr tot als lebendig zwar, doch hält sie in ihren Pfoten einen kleinen Klumpen Erde!

In ihrem Buch »Ein Jahr mit sieben Wintern« lässt Luise Erdrich Nokomis, in diesem Fall eine menschliche Großmutter, die Geschichte als Ermutigung für ihre Enkelin erzählen: »Wenn so ein kleines Tier so viel ausrichten konnte«, sagte Nokomis jedes Mal, wenn sie die Geschichte zu Ende erzählt hatte, »ist dein Beitrag auch wichtig« (S. 166). Die Geschichte von der Bisamratte gehört bei den heutigen Anishnabeg noch immer zu den sogenannten *»Adisokaan«*, den traditionellen Erzählungen, die erklären können, wie man als Mensch und Angehöriger dieses Volkes lebt. Modern gesprochen gehört sie damit in den Bereich der narrativen Ethik.

Noch während man sich bemüht, die Bisamratte wiederzubeleben, bestreicht die Geistfrau den Rand des Schildkrötenpanzers mit der kleinen Menge Erde, die sie ihr gebracht hatte. Indem sie auf diese Erde hauchte, gab sie ihr den Atem des Lebens ein, und sofort vermehrte sie sich, bis sie den ganzen Rücken der Schildkröte bedeckte. Auf diese Weise entstand der gesamte nordamerikanische Kontinent, der bis heute von seinen Ureinwohnern »Schildkröteninsel« genannt wird. Die Schildkröte selbst, die ihren Panzer für die Wiedererschaffung der Welt zur Verfügung gestellt hatte, konnte nun wegschwimmen. Für ihren großen Dienst, den sie der Menschheit und der Geistfrau erwiesen hatte, wurde sie von ihr reich beschenkt: Nokomis verlieh ihr die einzigartige Fähigkeit, die Grenzen der Zeit überschreiten zu können und zur Botschafterin der Gedanken und Gefühle zu werden, indem sie beständig zwischen den Wesen verschiedenster Natur und Art hin- und hereilt. So wurde die Schildkröte, die langsamste aller Kreaturen, zum Symbol schneller Gedankenübermittlung und verkörperte Schnelligkeit und Verständigung zwischen den Wesen der unterschiedlichsten Art, denn sie erhielt die Fähigkeit, sich jederzeit von einem körperlichen in ein körperloses Wesen zu verwandeln. Dadurch wurde sie »zum tatsächlichen Medium der Kommunikation zwischen den Wesen dieser Welt und Zeit und Wesen anderer Welten und Zeitdimensionen« (Johnston, S. 218). Seit dieser Zeit gilt sie als die Schutzherrin der Medizinmänner und -frauen.

Bald schon entstand das Leben auf der Insel neu. Als die Wasser zurückwichen, brachten die Tiere Gräser, Blumen, Bäume und nahrhafte Pflanzen zu Nokomis. Und allem hauchte sie ihren lebenspendenden Atem ein, wodurch sie wieder neu zum Leben erwachten. Auch die ertrunkenen Tiere wurden auf diese Weise wieder lebendig gemacht. Alles wurde auf dieser neuen Inselheimat durch die Geistfrau wiederhergestellt. Und an einem wolkenlosen Morgen brachte sie schließlich ihre Zwillinge zur Welt: einen Jungen und ein Mädchen. Hiermit treten zum ersten Mal Wesen unterschiedlichen Geschlechts in Erscheinung. Nur zusammen, so sagte man, besaßen sie einen Sinn, und nur gemeinsam konnten sie ihren Lebenszweck erfüllen.

Diese neuen Wesen besitzen von Anfang an eine einzigartige Geist-Seele, *Cheejauk*, die aus sechs Aspekten besteht: »Charakter, Persönlichkeit, Geist, Seele, Herz oder Gefühl und ein Lebensprinzip. Diese Substanz hatte die Fähigkeit, zu träumen und Visionen zu empfangen. In

Träumen und Visionen fand ein Mensch die Führung, die er brauchte, um sein Selbst zu verwirklichen.« (Johnston, S. 17) Eine Fähigkeit, wie sie insbesondere für die Männer wichtig war, denn sie brauchten eine Vision, um in ihrem Leben Erfüllung zu finden. Ganz wie ihr Schöpfer, Kitche Manitu, so mussten auch die Männer nach einer Vision streben, die sie ausleben konnten, denn man ging davon aus, dass Wahrheit gelebt werden muss, wenn sie zum Teil der Person werden soll. Für Frauen wurde die Visionssuche als weniger wichtig erachtet, da man ihnen aufgrund ihrer naturgemäßen Verbindung mit der Ersten Mutter ohnehin eine besondere Stellung in der Ordnung des Seins zuerkannte. Die Frauen waren bereits erfüllt und mussten den Sinn ihres Lebens nicht erst suchen, weil sie durch ihre Gabe, Leben und Sein zu spenden, von Anbeginn eins waren mit Nokomis, der Großmutter allen Lebens. Frauen konnten, wenn sie es wollten, auf Visionssuche gehen, aber aufgrund ihrer größeren Nähe zum Leben war es für sie keine Pflicht.

Zusätzlich zur Geist-Seele besitzen Frauen wie Männer noch eine Aura, *Chibowmun*, eine Substanz, die aus ihrer Geist-Seele hervorging und den ganzen Körper durchtränkte. An seiner Aura konnte man Art und Zustand des inneren Seins eines Menschen erspüren.

Der erste Winter der neuen Menschenkinder wäre beinahe ihr letzter geworden. Es gab kaum Nahrung und die Winde waren kalt und rau. Die Geistfrau war untröstlich und wusste sich nicht zu helfen. Die Tiere, die diese neuen Wesen bereits liebgewonnen hatten, waren in großer Sorge, dass sie sie wieder verlieren könnten. In dieser schwierigen Situation bot der Bär sein eigenes Leben an, um die Kinder vor dem sicheren Tod zu bewahren. Danach opferten auch die anderen Tiere nach und nach ihr Leben für das Wohl der Menschen und stellten ihr Fleisch zu ihrer Nahrung zur Verfügung. Seit dieser Zeit nennen die Menschen die Tiere ihre älteren Brüder und Schwestern, denn ohne ihre selbstlose Hingabe hätten sie nicht überleben können.

Nokomis verließ die Erde erst, als sie sicher sein konnte, dass ihre Kinder dort zufrieden leben konnten. Bevor sie in ihre eigene Welt an den Himmel zurückkehrte, rief sie ihre Kinder noch einmal zu sich und erzählte ihnen, dass sie eines Tages, nach ihrem Tod, mit ihr im Land des Friedens wieder vereint sein würden. Auch erklärte sie ihnen, dass sie sie niemals vergessen würde und nachts durch den Mond über sie wachen wolle. Die Kinder ihrerseits versprachen, sich immer an ihre erste Mutter zu erinnern, sobald sie den Mond am Himmel erblickten. So waren sie also rundum geborgen: »Am Tage sahen Vater Sonne und Mutter Erde nach den Kindern; nachts schien Großmutter Mond am Himmel und lenkte die Pfade der Menschen. So wird immer wieder an die überragende Bedeutung des Weiblichen erinnert« (Johnston, S. 32f.): zum einen, weil die Frauen Trägerinnen der einzigartigen Gabe des Lebens auf der Erde sind, zum anderen, weil der Kreislauf von Schöpfung, Zerstörung und Neuschöpfung durch eine Frau vollendet worden war. Zerstörung wird hier zu einem integralen Bestandteil von Schöpfung. Tod ist die Vorbedingung zu neuem Leben. Die »Schildkröteninsel« aber war nun für alle eine glückliche Heimat geworden.

3. Pflanzen und Tiere als Lehrerinnen und Lehrer der Menschen

»Ohne Pflanzen und Tiere hätte der Mensch keinen Sinn.«

(Johnston, S. 25)

Die Anishnabeg halten nicht die Menschen für die Krone der Schöpfung, sondern die Pflanzen. Die Pflanzen wurden eher erschaffen als die Tiere und Menschen und sie sind für ihr Leben und Wohlergehen nicht auf diese angewiesen: »Pflanzen können allein existieren, aber weder Tiere noch Menschen können ohne Pflanzen auskommen. Ohne die Pflanzen und ohne ausgewogenes Pflanzenwachstum wäre der Niedergang des Lebens und des Seins unausweichlich.« (Johnston, S. 56)

Wenn man die Wertigkeits-Skala bei der Frage ansetzt, wer wen mit Nahrung versorgt – wer also für wen wertvoller ist –, dann befindet sich der Mensch am unteren Ende der Leiter: Selbstlos geben die Pflanzen sich hin, damit Tiere und Menschen von ihnen zehren können. Die Tiere wiederum geben sich den Menschen zur Nahrung, und nur der Mensch selbst dient niemandem zur Nahrung. Er muss deshalb aufpassen, dass er nicht mehr nimmt, als für ihn und den Gesamtzusammenhang des Lebens verträglich ist.

Jede Pflanze erhielt bei der Schöpfung ihre eigene und einzigartige Geist-Seele, die ihrer körperlichen Form und Substanz entsprach. Als belebende Kraft verleiht sie dem körperlichen Teil einer Pflanze die Gabe, zu wachsen und sogar sich selbst zu heilen. Über ihre Geist-Seele konnten sich Pflanzen sowohl mit der gleichen als auch mit einer verschiedenen Art verbinden und mit ihnen zusammen jeweils einen gemeinsamen Geist bilden – was man daran erkennt, dass jede Landschaftsform, Tal, Hügel, Berg, Wiese, Bucht, Wald, eine Stimmung verbreitet, welche die »Seele« des Ortes wiedergibt. Und die sich sofort ändern kann, wenn sich die Zusammensetzung der Pflanzen an dieser Stelle verändert.

Auch zu den Tieren stehen die Anishnabeg in enger Beziehung; sie bezeichnen sie als ihre älteren Geschwister, bzw. »Unsere Älteren Brüder«, und das aus gutem Grund. Denn diese ihre Welt hätte ohne die tatkräftige Mithilfe der Tiere niemals entstehen können! Es waren die Tiere, die mit ihrer Gabe des Vorwissens die Empfängnis der ersten Menschen durch die Himmelsfrau erspürten. Ihr Mitgefühl für die verzweifelte Situation der Geistfrau gab ihnen ein, den ersten Schritt zu tun und sie zu sich herabzubitten, damit sie sich auf dem Rücken der Schildkröte ausruhen konnte. Ohne die tapferen Dienste der Bisamratte wäre kein Krümelchen Erde aus der Wassertiefe heraufgebracht worden.

Großmütig opferten später fast alle Tiere sich selbst und gaben ihr Fleisch, um die ersten Menschen am Leben zu erhalten. Aber sie taten noch viel mehr. Sie brachten den Menschen zu essen und lehrten sie, was sie überhaupt essen konnten. Durch aufmerksame Beobachtung der Tiere konnten die Menschen auch heilkräftige Pflanzen entdecken, sprich: das Wissen von der Heilkraft der Pflanzen verdanken die Menschen zuallererst den Tieren. Kleinere Tiere wie Eichhörnchen, Wiesel, Waschbären und Katzen brachten den Kindern Spielzeug, Rotkehlchen, Spatzen, Meisen und Taucher sangen und tanzten in der Luft, um ihr Herz zu erfreuen, Schmetterlinge, Bienen und Libellen brachten die Kinder zum Lächeln. Nur der Hund hatte nichts, was er geben konnte, denn er war von der Natur mit den wenigsten Fähigkeiten bedacht worden. So gelobte er in seiner Verzweiflung, den Menschen seine Liebe zu geben. Er ließ sich neben dem Bett nieder, in dem die ersten Menschenkinder als Säuglinge schliefen. Abwechselnd sah er ihnen in die Augen, legte den Kopf neben ihre Füße oder spielte, um ihnen eine Freude zu machen. So brachte er die Kinder zum Lachen, und von dieser Zeit an wich der Hund den Menschen nicht mehr von der Seite. Mit dem Lachen aber hielt er zugleich die Seele der Menschen am Leben, denn die Anishnabeg glauben, dass die Seele des Menschen aus Lachen besteht. »Wenn es kein Lachen gibt, stirbt die Seele.« (Erdrich, S. 174)

In jenen Anfängen der Schöpfung teilten Tiere und Menschen noch dieselbe Sprache miteinander und konnten einander ohne weiteres verstehen. Die Menschen nutzten dies allmählich immer mehr aus, indem sie die Tiere für sich arbeiten ließen: Die Fische ließen sie sich von den Tauchern und Eisvögeln fangen, die Kaninchen von den Raubvögeln töten, die Biber mussten das Holz für die Hütten der Menschen fällen und die Spechte die Bäume anbohren, damit sie den Saft herausziehen konnten. Auf diese Weise spielten sie die Tiere auch noch gegeneinander aus und zwangen sie, einander zu Feinden zu werden. Es kam so weit, dass die Tiere alles und die Menschen gar nichts mehr taten. Nicht genug damit, war den Menschen das Wohlergehen der Tiere selbst völlig gleichgültig. Es war ihnen egal, ob sie für sich selbst noch genügend Futter finden, sammeln und speichern konnten, neben all der Arbeit, die sie für ihre Auftraggeber verrichten mussten. Den Menschen zu dienen brachte den Tieren nichts als Armut. Ihre Großherzigkeit wurde mit Undank vergolten.

Eines Tages beriefen sie deshalb eine Versammlung ein, um zu beraten, wie sie gegen den Menschen vorgehen könnten. Viele Tiere plädierten unumwunden für den Tod des Menschen. Die Schwierigkeit war jedoch, dass sich niemand bereit fand, die Menschen zu töten: weder der Bär noch die Klapperschlange noch der Wolf, die als Erste für dieses »Amt« vorgeschlagen wurden. Die Menschen, so schien es, waren bereits zu stark und zahlreich und auch zu listig. Der Bär war es schließlich, der die Versammelten darauf hinwies, dass es keinen Sinn mache, den Menschen lediglich aus dem Wunsch nach Rache heraus töten oder verletzen zu wollen. »Auch er hat ein Recht auf Wohlergehen«, verkündete er. »Wir können unsere Lage auch ohne seinen Tod bereinigen.« (Johnston, S. 66) Um nicht länger vom Menschen versklavt zu werden, entschieden die Tiere sich zur Trennung: Von nun an wollten sie eine andere Sprache sprechen als die Menschen und versuchen, für sich selbst zu leben. So wäre der Mensch gezwungen, die Arbeiten selbst zu verrichten, die er sonst mitleid- und gedankenlos den Tieren aufgebürdet hatte.

»Der Mensch war für Nahrung, Kleidung und Werkzeuge auf die Tiere angewiesen; auch für das Wissen über die Welt, das Leben und sich selbst war er auf die Tiere angewiesen.

Tiere haben die einzigartige Fähigkeit, Veränderungen in der Welt, den Wechsel der Jahreszeiten und den kommenden Zustand der Dinge zu spüren. Der Mensch hat kein Vorwissen wie Drossel oder Forelle oder Eichhörnchen. Wollte der Mensch vorbereitet sein, so achtete er auf seine älteren Brüder.« (Johnston, S. 67)

Noch in einer anderen Hinsicht erkannten die Anishnabeg ihre Verwandtschaft mit den Tieren. Diese besaßen nämlich bestimmte Charakterzüge, in denen die Menschen sich wiedererkennen und in denen sie deshalb den Tieren nacheifern konnten. So wurden bestimmte Tiere zu den totemistischen Symbolen der Menschen. Der Kranich etwa, dessen Ruf so einzigartig wie selten zu hören war, wurde zum Symbol für Leitung und Führerschaft. Die Schildkröte wurde zum Symbol der Verständigung und für die Schnelligkeit des Gedankens, der Taucher stand für Treue, der Biber für Einfallsreichtum, der Bär für Stärke und Mut, die Klapperschlange für Geduld – um nur einige zu nennen. Jedes Tier ist Sinnbild eines Ideals, das man erstreben, erlangen, fortführen und zu einem Teil seiner selbst machen sollte. So wurden die Tiere zu den größten Lehrerinnen und Lehrern der Menschen. Durch die Totems entstanden Schwesternschaft und Bruderschaft unter den Menschen: »Alle, die unter einem bestimmten Zeichen geboren wurden, waren nach Geburt und Lebenszweck gleich.« (Johnston, S. 94) Männer und Frauen desselben Totems durften nicht heiraten, da sie als direkte Verwandte betrachtet wurden.

Die Tiere waren Lebewesen, die ein Recht auf Leben und Sein hatten. Dennoch musste der Mensch ihnen das Leben nehmen, wenn er selbst am Leben bleiben wollte. Da Tiere für den Menschen so wertvoll waren, sollte dies, wenn es schon sein musste, so achtsam wie möglich geschehen, denn »Achtung vor dem Tod bedeutet Achtung vor dem Leben. Tierwesen verdienen das Leben. Sie verdienen es, geachtet zu werden.« (Ebd., S. 73) Praktisch sah dies so aus, dass es bestimmte Regeln für die Jagd gab:

Weibliche Tiere mit Jungen wurden prinzipiell verschont. Junge Tiere sollten erst wachsen dürfen, bevor man sie tötete. Paare ließ man am Leben, um die Fortpflanzung zu sichern. Die Knochen der Tiere sollten gebraucht und nicht einfach weggeworfen werden.

»Ihr habt unser Fleisch verschwendet, ihr habt unsere Futterplätze verwüstet, ihr habt unsere Knochen geschändet, ihr habt uns und euch entwürdigt. Wir können ohne euch leben, aber ihr nicht ohne uns ... Hört (also) auf, etwas zu tun, was unsere Seelen verletzt.« (Ebd., S. 72f.) Immer wieder müssen die Tiere die Menschen daran erinnern, dass sie würdevoll behandelt werden wollen.

Hatten sie ein Tier erlegt, sprachen die Anishnabeg Gebete, die Kummer und Achtsamkeit zum Ausdruck brachten und mit denen sie die Geist-Seele des Tieres um Vergebung baten.

> »Sie gingen zum Hirsch und hoben die Jacke an, und jeder nahm eine Prise Maismehl aus dem Lederbeutel. Die streuten sie dem Hirsch auf die Nase und fütterten seinen Geist. Sie hatten ihm ihre Liebe und Achtung, ihre Wertschätzung zu erweisen; sonst wären die Hirsche gekränkt, und sie würden nächstes Jahr nicht wiederkommen, um für sie zu sterben.« (Silko, S. 64f.)

Was Leslie Marmon Silko hier aus dem Bereich der Diné-Kultur erzählt, gilt in ähnlicher Weise für die Anishnabeg und im Grunde für so gut wie alle einheimischen Nationen des nordamerikanischen Kontinents. In ihrer Schilderung geht das Ritual noch weiter und zeigt, mit wie viel Wertschätzung das tote Tier behandelt wird:

> »Wenn sie den Hirsch nach Hause brachten, würde man ihn auf eine Decke legen, und die alte Großmutter würde ihm eine Kette aus Türkisen um den Hals legen und Ringe aus Silber und Türkisen an die Geweihspitzen stecken. Josiah würde eine kleine Schüssel mit Maismehl füllen und neben den Kopf des Hirsches stellen, so dass jeder, der in die Nähe kam, etwas auf die Nase streuen konnte ... Sie sagten, der Hirsch schenke sich ihnen, weil er sie liebe, und er konnte die Liebe spüren, als die erkaltende Hitze des Hirschkörpers seine Hände wärmte.« (Ebd., S. 64f.)

In der Vorstellung der Anishnabeg ist die Schöpfung vierfach gegliedert: zuerst die stoffliche Welt von Sonne, Mond, Erde und Sternen, von Donner, Blitz, Regen, Wind, Berg und Feuer; darauf folgt die Pflanzenwelt, danach die

Tierwelt und zuletzt die Welt der Menschen. Das Leben und das Sein sind nur vollständig, solange diese vier Bestandteile alle ineinandergreifen und zusammenwirken. Keiner dieser Teile genügt sich selbst, vielmehr erhält und erfüllt jeder erst seinen Sinn und Zweck im Austausch mit der ganzen Schöpfung. Innerhalb der Schöpfung sind es die großen Gesetze der Harmonie, die für das Wohlergehen aller Arten sorgen und die gleichzeitig auch wieder beachtet werden müssen, um Harmonie dauerhaft herzustellen und zu bewahren.

Um zu zeigen, wie feingesponnen das Netz der gegenseitigen Abhängigkeiten von Lebewesen ist und wie empfindlich schnell das Gleichgewicht der Arten gestört werden kann, erzählen sich die Anishnabeg folgende Geschichte:

> Einst waren die Rosen von allen Blumen die zahlreichsten und besaßen die strahlendsten Farben. Und was überall und zahlreich vorhanden ist, wird bald nicht mehr beachtet, weil alle es für etwas ganz Gewöhnliches halten. So wurde die Schönheit der Rose kaum mehr geschätzt, und ihre Pracht nicht mehr besungen. Deshalb bemerkte auch kaum jemand, wie die Zahl der Rosen schließlich von Jahr zu Jahr abnahm. Und als man es bemerkte, wusste man nicht, was zu tun war. Die Bären bekamen es als Erste zu spüren, denn sie fanden immer weniger Honig, und was sie fanden, schmeckte längst nicht mehr so gut wie früher. Auch die Bienen und Kolibris fanden weniger Rosen und fühlten sich unbehaglich. Bis schließlich eines Sommers alle Rosen verschwunden waren. Die Bienen hungerten, die Kolibris wurden noch dünner, und die Bären tobten, weil sie den Bienen die Schuld gaben, die ihnen keinen Honig mehr lieferten.
>
> Man berief eine Versammlung ein, auf der alle Lebewesen erscheinen sollten. Dort beschloss man, schnelle Tiere und Vögel auszusenden, um die Welt nach einer einzigen verbliebenen Rose abzusuchen. Monate gingen ins Land, bis der Kolibri zufällig eine einsame blasse Rose entdeckte, die in einem fernen Land an einem steilen, unzugänglichen Abhang im Gebirge wuchs. Sachte nahm der Kolibri diese Rose an sich und trug sie zurück in die Versammlung, wo sich Medizinmänner und -frauen umgehend um die Heilung der Pflanze bemühten. Als die Blume wieder zu Kräften gekommen war,

teilte sie den Versammelten mit, dass die Kaninchen an allem schuld waren. In ihrer übergroßen Gier hatten sie sämtliche Rosen gefressen. Nun hätten verschiedene Tiere am liebsten den Kaninchen den Garaus gemacht, doch es war schlussendlich die Rose selbst, die für die Schädlinge eintrat:

»Hättet ihr auf uns geachtet und euch um uns gesorgt … dann hätten wir vielleicht überlebt. Aber ihr wart so gleichgültig. Unsere Vernichtung war zum Teil eure Schuld. Lasst die Kaninchen leben.«

Widerwillig ließen die Tiere die Kaninchen frei. Und die Rose gewann ihre strahlende Pracht und Schönheit zurück. Nur erhielt sie vom Schöpfer jetzt Dornen, damit sie sich besser vor der Gier der Gefräßigen und Maßlosen schützen konnte. (Johnston, S. 56f.)

4. Die Visionssuche als Ursprung menschlicher Freiheit

Mit der Visionssuche wurde den Menschen ein Weg eröffnet, in die direkten Fußstapfen Kitche Manitus zu treten. Auch die Welt war dereinst aus einer Vision Kitche Manitus entstanden. Es genügt nicht, einen Gedanken, eine Fantasie, einen Traum nur im Kopf zu haben. Wahrheit muss gelebt und verwirklicht werden, soll sie für die Menschen von Nutzen sein. So hatte auch Kitche Manitu selbst vorzeiten all das ins Leben gerufen, was er zunächst im Traum gesehen, gehört und gefühlt hatte.

Ähnlich wie die Feier der ersten Menstruation, so gehört auch die Visionssuche zu den Pubertäts- oder Einweihungsriten, mit denen man jungen Menschen den Übergang ins Erwachsenenleben erleichtern konnte.

In die Menstruationshütte zogen Mädchen, wenn sie etwa zwölf Jahre alt waren. Sie fasteten dort vier bis acht Tage lang und nahmen ausschließlich Wasser zu sich. In dieser Zeit durften sie nur Besuch von Mutter und Großmutter erhalten. Insbesondere durften keine Männer da sein, denn die einzigartige Gabe, Leben zu schenken, wurde von Kitche Manitu allein den Frauen vorbehalten. Für Männer, so heißt es, »bleibt sie ewig ein versiegeltes Geheimnis« (Johnston, S. 162). War diese Zeit der Besinnung vorüber, so war aus dem Mädchen eine Frau geworden, und ein neuer Mensch kehrte in die Gemeinschaft zurück: Ihre Mutter brachte sie ins Dorf zurück, und man feierte ein Fest für sie. Eine der alten Frauen hieß sie willkommen mit den Worten: »Als Mädchen bist du gegangen, als Frau kehrst du zurück. Wir waren traurig, als du gehen und das Mädchen zurücklassen musstest, das wir ins Herz geschlossen haben. Wir freuen uns, dass du wieder da bist, neu und anders. Durch dich wird das Volk leben und weiterleben.« (Ebd., S. 183) Danach wurde die junge Frau von allen anderen Frauen im Kreis umarmt und willkommen geheißen.

Da die Mädchen damit quasi von Natur aus ins Leben eingeweiht wurden, war für sie die Visionssuche nicht obligatorisch. Wie die Jungen mit ihrer Visionssuche eins wurden mit ihrem Vorbild Kitche Manitu, so wurden die Mädchen in der Menstruationshütte eins mit Mutter Erde. Die Frauen, so glaubte man, seien von vornherein vollständig. Indem sie Leben geben, erfüllen sie bereits einen Teil ihres eigenen Lebens. Dennoch wurden sie nicht gehindert, eine zusätzliche Vision für sich anzustreben, so sie das wollten. Die Jungen jedoch hatten, sobald sie in das fragliche Alter von etwa vierzehn Jahren kamen, keine Wahl, denn Männer müssen dem Geschenk des Lebens für sich erst einen eigenen Sinn geben. Für sie war die Visionssuche daher Teil ihrer Menschwerdung, der sie sich weder entziehen konnten noch wollten.

In der Vorstellung der Anishnabeg fängt kein Mensch an zu leben, bevor er nicht seine Vision gehabt hat. Mit der Vision wird aus bloßem Dasein Leben. Dadurch geht ein Mensch von der Jugend ins Erwachsenenalter über. Die Vision ist daher das zentrale Motiv im Leben der Anishnabeg. Durch die Vision gewannen sie eine Entschlossenheit, die ihren Handlungen Sinn gab und die ihr Leben einte.

In dieser Zeit erschaffen sich die Jugendlichen quasi neu. Diesem Ritus entspräche bei uns das Sakrament der hl. Kommunion oder die Konfirmation. Während jedoch die Jugendlichen durch Kommunion und Konfirmation in die Gemeinde aufgenommen und neu auf das christliche Glaubensbekenntnis eingeschworen werden, werden sie durch die Visionssuche zu selbständigen Individuen, die von nun an ihren eigenen Weg suchen, finden und ausleben sollen. Auf diese Suche gehen sie allein, bleiben fastend vier bis acht Tage lang in der Einsamkeit der Natur und kehren allein ins Dorf zurück. Von jetzt ab sind es nicht mehr die Eltern, die ihnen den Weg weisen oder Vorschriften machen, sondern es ist ganz zentral die Vision – sprich: die geistigen Kräfte, der direkte Beistand aus der Natur –, die den jungen Menschen Sinn und Richtung ihres neuen Lebens vorzeichnet. Und das in durchaus kreativer Weise, denn für viele entschlüsseln sich einzelne Teile der Vision erst im Laufe ihres Lebens.

Wichtig ist bei alledem, dass kein anderer da hineinreden darf – dazu ist die Vision zu persönlich. Wer die Vision hatte, ist ganz allein für deren Ausdeutung und Verwirklichung verantwortlich. Selbst wenn die Jugendlichen (oder deren Eltern) sich für ihr Leben bis dahin etwas ganz anderes vorgestellt hatten, bleiben die Erfahrungen der Vision für sie von nun an bindend. Und das wird auch von den anderen so akzeptiert und respektiert, selbst wenn damit liebgewordene Pläne durchkreuzt werden. Da man annimmt, dass es spirituelle, geistig-göttliche Wesen sind, mit denen hier kommuniziert wird, hat das, was während der Visionssuche »gesehen« wird, prinzipiell Vorrang vor rein menschlichen Bestrebungen. Die eigenständige Verbindung zu »Gott« (ohne priesterliche Vermittlung) bringt gleichzeitig ein Höchstmaß an Verantwortung mit sich: Verantwortung sowohl sich selbst als auch der Gemeinschaft gegenüber, in deren Rahmen man die Vision auslebt, die einen andererseits aber auch bei deren Verwirklichung unterstützt. Die Vision schließlich ist kein Ego-Trip. Visionen erlangt man »für sich und seine

Leute« (wie es im Diné-Mythos hieß). Dabei geht es nicht nur um Selbstverwirklichung, sondern auch darum, dass die Gemeinschaft bereichert wird: sei es durch neue Zeremonien, Lieder, Heilpflanzen, Verbündete aus der geistigen Welt, die sich auch und gerade in Form von Tieren zeigen können. »Je einfallsreicher ein Mensch war, desto mehr war er ein vollkommener Mensch und desto wertvoller war er für die Gemeinschaft. Die Gemeinschaft hatte die Pflicht, die Erziehung ihrer Mitglieder weniger auf das Wohl des Ganzen abzustellen als vielmehr auf das Wohl der Person ... Je stärker der Einzelne war, desto stärker war die Gemeinschaft.« (Johnston, S. 91f.) Wobei das Umgekehrte natürlich auch galt. So erscheint die Vision als eine ideale Brücke zwischen Individuation und Gemeinschaftsleben, von der im besten Fall alle profitieren können.

Die Verpflichtung zur Visionssuche, die den Einzelnen in seinem Sein stärkte, ergibt sich vor allem auch daraus, dass die Menschen von Geburt an mit einer Geist-Seele ausgestattet sind. Ihre Geist-Seele können Frauen und Männer nur entfalten, wenn sie versuchen, diese unkörperliche Substanz fortzuentwickeln, und zwar jede und jeder auf seine bzw. ihre ganz individuelle Weise:

> »Um sein inneres Sein zu erweitern und zu fördern, steht der Mensch vor der Aufgabe, es zu erfahren und zu verstehen. Und da die Gabe und die Kraft zu Einsicht und Verständnis bei allen Menschen verschieden ist, kann nur der Einzelne sich selbst verstehen und das Wachstum seines inneren Selbst steuern – niemand sonst.« (Johnston, S. 178)

Mit dieser Vorstellung von der unantastbaren Individualität jedes und jeder Einzelnen hängt auch ein komplett anderes Verständnis von Führerschaft zusammen, als wir es so kennen: Mit dem Motto »Führen ist gut, Selbständigkeit ist besser« war es im Grunde unmöglich, mehr als eine nur bedingte Gefolgschaft zu fordern. Selbst wenn Umstände wie Krieg oder Krisen einen Anführer oder eine Anführerin verlangten, bestand doch keinerlei Zwang, ihm bzw. ihr zu gehorchen. Eine Führungsperson wird aufgrund ihrer Weitsicht durch Konsens gewählt. Führen bedeutet, den Weg zu weisen, und nur in diesem Sinne ist die Führungsgestalt die Erste. Sobald die Aufgabe, wegen der sie gewählt wurden, vorbei ist, treten die Gewählten zurück, sprich: wenn kein Bedarf nach Weisung mehr besteht, endet automatisch auch die – ohnehin nur zeitbedingte – Führerschaft. Auch bedeutet Führen keineswegs Befehlen, sondern vielmehr, als Erste oder Erster zu handeln! Selbst als Sprecherin oder Sprecher hatte eine Führungsperson nicht die eigene Ansicht zu vertreten, sondern in erster Linie die des Volkes oder ihrer Gruppe zu Gehör zu bringen: Wer Menschen leiten will, muss auf ihre Gefühle achten und darf die Meinungen der anderen nicht dadurch entwerten, dass er sich durch zu häufiges Sprechen selbst in den Vordergrund drängt (vgl. Johnston, S. 79).

Da die Prinzipien der Führerschaft am besten bei den Vögeln zu erkennen sind, werden einige von ihnen geradezu zum Symbol von Führerschaft, insbesondere der Kranich mit seinem lauten und selten vernehmbaren Ruf schien, wie gesagt, zum Führen wie bestellt. Um ihn gibt es eine Geschichte, die äußerst lehrreich ist:

> Die Führungsrolle wurde in der Regel nicht erkämpft. Sie war eher Bürde als Freude. Deshalb gab der Kranich auch ohne weiteres nach, als der Taucher ihm seinen Platz als Führungskraft streitig machen wollte. Alle Vögel waren erleichtert, dass jemand sich freiwillig zu einem so undankbaren Posten drängte, und hofften darauf, dass der Taucher seine Sache gut machen und ihnen zu einem besseren Leben verhelfen könnte. Ende August, als die ersten Vögel sich auf ihren Abflug nach Süden vorbereiteten, warteten sie allerdings vergebens darauf, dass der Taucher sich an die Spitze stellte. Mit Verweis darauf, dass es für andere Vögel noch zu früh sei, schob der Taucher die Reise auf. Als diese anderen Vögel jedoch endlich zum Aufbruch bereit waren, war es für Sperlinge, Finken und Rotkehlchen zu spät und einige hatten den Aufschub bereits mit dem Leben bezahlt. Als sie dann auf Wanderschaft waren, gab es wieder nur Gerangel. Den einen war die Fluggeschwindigkeit zu hoch, die anderen nörgelten über die Flughöhe und die dritten beklagten sich über

> die Länge der Tagesreisen. Bei der Ankunft im Süden stellte sich heraus, dass einige Vögel noch weiter südwärts fliegen mussten, der Taucher jedoch wollte nicht mehr weiter.
>
> Auf einer schnell einberufenen Versammlung wurde dem Taucher deshalb nahegelegt, vom Vorsitz zurückzutreten. Dabei verteidigte sich der Taucher mit dem Argument, dass er zuerst an das Wohl aller denken müsse. Doch:
>
> »Dieses allgemeine Wohl hat uns fast alle umgebracht«, hält die Drossel erbost dagegen.
>
> »Du kümmerst dich nicht um die Verschiedenheit unserer Bedürfnisse«, warfen die anderen ihm vor. »Du denkst zu großspurig und vergisst darüber die Kleinen!«
>
> Ohne weitere Worte zu verlieren, ließen die versammelten Vögel den Taucher einfach stehen. Allein gelassen dachte der Taucher über seine Anmaßung nach. Der Kranich wurde wieder zum Führer ernannt. (Vgl. Johnston, S. 80f.)

Trotz allem galt auch der Taucher als eines der Tiertotems für Führerschaft. Die anderen Totemtiere gruppierten sich um die zentralen sozialen Grundbedürfnisse und menschlichen Bestrebungen: Schutz/Verteidigung, Versorgung/Ernährung, Lernen/Erziehung, körperliches Wohlbefinden/Heilung/Medizin. Kinder, die unter den jeweiligen Totems geboren waren, wurden frühzeitig auf die damit verbundenen sozialen Rollen vorbereitet. Wichtig war jedoch vor allem, dass sie sich für ihre späteren Aufgaben eigneten, und so waren diese Gruppen durchaus für Mitglieder anderer Tiertotems durchlässig.

Kriege, das sollte beachtet werden, führte man in erster Linie, damit Männer ihren Mut beweisen konnten, nicht dagegen, um Land zu erobern oder Völker zu unterwerfen und zu zerstören. Aus diesem Grunde sollte jemand, der zum Führen bestimmt wurde, in erster Linie den Prinzipien des Friedens verbunden sein und nicht dem Krieg. Man bot denen, die dafür in Frage kamen, zunächst die Friedenspfeife an. Nahmen sie an, dann wurde ihnen das Leitungsamt eine Zeitlang übertragen. Grundsätzlich wurden Kriege nur im Sommer geführt, und sie wurden sofort unterbrochen, sobald die Versorgungslage zu Hause kritisch wurde. Auch wurde kein Mann gezwungen, an einem Kriegszug teilzunehmen, und selbst wenn er sich schon verpflichtet hatte, konnte er seine Beteiligung jederzeit widerrufen, ohne dass es seinem Ansehen geschadet hätte. So hatte auch ein Häuptling nur begrenzte Macht und Autorität. Außerdem wurde er, sobald die Gefahr vorüber war, sofort aufgefordert, seine führende Rolle wieder abzugeben. Die überragende Bedeutung der Individualität, die mit Hilfe der Visionssuche gefestigt wurde, wurde somit selbst an diesem heiklen Punkt nicht aufgegeben.

Die größte Wegweisung in ethischer Hinsicht ging jedoch von der Zunft der Heilerinnen und Heiler, den sogenannten Medizinmännern und -frauen, aus, die sich in der Gesellschaft der *Midewiwin* zusammenschlossen. Bei ihren Versammlungen erörterten sie, was zu einem guten Leben gehörte, und legten danach Regeln für richtiges Verhalten oder aufrechtes Leben fest. Sich an diese Richtlinien zu halten stand jedem im Volk frei, doch mussten sich Medizinmänner und -frauen, die andere beeinflussen wollten, auf jeden Fall daran halten. Man ging davon aus, dass sich ihre Heilkräfte durch einen guten Charakter vergrößerten, »denn das Gute bringt noch mehr Gutes hervor« (Johnston, S. 94). Und weil das Gute nach Auffassung der Anishnabeg aus dem Herzen kommt und weil es den Heilerinnen und Heilern vor allem darum ging, ihren Mitmenschen etwas Gutes zu tun, nannte man die Ausübung ihrer Heilkunst *Midewiwin*, was sowohl »gutherzig« bedeuten kann als auch mit Ton und Klang verbunden ist. Denn während der Heilzeremonien wurden Trommeln geschlagen und Rasseln geschüttelt (vgl. ebd., S. 109f.).

Mit Hilfe der pflanzlichen Heilkräfte waren sie in der Lage, körperliche Schmerzen zu lindern und Gesundheit zu verleihen, doch die Heilerinnen und Heiler wussten, dass Krankheiten nur äußere Anzeichen für einen schwierigen inneren Seinszustand waren. »Es war bekannt, dass ein Zusammenhang zwischen dem äußeren und dem inneren Wohlergehen eines Menschen bestand.« Krankheiten, zumindest bestimmte Formen, wurden als körperlicher Ausdruck innerer Unordnung oder inneren Aufruhrs gedeutet. Daher genügte es nicht, sie einfach nur mit einer bestimmten Medizin zu behandeln, »sondern es musste im inneren Sein eines Patienten auch ein Zustand des Friedens hergestellt werden« (ebd., S. 54). So gesehen, betraf die Heilkunst nicht erst die Kranken, sondern bereits die Gesunden. »Sie hatte Bezug zum Einzelnen und daher auch zur Gemeinschaft, sie stand in Zusammenhang mit Metaphysik, Psychologie, Ethik, Moral und Zeremonie, mit Schulung und Erziehung.« (Johnston, S. 94) Für Männer war die Aufnahme in die Gesellschaft der *Midewiwin* im Übrigen daran gebunden, dass sie eine Vision erfahren hatten, für Frauen dagegen gab es keine solchen Vorbedingungen.

Weil die Verleihung des medizinischen Wissens mit den ersten Tagen der Schöpfung zusammenhing, feierten die Anishnabeg diese Gabe alljährlich mit einer Zeremonie. Als die Anishnabeg noch nicht lange auf der Welt waren, brach unter ihnen ein tödliche Krankheit aus. Eines der Opfer war ein Junge mit Namen *Odaemin* (Herz- bzw. Erdbeere). Als er im Land der Seelen sein Herzeleid darüber zum Ausdruck brachte, dass die Menschen auf der Erde an einer Krankheit starben, wurde Kitche Manitu von Mitleid ergriffen, und er versprach, den Kulturbringer Nanabush mit dem Geschenk der Heilkraft zu ihnen zu senden. Odaemin aber wurde ins Leben zurückgeschickt, um zu seinem ersten Schüler zu werden. Was folgte, war eine langwierige Schulung im Umgang mit Pflanzen und Tieren. Indem sie sorgfältig beobachteten, welche Tiere welche Pflanzen zu sich nahmen, wenn sie krank oder verletzt waren, wurden die Tiere abermals zu ihren Lehrern. So lernten die Anishnabeg durch das Verhalten der Tiere die Heilkraft der verschiedensten Pflanzen kennen. Nur genügte es nicht, lediglich etwas über die Pflanzen und das eigene Selbst zu wissen, vielmehr musste man »in der Lage sein, die Heilkräfte von Pflanzen- und Menschenwesen zu vereinigen. Nur wer innere Heilkräfte besaß und entwickelte, konnte die innere Heilkraft der Pflanze empfangen und seine eigene auf sie übertragen« (ebd., S. 106).

Niemals aber würde es gelingen, ganz ohne Schmerzen und Krankheiten zu leben. Sie gehörten ebenso zum Leben wie die Gesundheit. Deshalb vor allem war es wichtig, das Wissen um Medizin und Heilkunde weiterzugeben, und noch bedeutender war es, sich für dieses Geschenk immerfort dankbar zu zeigen. Denn der Schöpfer selbst hatte den Menschen diese Gabe verliehen, um sie zu trösten und am Leben zu erhalten. Daran erinnerte man eben durch ein alljährliches Ritual und machte damit die Kunst des Heilens zu einer heiligen Kunst.

Ein guter und aufrechter Charakter galt in der *Midewiwin* als Voraussetzung für ein langes Leben. Dabei, einen solchen Charakter zu erreichen, halfen ihnen u.a. folgende Leitlinien:

- Danke Kitche Manitu für all seine Gaben.
- Achte die Frauen; in ihnen achtest du das Geschenk des Lebens und der Liebe.
- Achte die Alten; in ihnen achtest du Leben und Weisheit.
- Achte die Freundlichkeit, indem du deine Gaben teilst.
- Achte das Leben in all seinen Formen, dann wird dein eigenes Leben immer Hilfe finden.
- Sei friedfertig, mutig und maßvoll, denn durch Frieden wirst du Frieden finden, durch Mut wirst du an Kräften wachsen und durch das rechte Maß werden deine Taten besonnen und klug (vgl. Johnston, S. 122).

Die Vision war und blieb der Kristallisationspunkt im Leben des Einzelnen. Medizinmänner und -frauen mussten sich sogar alljährlich wieder in die Einsamkeit zurückziehen, wo sie mit sich und ihren Träumen allein blieben. Indem er seiner Vision die Treue hielt, verwandelte sich ein Mensch vom Empfangenden zum Gebenden (vgl. Johnston, S. 180). Die Anishnabeg machten sich keine Illusionen über die Natur des Menschen: All ihren guten Absichten zum Trotz ist es Menschen nicht immer möglich, ihrer Vision treu zu bleiben. Deshalb dürfen sie siebenmal von ihrem Weg abkommen, solange sie es nur schaffen, aus eigener Kraft wieder dorthin zurückzufinden. Alles andere würde als Einmischung empfunden (vgl. ebd., S. 152).

Zum Schluss soll noch eine Geschichte erzählt werden, die besonders anrührend ist. Es handelt sich um die Geschichte von »*Pitchi*«, dem Rotkehlchen:

> Menominee und seine Frau waren erst spät Eltern eines Jungen geworden. Als dieser Sohn sieben Jahre alt wurde, beschloss sein Vater, dass etwas ganz Besonderes aus ihm werden müsse. Er sollte alle anderen Jungen im Dorf an Kraft und Geschicklichkeit übertreffen und der führende Krieger der Gemeinschaft werden. Dem Jungen machten all die Wettkämpfe im Schwimmen, Ringen, Jagen und Schießen zwar Spaß, aber seine ganze Liebe gehörte der Musik und dem Tanz. Ganz heimlich wünschte er sich, Sänger zu werden und die Menschen durch Musik und Tanz glücklich zu machen.
>
> Als Menominee bewusst wurde, dass sein Sohn niemals der erste Mann des Dorfes sein würde, fand sein Ehrgeiz ein neues Ziel: Plötzlich sollte sein Sohn sich durch eine herausragende Vision auszeichnen. Und weil er im richtigen Alter dazu war, freute sich der Junge zunächst über diesen Sinneswandel. Sooft er jedoch in den folgenden fünf Jahren auszog: eine Vision wollte sich einfach nicht einstellen. In dieser Zeit fing der Vater an, seinen Sohn zu verachten und als wertlos anzusehen, und der arme Junge wurde immer verzweifelter. Im sechsten Jahr errichteten sie wieder gemeinsam die Visionshütte, und dann ließ Menominee seinen Sohn allein zurück. Als er vier Tage später mit Fleisch und Mais zur Hütte zurückkehrte, fand er sie leer. Von da an blieb sein Sohn verschwunden und der Vater litt unsäglich. Immer wieder ging er zurück zur Hütte, und sein einziger Begleiter war ein kleiner Vogel, der am Kopf schwarz, an der Brust orange und ansonsten dunkelgrau war. So gingen die Jahre ins Land, doch sein Sohn kehrte nie mehr zu ihm zurück.
>
> Selbst als Menominee schon alt und gebrechlich war, ging er noch häufig zu dem Ort, an dem er den Jungen zum letzten Mal gesehen hatte. Eines Tages erschien er ihm dort im Traum. Und er erzählte ihm von seinem Leben:
>
> »Als ich ein Junge war, habe ich mich so sehr bemüht, dich glücklich zu machen, weil ich dich liebte. Und auch du hast mich geliebt und wolltest mich glücklich machen, doch beide haben wir es nicht geschafft. Bei meiner Suche bat ich um die Fähigkeit, dich zu erfreuen, meinem Volk Glück zu bringen und mir selbst den Frieden. Da wurde ich plötzlich in ein

strahlendes orangefarbenes Licht gehüllt und zur gleichen Zeit durchfluteten mich Lieder, die mich in meinem innersten Sein berührten. Als ich die Augen öffnete, flog ich am Himmel, und als ich müde wurde, setzte ich mich auf einen Zweig und ließ meine Freude in ein Lied überströmen. Dabei erkannte ich, dass Singen die Sprache der Geist-Seele ist. Und mit dieser Sprache wollte ich fortan die Menschen bewegen und berühren. Endlich hatte ich ein Glück gefunden, das meinen innersten Wünschen und Begabungen entsprach. Ich sah und fühlte deinen Kummer in all den Jahren und konnte dir doch nicht helfen, weil du mich in meiner neuen Gestalt nicht erkennen konntest. Nun aber werde ich als Rotkehlchen in deiner und in der Nähe der Anishnabeg wohnen und euer Herz mit meinem Gesang erfreuen.«

Menominee erwachte und sah sich selbst. Was er aus seinen bitteren Erfahrungen gelernt hatte, teilte er nun seinem Volk mit:

- Mische dich niemals in die Visionssuche eines anderen Menschen ein.
- Gestatte niemandem, sich in deine Suche einzumischen.
- Liebe deine Kinder, wie sie sind.
- Versuche nicht, mehr zu erreichen, als deine Kräfte und dein Sein zulassen.

Als Menominee schließlich starb, traf er seinen Sohn im Land der Seelen wieder. Seine Söhne und Töchter singen weiterhin als Rotkehlchen für die Menschen. (Vgl. Johnston, S. 166–170)

»Visionssuche« liegt heute plötzlich voll im Trend. Gerade bei uns in Westeuropa oder den USA. Selbst in Kreisen der katholischen Kirche arbeitet man inzwischen damit, wie ein Artikel von Gwendolin Altenhöfer zeigt (vgl. Literaturverzeichnis). Bei der Ausbildung zur Seminarleitung im »tiefenökologischen Holontraining« gehört sie zum Pflichtprogramm, in der Umweltpädagogik, in der Sozialarbeit, vor allem auch mit Borderline-Jugendlichen hat sie enorme Erfolge zu verzeichnen. Man beachte dabei das wegweisende Buch von Sylvia Koch-Weser und Geseko von Lüpke: »*Vision Quest*. Visionssuche: allein in der Wildnis auf dem Weg zu sich selbst!« Die Visionssuche trifft jedoch nicht nur einen etwaigen Modetrend, sondern findet einen Anhaltspunkt auch in den modernen Erkenntnissen der Neurobiologie. Neueste Untersuchungen zur Pubertät zeigen, dass in dieser Zeit des hormonellen Sturms Teile des epigenetischen Skripts ausradiert werden können, die das Gehirn bis dahin beeinflusst haben. Was bedeutet, dass vieles, was bis dahin anerzogen oder unbewusst übernommen wurde, nun plötzlich »vergessen« wird. Hier tut sich z.B. eine Riesenchance auch für solche Kinder auf, deren Leben bis dahin eher durch Erfahrungen von Entbehrung und Vernachlässigung geprägt wurde. »Voraussetzung ist allerdings, dass die Pubertierenden in dieser Zeit tatsächlich auch neue bereichernde Erfahrungen machen können.« (Bauer, S. 173)

An diesem Punkt griff wohl die klassische Visionssuche, wie sie von den indigenen Völkern Amerikas praktiziert wurde, in geradezu vorbildlicher Weise. War sie doch vor allem geeignet, den Jugendlichen ein »neues Leben« jenseits einer Beeinflussung durch die Erwachsenenwelt zu vermitteln. Es war ihr eigenes – auch religiöses – Leben, das dort begann, nunmehr geprägt und getragen von Erfahrungen, die nur ihnen selbst zukamen und die von allen respektiert werden mussten. Das Fehlen solcher Initiationsriten für unsere Kultur wird ja nicht erst seit heute bedauert. Es findet in den allgemein üblichen »Mutproben« unter Jugendlichen – bis hin zum aktuellen Komasaufen, das man vielleicht auch einmal unter diesem Aspekt betrachten sollte – nur einen sehr schnöden Ersatz. Auch der Neurobiologe Joachim Bauer gibt in dieser Hinsicht zu bedenken, was es bedeutet, »dass unsere Gesellschaft einem Teil der Jugendlichen derzeit nichts als soziale Vernachlässigung, Gewalt verherrlichende Bildschirmprodukte, Lehrstellenmangel und Arbeitslosigkeit anzubieten hat« (S. 173f.). Initiationsriten nach Art der »Visionssuche« könnten hier durchaus zu einem Bewusstseinswandel auch in unserer Gesellschaft beitragen, vorausgesetzt, es bleibt genügend Wildnis erhalten, die ja in sich bereits heilend wirkt für den, der sich ihr aussetzt.

VIII. Gesang, Tanz und Musik als Brücke zwischen Himmel und Erde

In meinem Lied hörst du meine Geist-Seele,
In meinem Tanz siehst du ihren Rhythmus,
In meiner Zeremonie fühlst du ihre Tiefe.

Anishnabeg

1. Wie »Spinnenfrau« und »Sonnenträger« die Welt ins Leben singen (Hopi)

Beim vorliegenden Textabschnitt beziehe ich mich auf die englischsprachige Ausgabe der »Spider Woman Stories« von George Crawford Merrick Mullet, weil die Autorin (auf 140 Seiten) einen in sich geschlossenen Textkomplex bietet, der zudem älter ist als die Geschichten, die Frank Waters in seinem »Buch der Hopi« übermittelt. Alle hier im Buch zitierten Texte habe ich selbst aus dem Englischen übersetzt oder frei nacherzählt.

Stärker noch als bei den Diné steht bei den Hopi der Gesang als schöpferische Kraft im Mittelpunkt des Schöpfungsgeschehens. Alles, wirklich alles wird vom Ersten Paar durch machtvolle Beschwörungen ins Leben gesungen:

Ganz am Anfang, so erzählt man sich bei den Hopi, gab es nur diese beiden Gottheiten: *Tawa* und *Spinnenfrau*, er Träger der Sonne und sie Göttin der Erde. (Tawa wird nicht direkt mit der Sonne identifiziert. Vielmehr symbolisiert er deren Energie, die sich in dem polierten Schild befindet, den er täglich über den Himmel trägt. Eine vergleichbare Vorstellung findet sich in der germanischen Mythologie, wo die Sonnengöttin *Sol* auch täglich den Schild *Svalinn*, den »Sänftiger«, über den Himmel transportiert.) Während Tawa alle Geheimnisse der oberen Welt kennt, verfügt Spinnenfrau über das Wissen der unteren. Zusammen ergibt ihr Wissen damit ein Ganzes. Diese beiden ursprünglichen Wesen erschaffen zunächst andere Gottheiten, damit sie sich alle zusammen die Arbeit teilen können, wenn die Schöpfung erst vollständig sein wird.

Das allererste Paar erschafft nun zuerst die Erde, die – nach Abzug der Endlosen Wasser – den Raum zwischen Oben und Unten ausfüllen soll. Seite an Seite sitzen die beiden, wiegen sich im Pulsschlag der Musik, die von ihnen selbst ausgeht, und singen ihre Geschöpfe ins Leben. Wobei es stets so ist, dass Spinnenfrau den Gedanken und Visionen ihres Gefährten Form verleiht, indem sie z. B. Lehm zusammenknetet und daraus gestaltet, was Tawa gerade durch den Kopf geht:

> Im Anfang gab es nur diese zwei: den Sonnengott Tawa und Spinnenfrau, die Göttin der Erde. Tawa besaß alle Kraft und alle Geheimnisse des Oben, während Spinnenfrau die Magie des Unten kontrollierte. Zusammen bewohnten sie die Unterwelt, den Aufenthaltsort der Göttinnen und Götter, und diese beiden waren alles. Ohne ihren Willen kam kein Wesen zum Leben, weder Mann noch Frau, weder Vogel noch Säugetier.
>
> Eines Tages kam ihnen der Gedanke, dass es noch andere Gottheiten geben sollte, mit denen sie ihre Arbeit teilen könnten. So spaltete Tawa sich selbst und heraus kam *Muiyinwuh*, der Gott aller Lebenskeime, der für das Wachstum sorgt. Auch Spinnenfrau teilte sich selbst, und es entstand *Huzruiwuhti*, die Göttin der Edelsteine und »Bodenschätze«. Huzruiwuhti wurde zur beständigen Gefährtin von Tawa. Diese beiden waren das erste Liebespaar, und ihre Vereinigung

brachte die wundersamen *Magischen Zwillinge* zur Welt: *Puukonhoya*, der Jugendliche, und *Palunhoya*, der Echo-Junge, denen noch etliche andere Göttinnen und Götter folgten.

Das erste Paar aber fasste eines Tages einen einzigen Gedanken, und dieser Gedanke war überaus machtvoll: Sie wollten die Erde erschaffen, damit sie den Raum zwischen Oben und Unten ausfüllen könnte, dort, wo bis jetzt nur die Endlosen Wasser schimmerten. Sie setzten sich nebeneinander, Seite an Seite, und bewegten ihre schönen bronzenen Körper zur pulsierenden Musik ihrer eigenen großartigen Stimmen; so sangen sie das Erste Magische Lied, ein Lied von rauschenden Winden und fließenden Wassern, ein Lied von Licht und Klang und Leben:

»Ich bin Tawa«, sang der Sonnengott, »ich bin Licht. Ich bin Leben. Ich bin Vater von allem, das je zum Leben kommen wird.«

»Ich bin *Kokyanwuhti*«, summte Spinnenfrau in sanfterer Weise. »Ich empfange das Licht und nähre das Leben. Ich bin Mutter für alles, das je zum Leben kommen wird.«

»In meinem Geist nehmen viele fremdartige Gedanken Gestalt an – schöne Formen von Vögeln, die das Oben bevölkern sollen, von Tieren, die sich über die Erde bewegen, und von Fischen, die in den Gewässern schwimmen sollen«, setzte Tawa fort.

»Nun sollen all die Dinge, die dir durch den Kopf gehen, in Erscheinung treten«, sang Spinnenfrau. Derweil kratzte sie mit ihren schlanken Fingern ein bißchen Lehm zusammen und ließ so Tawas Gedanken Form annehmen. Einem nach dem anderen gab sie Gestalt und legte sie dann beiseite – doch sie atmeten nicht und konnten sich auch nicht bewegen.

»Daran müssen wir etwas ändern«, erklärte Tawa. »Es ist nicht gut, dass sie so still und ruhig sind. Jedes Ding, das eine Form hat, muss auch einen Geist [Spirit-Energie] haben. Deshalb, meine Liebe, müssen wir nun einen machtvollen Zauber wirken.«

Um den leblosen Formen Geist und Seele einzuhauchen, hüllen die beiden Schöpfer/-innen alle Figuren in eine flauschige Decke und singen eine machtvolle Beschwörung über sie. Die Menschen allerdings, die sie danach erst erschaffen, benötigen noch ein Extra-Portion Zuwendung und Liebe. Sie bleiben auch nach vollzogenem »Decken-Ritual« zunächst reglos:

Über all die verschiedenen Figuren breiteten sie eine wunderschön gewebte, weiße Decke, so flauschig wie eine Wolke, und sangen eine machtvolle Beschwörung. Bald darauf bewegten sich die Figuren und fingen an zu atmen.

»Nun wollen wir andere Wesen machen, solche, die dir und mir ähnlich sind, so dass sie diese anderen Geschöpfe leiten und sich an ihnen freuen können«, sang Tawa, und Spinnenfrau gestaltete die Gedanken ihres Gefährten zu weiblichen und männlichen Figuren, die ihnen beiden ähnlich sahen. Doch nachdem auch sie unter die Decken gelegt und beschworen worden waren, blieben sie trotz allem starr und bewegungslos. Da sammelte Spinnenfrau sie alle zusammen, nahm sie in ihre Arme und wiegte sie an ihrem warmen, jungen Busen, während Tawa sich mit leuchtenden Augen über sie beugte. Zusammen sangen die beiden das magische Lied des Lebens über diese neuen Wesen, und zu guter Letzt fingen sie an zu atmen und zu leben.

»Das war gut und machtvoll«, bestätigte Tawa. »Nun ist all das zu Ende, und wir wollen keine weiteren Dinge mehr machen. Vielmehr sollen all die Dinge, die wir geschaffen haben, sich vermehren, jedes auf seine eigene Art. Ich selbst will jeden Tag eine Reise quer durch den Himmel machen, um ihnen mein Licht zu senden, und jede Nacht werde ich zu Huzruiwuhti zurückkehren. Und nun will ich gehen, um mit meinem flammenden Schild die Endlosen Wasser aufzutrocknen, damit Land erscheinen kann. Und dies soll der erste Tag auf Erden sein.«

»Und ich will alles, was wir erschaffen haben, zu diesem Land hinführen, das du aus den Wassern heraus erstehen lässt«, antwortete Spinnenfrau.

Darauf nahm Tawa seinen polierten Schild von der Türkiswand der Kiva (Höhle) herunter und kletterte schnell seinen prächtigen Weg zum Himmel hoch. Nachdem Spinnenfrau sich mit ihren weisen und alles-sehenden Augen über die Geschöpfe gebeugt hatte, die sich um sie herum drängten, bahnte sie sich einen Weg durch die Menge und begann sie in Gruppen einzuteilen. Die Hopis und alle anderen Völker wurden von Spinnenfrau mit Namen benannt.

Mit den beiden Magischen Zwillingen an ihrer Seite rief Spinnenfrau alle Völker auf, ihr zu folgen, wohin sie sie führen wollte. Sie geleitete sie durch alle Vier Großen Höhlen der Unteren Welt, bis sie schließlich an eine Öffnung, *sipapu*, kamen, die nach oben führte. Dies war an der flachsten Stelle das Colorado-Flusses, dort, wo die Menschen später Salz sammeln würden.

> Für jeden Clan wählte Spinnenfrau ein Tier aus, das ihn dorthin führte, wo er zu Hause sein sollte: Puma, Schlange, Antilope, Reh und andere Gehörnte, jedes dieser Tiere führte einen Clan an, und daher trägt jeder Clan den Namen des Tieres, das ihn geleitet hat.

Immer werden die beiden ersten Gottheiten sich fortan mit besonderer Fürsorglichkeit der von ihnen ins Leben gesungenen Menschen annehmen. Vor allem Spinnenfrau wird so geschildert, dass sie selbst eingefleischten Spinnenphobikerinnen und Spinnenphobiker ans Herz wachsen muss. Wenn sie in menschenähnlicher Gestalt auftritt, ist sie eine geradezu bezaubernde Erscheinung. Den ersten Menschen kommt sie wie ein Wunder vor:

> Mit staunenden Augen schauten die Menschen auf ihre leuchtende Schönheit. Ihr aus weicher weißer Wolle gewebtes Oberkleid lag wie eine Tunika über ihrem blauen Kleid. An seiner linken Seite befand sich ein Band mit den Symbolen der Frau: Schmetterling und Kürbisblüte, in roten und gelben und grünen Mustern gewebt und mit Streifen von Schwarz dazwischen. Schwere Ketten aus Türkisen, Korallen und Muschelschale hatte sie um ihren schönen Hals gelegt, und Ohrringe aus demselben Material schmückten ihre Ohren. Ihr Gesicht war hell, mit warmen Augen und zarten roten Lippen, und ihre ganze Gestalt war höchst anmutig. An ihren zierlichen Füßen trug sie weiß leuchtende Fellstiefel …

Bevor Spinnenfrau sich nach getanem Schöpfungswerk für eine Weile in ihre unterirdische Welt zurückzieht, gibt sie den Menschen noch Folgendes mit auf den Weg:

> »Ich gehe nun weg von euch, doch habt keine Angst, denn wir beide, Tawa und ich, werden über euch wachen und euch behüten. Seht mich noch einmal an, meine Kinder, bevor ich euch jetzt verlasse. Hört auf die Worte, die ich euch gegeben habe, und alles wird gut werden, und falls ihr einmal Hilfe braucht, ruft nach mir, und ich werde meine Söhne zu euch senden, damit sie euch in der Not beistehen.«

Zusätzlich verweist sie die Menschen auf die Bewegung des Sandes und darauf, dass sie immer dafür sorgen wird, dass ihnen die Erde genügend Nahrung geben kann:

> Sie bückte sich und nahm eine Handvoll Sand, den sie in einem dünnen Strang durch ihre Finger rieseln ließ.
>
> »Seht die Bewegung des Sandes! Hier seht ihr die Grundlage des Lebens, die alle Dinge, die hineingelegt werden, wachsen lässt. Die Große Gefiederte Schlange, der Blitz, wird zur Erde schlagen, um sie fruchtbar zu machen, die Regenwolke wird ihre Wasser ausgießen, und Tawa wird zu all dem lächeln und grüne Pflanzen hervorwachsen lassen, die meine Kinder nähren sollen.«

Und damit die Menschen sicher sein können, wie sie ihre Gottheiten erreichen und dauerhaften Kontakt zu ihnen herstellen können, weiht Spinnenfrau sie in die richtigen Zeremonien und die Herstellung von Gebetsstäben (den sogenannten *Pahos*) ein: Jeder dieser Gebetsstäbe muss sorgfältig und im Geheimen gefertigt werden, wiederum mit Gebet und Gesang.

Spinnenfrau, auch Göttin der Erde, kann man getrost als die wichtigste Gottheit der Hopi bezeichnen. Sie ist so alt wie die Zeit oder so jung wie die Ewigkeit, und weil man sie sich als »allzeit jugendlich« vorstellt, wird sie in den Mythen auch als *Kokyamana*, Spinnenmädchen, angesprochen. Sie gilt als ebenso allmächtig wie auch umfassend weise. Will sie sich den Menschen offenbaren, so setzt sie sich ihnen als winziges Tierchen hinters (linke) Ohr, wo sie nahe genug ist, um ihnen alles einflüstern zu können, was sie wissen müssen!

Der Hopi-Schöpfungsmythos lässt zudem keinen Zweifel daran, dass die Hopi ein matrilineares Volk sind. Gleich nach der Erschaffung der Menschen und deren Einteilung in Clans legt Spinnenfrau unmissverständlich fest:

> »Die Frauen des Clans sollen die Häuser bauen, und der Familienname wird durch ihre Abstammungslinie weitergegeben. Die Frau baut das Haus und macht es zum Heim. Sie formt die Krüge, in denen Wasser gesammelt und Vorräte gelagert werden. Sie wird das Korn mahlen zur Nahrung und zärtlich die Kinder erziehen.
>
> Auch soll der Mann die Clan-Decken weben mit den ihnen je eigenen Symbolen. Die Männer sollen für sich Waffen herstellen und ihre Familien mit Wild versorgen.«

»Die Frauen der Clans sollen die Häuser bauen, und der Familienname wird durch sie weitergegeben.« Dies bedeutet auch, dass nach der Hochzeit der Mann ins Haus seiner Frau zieht und die Äcker von den Müttern an die Töchter weitervererbt werden. Die Hopi-Frauen waren auch selbst Häuserbauerinnen. Dazu organisierten die Frauen eines Haushalts einen Bautrupp, zu dem sie alle ihre weiblichen Angehörigen einluden. Die Frauen leiteten sämtliche Bauarbeiten, mischten den Mörtel und verfugten die Steine, verputzten die Wände und bauten die Feuerstelle in die Ecke. Die Mithilfe der Männer brauchten sie lediglich, um Bausteine aus Sandstein zu brechen und die großen Trägerbalken zu holen und aufzurichten (vgl. Niethammer, S. 182).

Auch politisch konnten die Hopi-Frauen ihren Einfluss geltend machen. So übte beispielsweise der männliche Oberpriester oder Häuptling sein Amt im Haus einer Frau aus, die »Bewahrerin des Feuers« genannt wurde und deren Rat er bei wichtigen Entscheidungen einholte. In dieses Amt wurde sie aufgrund ihrer Weisheit, ihrer Intelligenz und ihres Interesses an religiösen Zeremonien gewählt. Ihr Alter spielte dabei keine Rolle. Auch stand jedem Clan in einem Hopi-Dorf eine Matriarchin vor, die aufgrund ihres Alters Privilegien genoss und die von ihren männlichen Verwandten vielfach zu Rate gezogen wurde, nicht zuletzt bei Familienstreitigkeiten (vgl. ebd., S. 203).

2. Echo Junge und die Macht der Töne (Hopi)

Die gemeinsame Macht, welche die göttliche mit der menschlichen Kraft verbindet, zeigt sich nirgends so deutlich wie im Gesang und letztlich in jeder Form von Musik und Tanz. Wie eng das Singen mit der Entstehung der Welt und mit der Tätigkeit des Erschaffens verbunden ist, zeigt sich auch an Palunhoya, dem »Jüngeren« der Magischen Zwillinge bei den Hopi: Während Puukonhoya als der kämpferische der beiden Zwillinge gilt, wird sein Bruder mit dem Echo verbunden, und dies erklärt viel über die Bedeutung von Gesang und Musik in der Hopi-Welt.

Zu Beginn der Schöpfung gab Spinnenfrau Palunhoya folgenden Auftrag:

»Geh über die ganze Welt und sende einen Ton aus, dann wird man dich ›Echo‹ nennen, weil alle Töne Echo der Schöpfung sind« (die ja auch ins Leben gesungen wurde!).

So reiste Palunhoya über die ganze Erde, und überall ließ er seinen Ruf erklingen, entlang der Erdachse, den Schwingungszentren von Pol zu Pol, ließ er seinen Ruf erschallen: »Die ganze Erde zitterte, das Universum bebte im Gleichklang.« So macht er aus der ganzen Welt ein Musikinstrument von Klängen und Tönen, und aus den Klängen wiederum Instrumente zum Überbringen der Botschaften, aus denen das Lob für die Schöpfung und für die, welche sie ins Leben gerufen hatten, widerhallte. Und es wurde auch gesagt, alles sei auf den Klang der Sonne eingestimmt. Palunhoya aber war die Macht verliehen, »seinen Ruf zur Freude oder als Warnung durch die Schwingungszentren der Erde zu schicken« (Waters 1996, S. 20).

Auch auf der vierten, gegenwärtigen Welt wird Gesang von den Menschen zur Schöpfung eingesetzt: Während ihrer Wanderungen nahmen sie eine Schale mit Erde mit. In diese säten sie die Pflanzen, die sie zum Leben brauchten, vor allem Mais und Melonen. Sobald sie über den Samen sangen, sprossen die Pflanzen hervor, die sie alsbald ernten konnten. Solche Kräfte kamen ihnen damals noch zu, denn sie waren noch in ursprünglicher Weise rein (vgl. ebd., S. 52).

3. Wie Fuchs und Coyote die Welt erschufen (Pima)

Die *Pima* (Eigenbezeichnung: Akimel O'Odham oder Akchin O'Odham) sind ein nordamerikanisches Indianervolk. Sie lebten in der Wüstengebieten, Hochebenen und an den Ufern des Gila River in Arizona und im mexikanischen Staat Sonora.

Im Folgenden eine Geschichte, die sich von selbst erklärt:

Eines Tages trafen sich Fuchs und Coyote und beratschlagten, was sie zusammen unternehmen könnten. Als sie noch unschlüssig waren, hatte Fuchs eine Eingebung:

»›Machen wir die Welt!‹

›Und wie werden wir das machen?‹

›Wir werden singen‹, sagte der Fuchs.

Da sangen sie also, oben im Himmel. Sie sangen und stampften und umtanzten sich gegenseitig in einem Kreis. Dann dachte der Fuchs bei sich: Erdklumpen, komm! Auf diese Weise hat er ihn zum Kommen gebracht: durch Denken. Recht bald schon hatte er ihn in seinen Händen. Und er sang, die ganze Zeit hatte er ihn in den Händen. Beide sangen und stampften. Plötzlich warf der Fuchs diesen Erdklumpen … hinab in die Wolken«, und er befahl dem Coyoten, um keinen Preis nach unten zu schauen, sondern mit geschlossenen Augen einfach weiterzusingen. Während sie also weitersangen, tanzten sie stampfend ziemlich lange im Kreis umeinander herum. Plötzlich sagte der Fuchs zum Coyoten:

»›Jetzt, schau da runter. Was siehst du?‹

›Ich sehe etwas … ich sehe etwas … aber ich weiß nicht, was es ist.‹

›Schon gut, schließ die Augen wieder!‹

Jetzt fingen sie wieder an zu singen und zu stampfen, und der Fuchs dachte und wünschte sich: Dehn dich aus! Dehn dich aus.«

Danach fragte er den Coyoten wieder, was er denn sehen könne, und der rief begeistert:

»Oh, es wird größer!«

Wieder soll er seine Augen schließen und nicht nach unten schauen. Und weiter singen, tanzen und stampfen die beiden dort oben im Himmel. Nachdem Fuchs den Coyoten aufgefordert hat, ein letztes Mal nach unten zu sehen, erkennt der Coyote, dass »es« nun groß genug ist.

»Auf diese Weise machten sie die Welt. Dann sprangen sie beide auf sie herunter, und sie dehnten sie noch weiter aus. Dann machten sie Berge und Täler; sie machten Bäume und Felsen und alles. Sie brauchten eine lange Zeit, um all das zu machen!« (De Angulo 1983, S. 80f.)

Menschen waren zu dieser Zeit noch nicht da, nur Tiere, doch Tiere sind schließlich auch Menschen, würden die Pima jetzt sagen. Jedenfalls machen die Tiere den Menschen auch in dieser Geschichte vor, was sie tun können, wenn sie schöpferisch sein wollen: singen, tanzen, musizieren! Musik könnte kein Instrument der Schöpfung sein, wenn die Welt nicht auf Klänge abgestimmt wäre. In Klang und Ton sind alle Wesen miteinander verbunden. Ein Satz wie: »Die Erde liebt uns, sie freut sich, wenn sie uns singen hört« (Müller, S. 15), ist deshalb keine kitschig-sentimentale Phrase, sondern innerster Ausdruck einer Wirklichkeit, die auch der bekannte Musiktheoretiker Joachim-Ernst Berendt in dem schlichten Satz zusammenfasst: »Die Welt ist Klang«. Die Geist-Seele, die jedem Wesen innewohnt, besteht vielleicht überhaupt nur aus Musik und ist über Musik zu berühren und zu erreichen. Deshalb hat bei den Anishnabeg z. B. jede Pflanze ihr eigenes Lied, hat bei den Todas im Nilgiri-Gebiet jede Heilpflanze ihr eigenes Mantra, ohne dessen Klang sie wirkungslos bleibt. Deshalb auch spielt – gemeinsames – Singen, Trommeln und Rasseln bei den Heilzeremonien eine so entscheidende Rolle. Alle müssen mithelfen und zusammenwirken, wenn ein Mensch gesund werden soll. Durch Gesang und Musik wird eine Energie gebildet, die in sich bereits die Kraft zur Verwandlung trägt. Durch die geballte Macht der Lieder kann es Heilerinnen und Heilern z. B. gelingen, ihre Helfertiere in der geistigen Welt zu erreichen – so wie der »Mondhund« in dem gleichnamigen Buch von J. Rytchëu sich auf der Spitze eines Tons in die himmlische Welt tragen ließ, die er nur erreichen konnte, weil sie bereits auf denselben Ton abgestimmt war wie seine eigene. Oder wie Osiris und Orpheus, jene großen mythischen Kulturbringer, die mit jeder Art von Gesang und Musik die ganze Welt bezaubern und friedlich stimmen (vgl. Zingsem 2008, S. 353).

In der Welt der Töne treffen Himmlisches und Irdisches auf wundersame Weise zusammen. So lässt sich auch keine Art von »Gottesdienst« finden, die nicht von Gesang und Musik inspiriert würde. Aber auch das Umgekehrte gilt: In Lied und Tanz verdichtet sich (auch im poetischen Sinne des Wortes) eine Art von universalem Gottesdienst, der nicht unbedingt Kirche, Tempel oder »Gotteshaus« braucht. So kann sich Gottesdienst in der spirituellen Welt der indigenen Kulturen Amerikas selbst noch im Herstellen eines schlichten Alltagsgegenstandes ereignen. Und dazu eine kleine Geschichte über die Herstellung von Körben:

Eine berühmte »indianische« Korbflechterin wird an das ethnologische Institut einer Universität eingeladen. Sie soll dort ein Seminar über Tradition und Technik des Flechthandwerks halten. In der ersten Stunde fängt sie nicht etwa mit der Vorbereitung des Materials zur Herstellung der Körbe an, sondern übt mit den Studierenden zunächst verschiedene Lieder ein. Das geht so ein paar Seminarnachmittage, und die Schülerinnen und Schüler werden allmählich ungeduldig. Einige verlassen sogar entrüstet und enttäuscht das Seminar, weil sie nicht glauben, dass sie hier etwas Nützliches lernen werden. Nach einiger Zeit geht die Korbflechterin mit dem verbliebenen Rest ihrer Schülerinnen und Schüler nach draußen. Zusammen gehen sie zu den verschiedenen Pflanzen, die sie für die Fertigung der Körbe benötigen, und singen da die Lieder, die sie zuvor im Seminar gelernt haben. Erst danach entnehmen sie, was sie brauchen. Als nach diesen langen Vorbereitungen die Körbe doch noch entstehen, sind sie nicht nur schlichte Behälter, sondern Gesang, der Form angenommen hat, Form in des Wortes ursprünglicher Bedeutung: »gestaltete Schönheit«. Und da dieser Gesang zugleich Gebet ist, werden die Körbe zu einem lebenden Gebet. Gebet, das die Form eines Korbes trägt, macht den Korb zu einem geistigen Wesen – Ergebnis des Austauschs zwischen Mensch und Pflanze, der über das Singen von Liedern erst möglich wird (erzählt von Mala Spotted Eagle, Sohn von Rolling Thunder, im März 2008 in Herrenberg).

4. Schläft ein Lied in allen Dingen, oder: Die Welt ist Klang

Der sagenhafte Friedensfürst, König *Gylfi* von Schweden, dem selbst die wilden Tiere huldigten, liebte vor allem Gesang, Poesie und Harfenspiel, das niemals bei seinen Gastmählern fehlen durfte. Eines Tages jedoch saßen sie alle stumm beim Mahl, weil keine Sängerinnen und Sänger zur Stelle waren. Da hörte man plötzlich von weit her liebliches Saitenspiel, das alle Herzen augenblicklich mit Jubel erfüllte. Die Pforte sprang auf, »und herein trat ein hohes Frauenbild, von Anmut und Liebreiz umflossen, wie eine Göttererscheinung anzuschauen«. Ihr Gesang glich »dem Säuseln der Frühlingsluft, welche die Auferstehung verkündigt« (Wägner, S. 59f.). So verzauberte die Unbekannte mit ihren Liedern das ganze Heldengelage. Am Ende des Vortrags blieben alle stumm vor Entzücken über die Macht dieser Töne. König Gylfi, der sich als Erster wieder fing, versprach der Sängerin jeden Lohn, den sie sich wünschte. Die gab sich ihm als *Gefjon*, die Geberin, zu erkennen und verlangte nichts weiter als das Stück Land, das sie mit ihren vier Stieren in einem Tag und einer

Nacht umpflügen konnte. Die Bitte wurde ihr gewährt. Allerdings hatte der König nicht geahnt, worauf er sich einließ: Weder war Gefjon eine gewöhnliche Frau, noch waren die Stiere gewöhnliche Stiere. Sie selbst war niemand anders als die Göttin der Erde, wie sie in den Nordländern verehrt wurde: Gefjon, auch *Friagabis*, die Freigebige genannt, die Stiere waren ihre Söhne, die sie einst mit einem Riesen gezeugt hatte. Die Geschichte ist gleichzeitig die Entstehungslegende der schwedischen Insel Seeland und des dazugehörigen Mälarsees. Mit ihrem gewaltigen Pflug schnitten die von Gefjon für diesen Anlass in Stiere verwandelten Söhne die ganze Insel aus dem Festland heraus und zogen sie ins offene Meer. Die Insel, der neue Herrschaftssitz der Göttin, wurde bald zu einem blühenden Land mit reichlich Nahrung und vielen anderen Freuden und Annehmlichkeiten des Lebens. In Stockholm erinnert bis auf den heutigen Tag ein Brunnen an dieses denkwürdige Ereignis.

Auch in dieser Geschichte erscheint es, als seien Sang und Klang geradezu die Stimme der Erde. Und das ist gar nicht so weit hergeholt, schließlich sprechen wir ja auch von der harmonischen Ordnung der Dinge, wenn die Menschen mit sich und der Welt »in Einklang« leben. In Indien wird die Göttin Maya, sie, aus der die ganze Welt besteht, geradezu mit dem Schall identifiziert:

> »Schall ist dein Wesen! Trank der Unsterblichkeit bist du, Unvergängliche; dein Wesen liegt in den drei Zeiten der heiligen Silbe OM beschlossen, du bist in der Halbzeit beschlossen, die dem Verklingen der Silbe OM als Schweigen nachfolgt, du Ewige, die vom Unterschiedlichen her nicht auszusagen ist.« (Zimmer 1978, S. 479)

In Ägypten ist es die Göttin Maat, jene Personifikation von universaler Weisheit und gerechter Weltordnung, deren Wesen sich in der Leichtigkeit einer Straußenfeder kristallisiert, die in ähnlicher Weise verehrt wird. »Sie hat mit Musik und Dichtung, mit Kunst ganz allgemein zu tun. Sie ist die Harmonie der Töne, der Wohlklang und das richtige

Maß, auch in der Architektur, die Ausgewogenheit gegenüber jeder Unmäßigkeit.« (Hornung 1989, S. 139f.) Dazu passt wiederum vorzüglich, dass es vor allem die Göttinnen Hathor und Isis sind, die in Ägypten mit der Maat geradezu identifiziert werden! Hathor vor allem ist eine große Göttin der Musik und des Tanzes, die in den Liebesliedern besungen wird. Als Göttin der Liebe sorgt sie für den harmonischen Einklang der Seelen. Man bedenke, dass auch Aphrodite eine Tochter mit Namen *Harmonia* hat. Isis vollends wird sogar mit ihrem klassischen Musikinstrument, dem *Sistrum*, wie in eins gesehen: Dieses Sistrum, die berühmte Isis-Klapper oder -Rassel, stellte das gesamte Weltall nach Form eines Uterus (dem groß geschriebenen griechischen Buchstaben Omega) dar. Die quer hindurchgezogenen Saiten versinnbildlichen die »Sphären des Universums«, welches durch das Schütteln des Instruments beständig in Schwingung bleiben muss. Bei den Prozessionen zu Ehren der Göttin wurde das Sistrum von ihren Priesterinnen getragen und gespielt. Es ist ein symbolischer »Machtträger, der die Heilkräfte der Göttin in sich schließt« (Weis, S. 99). Schließlich bedeutet auch Heilung in diesem Sinne ein Zurückfinden zur Harmonie mit sich und der Welt.

Wie es bereits der romantische Dichter und Mystiker Novalis auf einen Punkt zu bringen wusste: »Jede Krankheit ist ein musikalisches Problem« (zit. n. Berendt, S. 107) – das sich deshalb, so müsste man schließen, auch mittels Musik lösen lassen müsste. Was wiederum all die »schamanischen« Zeremonien beweisen, von denen auch in diesem Buch die Rede war. Und was außerdem von der modernen Musiktherapie bestätigt wird. Von daher versteht sich auch die große Bedeutung des Hörens in all den alten Mythen und Geschichten. Von Inanna, der großen Göttin des Zweistromlandes, vernehmen wir, dass sie ihre Ohren aufstellt und weit und lang macht wie die eines Esels. Von ganz hoch oben lauscht sie auf die Klänge des großen Unten – und setzt sich erst in Bewegung, als sie den »Ruf« vernimmt. Auch das beschwörende *Schema Jisrael,* das »Höre Israel« (Dtn 6,4–6; 11,13–21; Num 15,37–41), das bei den orthodoxen Juden noch heute jede Türschwelle ziert und in die Kapseln der Gebetsriemen eingelegt ist, können wir in diesem Sinne als ein Lauschen auf den Wortlaut des biblischen Gottes deuten, der »seinem Volk« die Welt bedeutet. Vieles spricht dafür, dass wir die Welt, wie sie wirklich ist, viel besser durch Hören als durch Sehen erfassen können.

Die Welt ist Klang, ist Schwingung, ist Akkord und Musik. Heute wissen wir, dass all diesen mythischen Gewissheiten durchaus auch naturwissenschaftliche Gegebenheiten entsprechen. Das intuitive Wissen des Mythos war nicht naiv, sondern in einem weit höheren Maße »exakt«, als wir uns vielleicht vorstellen können. Das gilt vor allem auch für die Erde selbst, die wir uns als ein harmonikales Gebilde vorstellen müssen. Hans Kayser, der 1964 in Bern verstorbene Begründer der harmonikalen Lehre als Wissenschaft, hat bereits in seinem 1946 erschienenen Werk *Akróasis* (von griech. »Anhörung«) eine »Dreiklangstruktur des Erdinneren« nachgewiesen, wonach die Erde als »ein gewaltiger Akkord« erklingt (vgl. Berendt, S. 110f.). Er hat auch die harmonikale Struktur von Bergkristallen erforscht und herausgefunden, dass jeder Kristall seine eigene Tonart hat. Auch Pflanzen kommunizieren über Klänge, weshalb es Sinn macht, mit ihnen zu sprechen und für sie zu singen!

Wissenschaftler wie David Cahen aus Israel oder Gordon Kirkbright aus London haben herausgefunden, dass jede Pflanze nicht nur ihren eigenen Klang hat, sondern dass sie ihn in jeder Sekunde ihres Wachstums leicht verändert! Und sogar die *Prawda* schrieb im Oktober 1970: »Pflanzen sprechen, ja sie schreien.« Zeitrafferaufnahmen, die man im Laboratorium für künstliches Klima in Moskau hergestellt hatte, »ließen das Wachstum der Pflanzen wie einen Tanz erscheinen« (Berendt, S. 101f.). Wenn Heilerinnen und Heiler für ihre Medizinpflanzen singen, so ist das also kein Ausdruck minderwertigen Bewusstseins, sondern heutzutage gerade wieder auf der Höhe der Zeit und sämtlicher neuerer Erkenntnisse in Physik und Neurobiologie. Pflanzen, so hat man herausgefunden, sprechen dermaßen auf Musik an, dass sie sich fast bis in die Horizontale strecken, um der Quelle dieser Töne entgegenzukommen. Wenn sie können und die Musik ihnen entspricht, umarmen sie sogar den Apparat, der ihnen die Musik vorspielt (vgl. ebd., S. 104).

Die Welt klingt, sie ist ein kosmisches Zusammenspiel von geistig wirkenden Wesen. »An der Wurzel jeglicher Kraft und Bewegung im lodernden Zentrum der Existenz ist Musik und Rhythmus: das Spiel geordneter Frequenzen in der Matrix der Zeit. Vor mehr als 2500 Jahren sagte der Philosoph Pythagoras seinen Schülern: Ein Fels sei zu Stein gewordene Musik – eine intuitive Erkenntnis, die durch die moderne Wissenschaft voll bestätigt wird. Wir wissen heute, dass jede Partikel im physischen Universum ihre Eigenschaft durch Frequenz, Muster, Obertöne ihrer speziellen Schwingungen, also durch ›Gesang‹ erhält. Dasselbe gilt für alle Formen von Strahlung, alle starken und schwachen Naturkräfte und für alle Informationen. Bevor wir Musik machen, macht die Musik uns … Die Art und Weise, wie Musik entsteht, ist auch die Art und Weise der Entstehung der Welt … Die Tiefenstruktur der Musik ist identisch mit der Tiefenstruktur aller Dinge.« (G. Leonard bei Berendt, S. 115)

IX. Das Kind als Urbild des Schöpferischen

Nicht anders als auch im wirklichen Leben stehen Kinder im Mythos für die Geburt des Neuen, sind verbunden mit dem Schöpferischen und Zukünftigen. Dabei kommen in unserer Kultur eher die männlichen Kinder in den Blick. Das Jesuskind auf dem Arm oder Schoß seiner Mutter Maria, Mose im Binsenkörbchen, der Horusknabe auf dem Schoß der Göttin Isis, Eros / Amor, der niedliche Junge mit den Liebespfeilen im Arm der Aphrodite / Venus, Baldur, der früh sterbende Lichtgott. Auch die zwölf Söhne Jakobs sind uns ein Begriff; dass sie eine Schwester hatten, wissen nur die ganz Bibelfesten, und dass alle zwölf Brüder – nach der hebräischen Mythologie – dereinst Zwillingsschwestern gehabt haben sollen, ist noch weniger bekannt. *Kore*, die Tochter der *Demeter*, fällt vielleicht einigen noch ein, oder *Athene* als Kopfgeburt des Zeus.

Das männliche Kind hat mythologisch und symbolgeschichtlich gesehen viel mehr Schule gemacht als das weibliche. »Ich steh an deiner Krippe hier, oh Jesu, du mein Leben …« wird alljährlich zu Weihnachten gesungen. Können wir uns vom Gefühl her überhaupt noch vorstellen, wie es wäre, wenn das Kind in der Krippe ein Mädchen wäre? Und wie unsere Verehrung dann aussehen würde? – »Kind« ist in unserer jüdisch-christlichen Kultur und Tradition gleichbedeutend geworden mit »Sohn«. Das war jedoch nicht immer so und muss, ja sollte auch nicht so bleiben. Denn so unangenehm die Vorstellung manchem auch sein mag: Unter dem alleinigen Symbol des Sohnes gerät die neue Schöpfung, die uns die Geburt eines Kindes ankündigt, allzu schnell in eine Sackgasse. Der Sohn braucht nämlich, wenn das Leben mit ihm weitergehen soll, eine Frau, um selbst wieder fruchtbar zu werden und neues Leben zu schenken. Doch eins nach dem anderen …

1. Geliebte Töchter

Was unserer – und im Letzten jeder – monotheistischen Theologie fehlt, die sich immer als Ein-Gott-ein-Vater-Glauben darstellt, ist die explizite und symbolisch-mythologisch verankerte Liebe zur Tochter, wie sie in diesen alten Texten noch ganz selbstverständlich gefeiert wird. Diese Göttinnen, die vorzeiten strahlend den Himmel und die Erde (und letztlich auch die Unterwelt) eroberten, waren einst allesamt geliebte Töchter ihrer Eltern und vor allem auch ihrer Väter. Hier, sozusagen an der Wiege unserer abendländischen Kultur (und in den ältesten uns überhaupt zugänglichen Texten), standen die Töchter unangefochten neben ihren Brüdern. Diesen Töchtern wurde die volle Unterstützung ihrer Eltern, der Väter genauso wie der Mütter, zuteil. Und ebenso selbstverständlich wurde auch betont, dass diese Töchter größer wurden als die Mütter, die sie geboren, und die Väter, die sie in ihr Wissen eingeweiht hatten. Sehen wir uns das im Folgenden genauer an:

> »Mich erzog mein Vater zum Wissen, ich bin seine geliebte leibliche Tochter.« (Isis)
> »Herrin, von Ningal jubelnd zur Freude geboren!« (Inanna)
> »Tochter und Auge des Re, nach deren Befehlen er in allen Dingen handelt.« (Hathor)
> (Zingsem 2008, S. 435; 104; 430; soweit nichts anderes angegeben ist, beziehen sich weitere Seitenangaben auf dieses Buch.)

Inanna, die Göttin der Liebe und des Kampfes, wird – den Hymnen zufolge – von ihrer Mutter, der (Mond-)Göttin Ningal, »jubelnd zur Freude geboren«. Von ihren »Vätern« jedoch erhält sie alle Macht im Himmel und auf Erden! Von ihrem (Schwieger-)Vater Enki, dem Gott der Weisheit, wird sie freudig in seinem Heiligtum zu Eridu empfangen. Dort, am »*Abzu*«, der Wassertiefe, bei der sein Tempel erbaut ist, erklärt er seinem Diener *Isimud*:

> »Diese junge Frau wird gleich den Abzu betreten.
> Sobald Inanna den heiligen Schrein betritt,
> Biete ihr Butterkuchen zu essen an.
> Spende ihr einen Trunk kühlen Wassers, um ihr Herz zu erfrischen.
> Schenke ihr Bier ein vor dem Standbild des Löwen.
> Behandle sie wie eine Gleiche unter Gleichen.
> Begrüße Inanna am heiligen Tisch, am Tisch des Himmels.«
> (S. 30)

Die beiden Gottheiten trinken nun zusammen Bier, feiern sich gegenseitig in Trinksprüchen und messen sich aneinander. Wobei sich herausstellt, dass die jugendliche Göttin ihren »Vater« spielend unter den Tisch trinkt. Er aber hat ihr, zusammen mit seinen Trinksprüchen, gleichzeitig all seine Weisheitskräfte, die sogenannten »sieben *me*«, übergeben und sie somit zu seiner Nachfolgerin bestimmt. Natürlich tut ihm das alles zuerst leid, als er aus seinem Rausch erwacht und er feststellen muss, dass all seine Weisheit ihn verlassen hat, und er versucht, seine *me*-Kräfte mit Hilfe von Dämonen zurück in seinen Besitz zu bringen. Inanna jedoch hat bereits einen uneinholbaren Vorsprung und kann alle Weisheitskräfte sicher in ihren Tempel nach Uruk transportieren. Dabei stellt sich heraus, dass die Göttin noch über wesentlich mehr *me* verfügt, als sie vom Gott empfangen hat. Was nichts anderes bedeutet, als dass sie »größer« geworden ist als er. Zusätzlich bringt sie vor allem »die Kunst der Frauen« mit ein, verschiedene ekstasefördernde Musikinstrumente (Trommeln und Tamburine) und »die vollkommene Ausführung der *me*«! Erst die Tochter bringt somit die Weisheit des Vaters zur Vollendung. Enki (der natürlich seine Weisheit nicht gänzlich verloren hat) erweist sich schlussendlich als fairer Verlierer und erklärt sich zu ihrem Verbündeten. Als sie beim Abstieg in die Unterwelt später ihr Leben riskiert, kann sie sich auf seine schöpferische Hilfe verlassen:

> »Vater Enki, der Weisheitsgott, der die Speise des Lebens kennt,
> Kennt auch das Wasser des Lebens.
> Ganz sicher wird er mich ins Leben zurückbringen.« (S. 53)

Von Inanna wird auch gesagt, dass sie größer geworden sei als ihre Mutter, die sie geboren hat (S. 99). Von ihrem Geliebten, Dumuzi, wird sie als Schwester und »Sternenlicht« bezeichnet, »die Honig ist für die Mutter, die sie geboren hat« (S. 42). Inanna und ihre Mutter sind enge Vertraute, insbesondere in Gefühlsangelegenheiten findet die Tochter bei ihr einen sicheren Rückhalt. Vom Vater, dem Mondgott Nanna, mehr noch von Enlil, ihrem »Großvater«, wird ihr dagegen alle Macht im Himmel und auf Erden zuerkannt:

> »Mein Vater hat mir den Himmel gegeben, hat mir die Erde gegeben:
> Die Himmelsherrin bin ich.
> Misst sich einer, ein Gott mit mir?
>
> Den Himmel hat er mir als Krone aufs Haupt gesetzt,
> Die Erde als Sandale an meinen Fuß gelegt,
> Den leuchtenden Göttermantel hat er mir umgetan,
> Das strahlende Szepter in die Hand gegeben.
>
> Die hehre Wildkuh Enlils bin ich,
> Seine hehre Wildkuh, die allem vorangeht.
>
> Der Himmel ist mein, die Erde ist mein – ich bin die Heldin.« (S. 103)

Beide Eltern, das Mondgottheitenpaar Ningal und Nanna, verehren ihre Tochter aufrichtig:

> »Und wie sie (Inanna) ihre Schönheit zur Schau trug – wie das aufgehende Licht des Mondes!

Nanna, der in ehrlichem Staunen hervorkam,
Und ihre Mutter Ningal richteten Gebete an sie
Und grüßten sie an der Türschwelle des Tempels.« (S. 102)

Bereits hier wird deutlich, was sich vor allem auch bei der ägyptischen Göttin Isis wiederholen wird, insbesondere wenn sie in hellenistischer Zeit zur universalen Allgöttin avancieren wird: Diese Töchter erhalten ihre machtvolle Position zunächst fraglos, ja sogar freudvoll zugestanden. Sie wissen sich geliebt und werden ganz selbstverständlich »größer« und »älter« als ihre Eltern. Schon gar nicht müssen sie um ihre (Vor-)Herrschaft streiten oder kämpfen. Vor allem die Väter geben freiwillig von ihrer Macht ab und stellen sich hinter ihre Töchter bzw. kooperieren mit ihnen. So treten die Töchter selbstbewusst die Nachfolge ihrer Eltern an und erfüllen die ihnen zugedachte Rolle mit selbstverständlicher Sicherheit.

»Mich erzog mein Vater zum Wissen, ich bin seine geliebte leibliche Tochter«, kann Isis selbstbewusst von sich behaupten. »Ich bin Isis, die göttlich ist durch die Formeln ihres Mundes und durch die Weisheit meines Herzens, die mein Vater, der Gott, mir gegeben hat.« (S. 435)

Der, um den es hier geht, ist niemand Geringeres als der Weisheitsgott Thoth (griech.: Hermes). Isis ist das einzige Kind, das Thoth mit der Himmelsgöttin Nut zusammen hat. Mit Hermes zusammen hat sie die Buchstaben und zweierlei Schriften erfunden, »damit nicht alles mit denselben Buchstaben geschrieben werde« (S. 386). Zusätzlich hat sie den Menschen verschiedene Sprachen geschenkt, damit sie sich im Gespräch untereinander austauschen können (S. 393). »Der weibliche Wesier« wird sie genannt, »Tochter des Thoth, die Befehle erlässt« (S. 432). Aufgrund dieser Herkunft wurde sie in Ägypten auch mit Maat, dem (weiblichen) Prinzip der Welt-Weisheit schlechthin, gleichgesetzt.

In der Geburtslegende der Göttin im kleinen Geburtstempel zu Dendera ruft ihre Mutter Nut bei der Geburt ihrer Tochter freudvoll aus:

»Du bist älter – *ìs* – als deine Mutter!«

Worauf der Text ergänzend fortfährt: »Und so entstand ihr Name Isis.« (S. 432)

In diesen Zusammenhang gehören auch Wendungen wie: »Die Tochter und Mutter, die ihren Erzeuger erschuf«, oder »die Mutter ihres Erschaffers«, Wendungen, die die uranfängliche Schöpferinnenkraft dieser Frauen bezeugen. Wie Inanna in ihrer Eigenschaft als Morgen- und Abendstern geht auch Isis – als Uräusschlange am Bug der Sonnenbarke – allem und allen voran!

Wie Hathor, die Göttin der Liebe, des Rausches und des Tanzes und (als Himmelskuh) Trägerin der Sonne (mit der Isis oft gleichgesetzt wird), erhält auch Isis den Beinamen »Frau, die groß ist an Gesetzen« (S. 432). Hathor wiederum gilt als »Tochter des Re und Oberhaupt an seiner Stirn, nach deren Befehl er in allen Dingen handelt« (S. 430). Wobei sich »Oberhaupt« auf die weibliche Kobra, auf das sogenannte Uräusdiadem, bezieht, das sich an der Stirn des Gottes (wie auch des Pharao als seines Stellvertreters) befand. Diese Göttin-Uräusschlange konnte mit Hathor wie mit Isis identifiziert werden. Göttinnen als »Töchter des Re« personifizierten in Ägypten traditionell die aktive Seite des Sonnengottes. Und Hathor vor allem gilt als das »Auge« des Sonnengottes, aus dem heraus er sogar die ganze Menschheit entstehen ließ! Dieses Auge schickt Re auch in die Welt, damit es dort an seiner Stelle für ihn kämpft.

In diesen Zusammenhang gehört auch der Mythos von der Heimholung der Sonnenkatze *Tefnut*, die sich eines Tages mit ihrem Vater im Zorn überwirft. Daraufhin verlässt sie Ägypten und zieht sich unmutig nach Obernubien zurück. Vater Re jedoch, heißt es, »grämt sich über die Ferne seines Kindes und sehnt sich heiß nach der geliebten Tochter« (Brunner-Traut, S. 121). Und so schickt er Thoth, den Weisheitsgott, aus, um die Tochter zurückzuholen, was nach vielen Mühen und Überredungskünsten schließlich gelingt. Vater und Tochter versöhnen sich in Frieden miteinander. Aber es ist der Vater, der sie inständig bittet, zu ihm zurückzukehren.

2. Der Sohn als Kulturträger

Erst bei Demeter kommt es zum Bruch. Hier, an einer Nahtstelle zum Patriarchat, erleben wir die Tochter zum ersten Mal als gefährdet (wie uns Homer und später Ovid erzählen). Vater Zeus will sie in echt patriarchalischer Manier an seinen Bruder *Hades*, den Gott der Unterwelt, verkuppeln bzw. zwangsverheiraten. Obwohl er Mutter und Tochter um ihre Einwilligung hätte bitten können, zieht Hades es vor, die Tochter ohne Wissen der Mutter zu rauben: ein Versuch, der jedoch am Ende kläglich scheitert, weil Demeter mit allen ihr zur Verfügung stehenden Kräften um die Tochter kämpft und sich vor allem weigert, das geschehene Unrecht schönzureden, sprich: die Vergewaltigung durch Hades »Liebe« zu nennen. Dem treulosen und hinterhältigen Vater werden dabei entschieden seine Grenzen aufgezeigt. Er, nicht sie, muss am Ende klein beigeben. Demeter ist Göttin von Erde und Wachstum, und wenn die Erde nichts mehr wachsen lässt, ist auch der Himmel machtlos (eine Botschaft, die wir vielleicht heute wieder neu in ihrer Dringlichkeit verstehen).

Von da an sind es neben den Töchtern immer mehr die Söhne, die sich in den Vordergrund schieben, und im Unterschied zu den oben beschriebenen Töchtern sind diese Kinder nun ernsthaft durch ihre Väter oder andere männliche Verwandte gefährdet:

- Athene durch ihren Vater Zeus,
- Iphigenie durch ihren Vater Agamemnon (wird von ihm wegen Kriegsglück »geopfert«),
- die namenlose Tochter des Richters Jiphtach (wird durch ihren Vater wegen Kriegsglück »geopfert«, Ri 11,29–40),
- Horus durch seinen Onkel Seth,
- Attis durch seinen Großvater, den Vater seiner Mutter Nana,
- Ödipus durch seinen Vater Laios,
- Isaak (im Islam Ismael) durch den leiblichen wie den himmlischen Vater,

- Mose durch »Pharao«,
- Jesus, zuerst durch Herodes (wenn auch historisch nicht zu belegen) und dann durch den eigenen Vater »im Himmel«.

Um nur einige Beispiele zu nennen.

Nun kommt es auf die Mütter an: Sind sie in der Lage, ihre Kinder wirksam zu schützen, oder ergeben sie sich in den Willen der »Väter«?

Bei Isis ist es noch unbestritten, dass sie den Sohn vor den Nachstellungen des Seth schützen kann. Sie, die machtvolle Göttin, die in Ägypten sogar zu zwei Dritteln männlich vorgestellt werden konnte, ist in der Lage, den Kampf auch in Zeiten der Abwesenheit ihres Gatten Osiris aufzunehmen. »Ich machte mich zum Mann (d.h. handelte wie ein Mann), um deinen Namen auf Erden leben zu lassen« (Zingsem 2008, S. 433), verkündet sie selbstbewusst. (Selbst Mose wird noch ganz nach ägyptischem Vorbild von der eigenen Schwester und von seiner Mutter gerettet!)

Auch die kleinasiatische (und später römische) Göttin Kybele kann den Knaben Attis vor den Tötungsabsichten seines Großvaters retten.

Danach jedoch geht es steil bergab. Metis, Jokaste und erst recht Maria, die Mutter Jesu, sind nicht mehr in der Lage, ihre Kinder gegen die Tötungsabsichten des eigenen Vaters zu verteidigen, z.T. versuchen sie es nicht einmal mehr!

Besonders tragisch ist dabei das Schicksal der Göttin Athene. Sie, die im Leib ihrer Mutter, der Weisheitsgöttin Metis, heranwächst, wird zum Opfer eines Orakels der Mutter Erde. Zeus hatte die Göttin gegen ihren Willen geschwängert, und das Orakel sagte voraus, dass sie ein Mädchen zur Welt bringen wird. Sollte Metis jedoch jemals wieder schwanger werden, würde sie einen Sohn gebären, dem es bestimmt sei, seinen Vater Zeus zu entthronen. Daraufhin verschluckt Zeus die schwangere Weisheitsgöttin, um dieses Problem ein für alle Mal aus der Welt zu schaffen. Athene, die aus dem Kopf ihres Vaters herausgemeißelt werden muss, wird später, dem Mythos zufolge, ihre mütterliche Herkunft vergessen. Weshalb sie umso besser für die Ziele des Patriarchats vereinnahmt werden kann. Nach den »*Eumeniden*« des Aischylos wird sie erklären, dass die Mutter für das Kind verzichtbar ist, da sie selbst nur durch ihren Vater, ohne Zutun einer Mutter, auf die Welt gekommen sei. So wurde die Weisheit der »Mütter« zunehmend verdrängt und die Tochter konnte ihren Platz nur noch behaupten, wenn und insofern sie das Erbe der Mutter verleugnete (vgl. v. Ranke-Graves, S. 37f.).

Auch die Geschichte des Ödipus ist bezeichnend: Er wird durch seinen Vater Laios, den König von Theben, als Neugeborenes in der Wildnis ausgesetzt. Ähnlich wie Zeus hatte auch Laios vom Orakel zu Delphi erfahren, dass der Sohn, den ihm seine Frau Jokaste gebären würde, eines Tages zu seinem Mörder werden sollte. Der Junge, der bei Zieheltern aufwächst, tötet eines Tages tatsächlich seinen Vater (der ihn auf der Straße bedroht), weil er ihn nie kennengelernt hat. Unwissentlich heiratet er kurz darauf seine Mutter Jokaste und blendet, als er die wahren Zusammenhänge in seiner Familie herausfindet, aus Verzweiflung schließlich sich selbst. »Die Tötung des Kindes durch den Vater wird von der patriarchalen Gesellschaft toleriert, die Tötung des Vaters aber ist ein unverzeihliches Verbrechen«, kommentiert die Psychotherapeutin Hannelore Röggla wohl treffend (Röggla, S. 167).

Von da an müssen vor allem die mythischen Söhne sich ihren Platz im Leben erkämpfen, wobei es vor allem die (göttlichen) Väter sind, die zur stärksten Bedrohung für ihre Kinder werden. Töchter kommen hier kaum mehr vor. Die Söhne aber geraten nun mit ihren eigenen Vätern in einen erbitterten Konkurrenzkampf um die Macht. Dadurch wurde wohl auch der Blick der analytischen Psychologie im letzten Jahrhundert eher auf den Vater-Sohn-Ablöseprozess gelenkt. Überdies standen Bachofen, Jung und Neumann die mythischen Texte, die wir heute kennen, noch nicht zur Verfügung. So wurde der Sohn zum Zeichen der neuen Schöpfung, der sich einerseits aus der Urwärme des Mutterschoßes herausarbeiten und sich andererseits im Kampf gegen seinen Vater, bzw. die Tradition der »Väter«, bewähren muss, wenn er etwas Neues in die Welt bringen will. Bei dieser Form der Bewusstheitsentwicklung wird Erneuerung, symbolisch gesehen, stets nur einseitig mit der Vater-Sohn-Linie und -Problematik verknüpft. Die Tochter – als Vierte im Bunde – fällt »hinten runter«. Obwohl die von C.G. Jung selbst favorisierte Quaternio beim Prozess der Individuation im Vordergrund steht, gilt ihr kein Blick, schon gar kein liebevoller. »Kind« ist von jetzt ab immer »Sohn« (nicht nur auf der Symbolebene).

»Die weltschöpferische Tat des Helden ist der Muttermord«, kann C. G. Jung ungebremst – wenn auch »nur« für die Symbolebene – verkünden (S. 110), und man fragt sich entsetzt, aus welchem Schoß denn diese Vorstellung kroch. – Doch auch mit dem Vater räumt der Sohn nun auf: »Der Held«, so heißt es in der von Erich Neumann verfassten »Ursprungsgeschichte des Bewußtseins«, »ist notwendigerweise der Brecher des alten Gesetzes. Er ist der Feind des alten Herrschaftssystems ... und des herrschenden Gewissens und tritt so notwendig in Gegensatz zu dem persönlichen Vater, der im Umkreis des Sohnes das herrschende Kultursystem verkörpert. In diesem Konflikt steht die ›Stimme‹ als Auftrag des transpersonalen Vaters, des Vater-Archetyps ... gegen den persönlichen Vater als Ausdruck des alten Gesetzes« (Neumann 1974, S. 193). Und an anderer Stelle erklärt er: »Dieser Held und ›Große Einzelne‹ ist immer grundsätzlich der Mensch der direkten inneren Erfahrung, der als Seher, Künstler und Prophet oder Revolutionär die neuen Werte und Inhalte, die ›neuen Bilder‹, sieht, formuliert, darstellt und verwirklicht ... Seine Orientierung ist die ›Stimme‹, die individuelle innere Äußerung des Selbst in der Unmittelbarkeit der direkten ›Ansprüche‹.« (Ebd., S. 400) Nach Neumann hat diese »Stimme« prinzipiell und unausweichlich »›Sohn‹-Charakter gegenüber dem ›Vater‹-

Charakter des Gesetzes, und der Vatermord durch den Sohn bleibt ein ewiges Urbild der inneren Geschichte der Menschheit und des Menschen« (Neumann 1984, S. 123).

Töchter werden unsichtbar, an sie richten sich keine Erwartungen, sie inspirieren weder zu Hoffnungen noch zu Visionen. In der vielbesungenen Jung'schen Quaternio muss sich das Weibliche den Platz mit dem Schatten, dem Dunklen und »Bösen«, teilen. Jung wie auch Erich Neumann und später James Hillman bleiben darin ganz Kinder ihrer Zeit und der Symbolbildung der jüdisch-christlichen Kultur, bei der das Weibliche in Eva verteufelt und im biologistisch ausgedeuteten Bild der »Jungfrau Maria« fruchtlos bleibt. Es »zeugt« fortan der Mann, in unserer Sprache bis heute. Wir sprechen vom »Erzeuger« und davon, dass er der Frau ein Kind »macht«.

Vom Kind aus gesehen ist das Kleine und Neue immer schutzbedürftig (auch die schöpferischen Ideen in uns selber wollen zunächst im Stillen behütet und genährt werden, bevor wir sie öffentlich machen). Dass jedoch das Männliche sich ab einer bestimmten Epoche, die vor ca. 3000 Jahren im Vorderen Orient begann, in beinahe allen Mythologien gegen die eigenen Söhne wendet, sollte uns zu denken geben. Die größte Gefahr für den Sohn geht, soweit es unseren Kulturkreis betrifft, nicht von der angeblichen »Todesmutter« aus, sondern vom »Vater«, der das Neugeborene bereits im Keim ersticken und gar nicht erst groß werden lassen will. Selbst die Göttin *Tiamat*, die immer als der Prototyp der »verschlingenden Mutter« herhalten muss, will nach dem babylonischen Schöpfungsmythos des *Enuma Elisch* ihre Kinder retten, wohingegen *Apsu*, der Vater, ihre Vernichtung plant, weil er seine Ruhe haben will (vgl. Stamer / Zingsem, S. 133–139).

3. Das (Geschwister-)Paar als Symbol der Zukunft

Erneuerung, auch symbolisch gesehen, allein über die männliche Linie des Sohnes suchen zu wollen greift allerdings zu kurz, denn der Sohn bleibt in sich fruchtlos, solange er sich nicht mit einer Frau vermählt. Bewusstseinsentwicklung auch über den Archetyp der Tochter zuzulassen, könnte ungeahnte Möglichkeiten eröffnen. Es wird also Zeit, die Tochter als das fehlende »Vierte« der Eltern-Kind-Beziehung aus dem »Bewusstseinsschatten« herauszuholen, in dem sie schon viel zu lange und zum Schaden ganzer Kulturen verharrt. Wo es Mütter und Väter gibt, gibt es Töchter *und* Söhne, geht das Leben über beide Kinder weiter. Unbegreiflich, dass dies auch und gerade symbolgeschichtlich-psychologisch so lange »vergessen« werden konnte. Erst mit Tochter und Sohn wird die sogenannte »heilige Familie« komplett. Dafür hatte man in den alten Mythen unseres Kulturkreises durchaus noch ein Gespür: Inanna, die Tochter von Ningal und Nanna, hatte beispielsweise im Sonnengott Utu einen Bruder, mit dem sie sich gut verstand; ihr Geliebter Dumuzi, der Sohn von Sirtur und Enki, fand in seiner Schwester Geschtinanna ein liebevolles Pendant. Zudem stehen diese Geschwisterpaare nicht in Konkurrenz zueinander, sondern sie kooperieren miteinander. Sie sind füreinander verlässliche Stützen. Hier ist die Ausgeglichenheit von weiblichen und männlichen Kindern gewahrt. Die Verehrung allein für das Sohnhaft-Männliche hingegen landet in der Sterilität.

Ich möchte dies noch einmal am Symbol der Madonna mit dem Jesusknaben verdeutlichen: Auf den ersten Blick sieht es so aus, als handle es sich hier um ein Symbol schöpferischer Lebenserneuerung. In Wirklichkeit haben wir hier jedoch ein Endzeitsymbol vor uns. Wir lullen uns ein im Jubel über das neugeborene Kind in der Krippe oder auf dem Schoß seiner Mutter und merken dabei gar nicht, dass mit diesem Bild das Ende der Welt längst eingeleitet ist: eine Mutter, die keine Kinder mehr bekommen wird, da sie, dogmatisch gesehen, (im biologischen Sinne) Jungfrau war und ist und bleiben muss (selbst nach der Entbindung). Ein Sohn, der keine Frau mehr lieben wird, mit deren Hilfe er sich fortpflanzen könnte. Im Hintergrund und unsichtbar bleibt »unser Vater im Himmel«, der diesen Sohn im besten Mannesalter zu Tode bringen und danach kein weiteres Kind mehr zeugen wird.

Maria ist außerdem keine vom Vater geliebte Tochter (über ihre Mutter erfahren wir in der Bibel nichts!). Sie ist und bleibt »die Magd des Herrn«, die aus Gnade von ihm erhöht wird. In der Szene, in der sie Jesus empfängt, kommt die »Kraft des Höchsten« über sie (Lk 1,35), was mit Sicherheit kein Bild von liebevoller Sinnlichkeit hervorruft! Zwar preist sie im *Magnifikat* ihren »Herrn«, doch bleibt der Lobpreis einseitig, denn er wird nicht von »Ihm« erwidert. Es geht ja zunächst auch weniger um sie als um den Sohn, den er mit ihr zeugen will.

Aber auch das Symbol von Mutter und Sohn bleibt in sich steril. Eine Weitergabe des Lebens erfolgt allein im Zusammensein mit einer Frau, und die sollte für den Sohn nicht die eigene Mutter sein. »Alles ist aus dem Weiblichen geboren« – ein Grundaxiom des Lebens überhaupt. Das Männliche ist ohne das Weibliche niemals fruchtbar und bedarf des Weiblichen zu seiner Vermehrung (was umgekehrt nicht im selben Maße gilt). Die Liebe, wie sie sich im Mutter-Sohn-Modell unserer christlichen Kultur zeigt, schließt Sexus und Eros explizit aus und zielt damit auf ein Leben, das nicht von dieser Welt ist. Was dieses Symbol im Tiefsten anvisi(oni)ert, sind nicht neue Zeit und neue Schöpfung, sondern Endzeit, Auslaufzeit für das Modell Erde mit seinen Zyklen des Wachstums durch beständige Erneuerung, die konkret nur über das Weibliche möglich wird. Da dieses Bild jedoch zum einzigen und daher zentralen Paar-Symbol unserer Kultur geworden ist, sollten wir beginnen, uns kritisch dazu zu stellen, solange uns das Leben auf dieser Erde noch lieb ist.

Das Symbol der Göttin Isis mit dem Horusknaben auf dem Schoß ist dem Madonnenbild nur äußerlich ähnlich. Isis bleibt die Geliebte des Osiris, den sie als die Aktiv-Schöpferische stets neu vom Tod zum Leben erweckt. Im Rahmen der zyklischen Erneuerung der Erde feiern die beiden immer wieder Hochzeit als heilige Verbindung zwischen allem, was lebt. Den Menschen stellten sie das ideale und vollkommene Liebespaar dar (was im Übrigen den »Seitensprung« zwischen Osiris und Nephthys einschloss; hier wäre es auch interessant, der Schwester-Symbolik nachzugehen). Horus, den Isis als Kind (*Harpokrates*) vor den Nachstellungen des Seth schützt, wird erwachsen und kann sich selbst nicht nur schützen, sondern auch gegenüber Seth behaupten, wodurch er den Platz seines Vaters Osiris einnimmt. Er wird fruchtbar in den vier Horussöhnen. Isis, die von sich sagen kann: »Ich empfing deinen Samen und machte daraus den Erben«, ist geradezu das Gegenbild der passiven Madonnengestalt, die uns überdies, dogmatisch gesehen, als »versiegelter Garten« präsentiert wird. Die Liebe der Göttin bewirkt die Verwandlung des Starren auf allen Ebenen des Lebens. Ihr Kind wird in hellenistischer Zeit mit Eros, dem Gott der Liebe gleichgesetzt, dessen (Wieder-)Geburt nach der römischen Kalenderreform (30 v. Chr.) am 25. Dezember, zur Zeit der Wintersonnenwende, gefeiert wurde!

Seit der Jahrtausendwende steht statt der Eins nun wieder eine Zwei vor unseren Jahreszahlen. Damit dürfte von der Numerologie her die Zeit des Monotheismus auf ihr Ende zulaufen. Die Symbolik der Zwei öffnet neu den Blick auf das (liebende) Paar und könnte der einseitigen Vergottung des Männlichen ein allmähliches Ende setzen. Der Mensch ist Zwei! Und aus der Zwei erwächst mit der Drei die Öffnung hin zur Vielfalt. In dieser Hinsicht könnte vielleicht auch die Ausstellung »Gott weiblich« (vgl. S. 30) noch ungeahnte Früchte hervorbringen …

Nachwort: Kooperation versus Einzelkampf – Neue Erkenntnisse aus der Neurobiologie

> Wir sind sozial bis in den Kern unseres Wesens. Die Selbstsüchtigkeit von Genen ist eine fragwürdige Behauptung.
>
> *Frans de Waal (Primatenforscher)*

Die weitaus meisten der in diesem Buch vorgestellten Schöpfungsgeschichten entwickeln bereits im Anfang Modelle des Miteinander, die auf Zusammenarbeit und gegenseitigem Mit- und Einfühlen gegründet sind. Das ist auch insofern nicht verwunderlich, weil sie beinahe alle aus polytheistischen Systemen heraus entstanden sind, in denen eine Vielzahl göttlicher Wesen vorgestellt wird, die von Anbeginn miteinander kommunizieren und bei der Gestaltung der Welt auch aufeinander angewiesen sind. Das ändert sich erst, als der Monotheismus mit seinem Ein-Gott-Glauben auf den Plan tritt. Kommunikative Modelle des Miteinander kommen im strikten Monotheismus, wie er uns auch aus den beiden Schöpfungsgeschichten der Bibel entgegentritt, nicht mehr vor. »Schöpfungsberichte« nennen wir sie bezeichnenderweise, schon wegen der Kürze und Knappheit ihrer Formulierungen.

Vor allem Gen 1 klingt mehr nach nüchterner Bestandsaufnahme denn nach erzählter Geschichte. Gott schafft hier nicht nur durch sein Wort, er schafft es auch allein. Niemand geht ihm zur Seite, mit niemandem bespricht er sich, er scheint auf niemanden angewiesen. Ganz auf sich allein gestellt führt er seinen Plan zu Ende. Warum er überhaupt etwas schaffen will, bleibt ungewiss. Beide Schöpfungsgeschichten zeigen uns einen Alleinherrscher, der außer Zorn keine Gefühle zu kennen scheint. Es gibt kein Aushandeln, kein angstfreies Lernen aus Fehlern, erst recht keine Anleitung, wie die ersten Menschen sich am besten zu ihren Mitgeschöpfen, den Geschöpfen der

Erde zu verhalten hätten. Nur dass sie herrschen sollen, wird gesagt, nicht aber, wie dieses »Herrschen« auszusehen hat.

Etwas mehr Geduld und Einfühlungsvermögen von Seiten »Jahwes« – und der »Sündenfall« hätte nie stattgefunden! Der wiederum eine Art von Ur-Pessimismus mit sich bringt: »Des Menschen Herz ist böse von Jugend auf«, heißt es später in der Bibel (Gen 8, 21) – was die Vorstellungen von der christlichen »Erbsünde« begünstigte. Von jetzt an steht man dem Menschen und seinen Fähigkeiten zum Guten grundsätzlich skeptisch gegenüber. Was sich in die berühmte *self-fulfilling-prophecy* verwandelt, wenn man es nur oft genug wiederholt. Wir wissen es alle: Wenn man uns nichts zutraut, dann trauen wir uns schon bald selber nichts mehr zu. Dies hat im Übrigen mit unseren neurobiologischen Motivationsmustern zu tun (die auf Rückkoppelung und Spiegelung durch andere angewiesen sind), wie wir weiter unten noch sehen werden.

Die Vorstellung, dass das Leben hart ist und ein Kampf gegen »Dornen und Disteln«, dass man sein Brot im Schweiße seines Angesichts erarbeiten muss, macht sich breit. Die Trostlosigkeit des Ausgestoßenen, eines – durch die Sünde – von der Gemeinschaft mit Gott Ausgeschlossenen, nistet sich in Herz und Seele der aus dem Paradies vertriebenen Menschen ein. Ein Gefühl, wie von Gott und aller Welt verlassen zu sein. Dazu noch Kain, dessen – wohlgemerkt – *unblutiges* Opfer nicht angenommen wird. Eine Idee, wie sie nur in einem – unbehausten – Nomadenvolk entstehen kann. Noch Jesus wird keinen Stein haben, sein Haupt darauf zu legen! In dieser Welt kann und will man Heimat gar nicht finden. Sie ist nur Durchgangsstation auf dem Weg zu einem neuen Paradies, das in ferner, ferner Zukunft liegt.

Aus der Schöpfungsgeschichte in Gen 2 und 3 ist nur schwerlich ein Prinzip Menschlichkeit zu gewinnen. Eher ist es die Vorstellung vom Kampf gegen eine entseelte und entweihte »Natur«, die einem nichts schenkt, das Misstrauen zwischen Mann und Frau und deren ersten beiden Nachkommen (Kain und Abel), das hier gesät wird, lässt menschliche Gemeinschaft als ein fragwürdiges Produkt erscheinen. Vielleicht kam auch deshalb der Wunsch nach einer zweiten Schöpfungsgeschichte auf – die zumindest im Ton versöhnlicher und geglätteter ist. Es ist dieser Ton, der die Musik macht. Und immerhin ist Gott / Elohim hier mit seiner Schöpfung zufrieden. Ein Einzelkämpfer bleibt allerdings auch »Er«. Er sagt zwar in Gen 1,26: »Lasst uns den Menschen machen, nach unserem Bilde, uns ähnlich«, doch wird nicht klar, wer sich hinter diesem Plural verbirgt. Ein wirklich dialogisches Prinzip, wie wir es in vielen anderen Schöpfungsmythen kennengelernt haben, entsteht hier nicht. Es hört sich eher nach Selbstgespräch an. Die Gottähnlichkeit betrifft zudem allein den Menschen, was, von heute aus gesehen, eine eher problematische Vorstellung ist. Mit den Gottheiten der anderen Völker redet dieser Gott erst recht nicht, denn die hat er ja weiter oben im Text erst zu bloßen, von ihm selbst hergestellten Lampen am Firmament degradiert. Das »auserwählte Volk« muss sich unterscheiden. Darin besteht seine Besonderheit, und die bedeutet zugleich Absonderung. Ein Dialog mit den Göttern der Umwelt ist nicht vorgesehen, schon gar nicht mit der geradezu verhassten »Hure Babylon«, in deren Fängen man sich zur Zeit der Abfassung von Gen 1 gerade befindet.

Bis ins Neue Testament hinein ist es in Anlehnung an Gen 2 und 3 vor allem die Gehorsamsstruktur, die sich durchträgt. So wird noch bei Jesus vor allem gerühmt, dass er gehorsam war bis zum Tod am Kreuz. Nicht dass der Sohn Gottes, wie es sich für einen Erwachsenen gehört, seinen eigenen Weg findet, ist wichtig, sondern dass er den Willen des Vaters erfüllt und so wiedergutmacht, was in der Geschichte mit dem Sündenfall schiefgelaufen ist. Und Wiedergutmachen heißt Gehorchen, keinen eigenen Willen zum Ausdruck bringen, wie es Eva noch versucht hat, indem sie den Einflüsterungen der Schlange nachgegeben hat: der Schlange, die hier als Göttin betrachtet werden muss, die zu Jahwe in Konkurrenz tritt. Eine Gottheit neben Jahwe aber wird von jetzt ab nicht mehr geduldet, auch das macht diese Geschichte unmissverständlich klar. Gott ist der Stärkere, er setzt seinen Willen durch, indem er die Schlange, *das* Symbol göttlicher Macht bei den Völkern des Alten Orients, klein, um nicht zu sagen: platt macht: »Auf deinem Bauche sollst du kriechen und Staub fressen« – mit diesen Worten wird die Göttlichkeit der Schlange ein für alle Mal erledigt. Zudem wird »Feindschaft« gesetzt zwischen Frau und Schlange.

Schlangen gelten der Alten Welt als ein Symbol für Wiedergeburt, Heilung und Unsterblichkeit. Häufig werden sie als Symbole des heiligen weiblichen Lebens verehrt. So schafft Jahwes Rede Feindschaft zwischen die Frau und die göttlich weibliche Quelle ihrer Kraft. Bestand Evas »Schuld« nicht vor allem darin, dass sie, im Symbol der Schlange, die falsche Gottheit angebetet hat? Nachdem die Geschichte in Gen 2 und 3 der Frau bereits die Macht zu gebären abgesprochen und auf den Mann verlagert hat (»nicht ist der Mann aus der Frau«, 1 Kor 11,8!), wird der Frau nun der Zugang zu den Symbolen weiblicher Macht und Stärke verwehrt. Spätere Zeiten werden der Schlange das Gesicht der verteufelten Lilith geben, jener angeblich »ersten Frau Adams«, die alle Züge einer geheimen Göttin des Judentums trägt. Ein »Sieg« des neuen und einzigen Gottes also auf allen Ebenen. Nur dass es gar nicht so aussieht, als ob hier gekämpft worden wäre. Das macht die Geschichte so vertrackt. Es sieht gar nicht so aus, als ob hier viel passiert wäre. Doch offen und vor aller Augen vollzieht sich die größte Gewalttat der Geschichte, die symbolische Entmachtung von mindestens der Hälfte der Menschheit – der schon bald die konkrete auf dem Fuße folgen sollte. Oder sollte die bereits vollzogene Degradierung der Frauen hier nachträglich gerechtfertigt werden? Wenn es schon bei der Schöpfung so festgelegt wurde, dann hatte die Frau kein Recht, sich dagegen aufzulehnen.

Was für Gen 1 die Verdinglichung der Gestirne zu bloßen Lampen bedeutet, das ereignet sich für Gen 2 und 3 in der Verteufelung der Schlange. Da sich in der schillernden Gestalt dieses Reptils die halbe Götter- und Göttinnenwelt des Vorderen Orients vereinte, war sie auch mit diesem einen Fluch zu erledigen: »Verflucht seist du unter allem Vieh ...« Jahwes schöpferisches Wort, bzw. das des Autors der Bibelstelle, leistet auch hier ganze Arbeit: Von jetzt ab gilt das Recht des Stärkeren, wie es sich in der Geschichte von Elia mit den Baalspriestern wiederholen wird. Dieser Gott duldet keine anderen Götter und Göttinnen neben sich, das wird ein ums andere Mal niedergeschrieben. Nicht dass dies die anderen Völker beeindruckt hätte – doch uns, die wir Nachfahren dieser Kultur sind, halten diese Geschichten noch immer in den Klauen.

Vielleicht müssen wir den Darwinismus und die moderne Rede vom »egoistischen Gen« nur als einen letzten und konsequenten Auswuchs von Gen 2–4 ansehen: die Vorstellung, dass das Leben ein Kampf ist und ein Mensch darin dem anderen ein Konkurrent. Dass es gilt, die anderen zu übertrumpfen, »besser« zu sein als sie, sich allein an die einsame Spitze zu setzen, all das können wir nämlich aus unseren Schöpfungsgeschichten herauslesen. Zumindest wenn wir uns das Verhalten des darin geschilderten Gottes zum Vorbild nehmen – was Menschen ja gemeinhin tun. Immer projizieren sie in ihren Gottheiten zugleich ihre eigenen höchsten ethischen Werte an den »Himmel«. Warum, so müssen wir uns heute fragen, hat eine Religion, hat das »Gottesvolk« es nötig, alle anderen herabzusetzen, sich selbst als etwas Besseres und angeblich Höherwertiges von allen anderen abzusetzen; und sich dann noch das Recht herauszunehmen, die zu vernichten und auszurotten, die im Weg stehen?

Nicht dass die Christen Darwin unbedingt gemocht hätten – Doch die Kritik bezog und bezieht sich bis heute (wie bei den Kreationisten) mehr auf die von ihm behauptete biologische und evolutionsgeschichtliche Verwandtschaft des Menschen mit den Tieren, mit Natur überhaupt, die man gelernt hatte, als etwas Minderwertiges und »Totes« anzusehen, von dem der Mensch sich angeblich durch Seele und Geist und eben »Gottebenbildlichkeit« entscheidend abhob. Diese Verwandtschaft, die den Menschen nun wieder unter die Mitgeschöpfe einreihte, seine »tierische« Herkunft, war es, die man zu Darwins Zeit bezeichnenderweise noch als schockierend empfand. Womit die meisten der in diesem Buch beschriebenen Kulturen z.B. überhaupt kein Problem gehabt hätten. Dazu kam noch, dass die Evolutionsbiologie die Entstehung des Lebens Milliarden von Jahren zurückdatieren musste, wobei man das Alter der menschlichen Spezies mittlerweile auf zwei bis drei Millionen Jahre schätzt (vgl. Bauer, S. 153). Das schien in direkter Konkurrenz zu den Schöpfungsvorstellungen der Bibel zu stehen, deren Wortlaut man zur Zeit Darwins noch für gottgegeben und damit unveränderbar hielt.

In anderer Hinsicht befand sich Darwin mit der Bibel durchaus auf einer Höhe: Seine These vom *survival of the fittest* (was man allerdings auch mit »am besten angepasst« übersetzen kann), derzufolge sich das Stärkere als das Bessere stets durchsetzte, konnte man durchaus als Beweis für die Stärke einer Religion ansehen, die einen bis dahin beispiellosen Sieges- und Missionszug über die Welt angetreten hatte. Indem das Stärkere sich durchsetzt, gilt es als besser, und das Bessere erscheint eben damit schon als gerechtfertigt. Aber auch umgekehrt wurde ein Schuh daraus: Das, was gerade am meisten Macht ausübte, musste schon allein deswegen das Beste sein, weil es sich durchgesetzt hatte. Auf dieser Basis konnten Forscher wie Bachofen auch mühelos die Entwicklungsnotwendigkeit des Patriarchats aus dem Matriarchat verfechten, konnte der Rassismus die Auslöschung angeblich minderwertiger, weil weniger kampferprobter Völker und Kulturen regelrecht propagieren. Das Christentum befand sich in einem gewissen Dilemma: Von Jesus und der Bergpredigt her auf Mitgefühl und Nächstenliebe verpflichtet, wurde es vom Gedanken der Missionierung her gleichwohl auf Kampf und »Höherwertigkeit« eingeschworen – und durch die Vorstellung, ein auserwähltes Gottesvolk zu bilden, erst recht. Die Blutspur, die diese Religion der Nächstenliebe auf dem gesamten Erdball hinterlassen hat, ließe sich sicher mehrmals um den Äquator schlingen. Auch wurde das Kreuz als Symbol der Ohnmacht und Erniedrigung nur zu bald in ein Symbol des Triumphes umgemünzt: »Das Grab ist leer, der Held erwacht«, singt man bis heute im Ostergottesdienst.

Andererseits konnte gerade der Tod Jesu am Kreuz als Verweis auf die abgrundtiefe Schlechtigkeit der Menschen gelten, die selbst diesen edelsten aller Menschen in ihrer Verblendung hassen statt lieben mussten. Und hier traf man wieder trefflich mit Darwin und Co. und all jenen zusammen, die bis heute das egoistische Gen beschwören und daraus die Natur-, wenn nicht Gottgegebenheit des Kampfes aller gegen aller ableiten wollen. »Des Menschen Herz ist böse (weil nur an sich selbst interessiert) von Jugend auf.« Man »sieht«, was man kulturell bereits gewohnt ist zu sehen. Seit den ersten Tagen »unserer« Schöpfungsgeschichte sind die Menschen der Sünde verfallen, denn Egoismus und Gier sind »Sünde«, nur dass bei Darwin und Dawkins diese Sünde auf einmal geradezu vergöttert wird: Der Mensch kann nicht anders. Seine Gene bestimmen ihn quasi zum Raubtier. Womit diese Mentalität zugleich gerechtfertigt wäre. Doch man erkennt, was man ohnehin schon »weiß«: dass der Mensch zur Nächstenliebe nicht geboren ist, dass er vielmehr seit den Tagen von »Kain und Abel«, »sündig«, nur seinen eigenen Interessen nachhängt und dafür notfalls über Leichen geht.

Da passt dann so etwas wie das berühmte *Milgram*-Experiment trefflich ins Bild: Menschen, die auf Befehl blindlings gehorchen und Mitmenschen mit Elektroschocks traktieren, obwohl sie sehen und hören, wie schaurig diese Menschen unter den Schmerzen leiden, die sie ihnen zufügen. Was nicht dazu gesagt wurde: Sobald hinter den Exekutoren nicht mehr ein Versuchsleiter stand, sondern deren zwei, von denen der eine zusätzlich den Abbruch der Schocks befürwortete, war keine Probandin und kein Proband mehr bereit, mit der Quälerei fortzufahren. Andere, die sich gezwungen sahen, das Experiment fortzuführen, brachen währenddessen oder nachher selbst zusammen. Es musste schon massiver Druck ausgeübt werden, damit überhaupt Elektroschocks ausgelöst wurden. Von Sadismus oder Freude, so Milgram selbst, keine Spur (vgl. Bauer, S. 71f.). In der Regel wird dieses Experiment im genau entgegengesetzten Sinn verstanden: Es wird als Beweis dafür genommen, dass Menschen ihre Mitmenschen skrupellos foltern, so sie nur massiven Befehlen ausgesetzt werden, die ihr eigenes Verantwortungsgefühl außer Kraft setzen. Weil es besser ins Bild passt, das man schon kennt und das man nicht verlassen will. Den einen dient es als Bestätigung für die Sündhaftigkeit des Menschen, den anderen als Beweis für seinen angeborenen hemmunglosen Egoismus, der nun allerdings nicht mehr als Fehler, sondern als gesundes Recht des Menschen gewertet wird: das, worauf ihn seine Biologie verpflichtet. Was wiederum nur zu gut in ein neoliberales Gesellschaftsmodell passt, in dem die Tugenden einer Ellbogengesellschaft propagiert werden. Doch im Grunde ist das eine nur die Kehrseite des anderen: Wo die einen Sünde am Werk sehen, machen die anderen aus der Not eine Tugend und sagen, der Mensch könne nicht anders. Im Zweifelsfall hätte Gott selbst ihn ja so geschaffen!

Leben heißt kämpfen, das war »ein in den westlichen Ländern idealisiertes, zeitweise geradezu religiös verehrtes Prinzip« (Bauer, S. 77). Wer in der Neurobiologie etwas anderes lehren wollte, wurde lange Zeit nicht als seriös anerkannt. Wissenschaftler wie Dawkins mit seinem Standardwerk vom »egoistischen Gen« sind hier immer noch federführend. Die Thesen erweisen sich jedoch zunehmend als unhaltbar, sind eher in das Reich der soziobiologischen Science-Fiction zu verweisen. Ganz im Gegenteil zeigen die neusten neurobiologischen Forschungsergebnisse, wie wenig der Mensch für ein gesellschaftliches

Modell geschaffen ist, in dem Kampf und Auslese vorherrschen. Von ihrer genetischen Grundausstattung her sind Menschen zuallererst auf Kooperation und Mitmenschlichkeit angelegt. Vom ersten Tag an können Gene ihre Funktion nur im engen Zusammenspiel mit der Umwelt entfalten (vgl. Bauer, S. 58). Sämtliche Ziele, die wir im Rahmen unseres normalen Alltags verfolgen, selbst wenn sie Ausbildung, Beruf oder Finanzen betreffen, haben aus der Sicht unseres Gehirns ihren tiefsten (wenn auch in der Regel unbewussten) Sinn dadurch, dass wir damit im Letzten auf zwischenmenschliche Beziehungen zielen, d.h. diese Beziehungen eingehen oder erhalten wollen. Das Bemühen des Menschen, als Person gesehen zu werden, steht noch über dem, was landläufig als Selbsterhaltungstrieb beschrieben wird.

Isoliert man beispielsweise Tiere oder Menschen von ihresgleichen und damit von der Zuwendung durch ihre Artgenossinnen und Artgenossen, verlieren sie nach einer gewissen Zeit auch den Willen zur Nahrungsaufnahme, werden apathisch oder sterben sogar. Sie verlieren ganz offensichtlich die Lust am Leben, wenn ihnen Gemeinschaft verwehrt wird (vgl. Bauer, S. 39 f.). Nicht nur Kinder sind zur Motivation ihres Handelns auf die Wahrnehmung von Bezuspersonen angewiesen. Für die Erwachsenen bleibt dies nicht minder lebenswichtig. Alle Motivation zielt im Letzten auf Gemeinschaft und Zusammenhalt. Bewusst oder unbewusst ist Motivation durch den Wunsch gesteuert, etwas für andere zu tun. Hierin liegt der Grund, warum wir eine Handlung umso lieber ausgeführen, je sinnvoller sie uns erscheint. Erst gelingende Beziehungen und Modelle von Kooperation erzeugen Motivation. Das ist am Arbeitsplatz, in der Öffentlichkeit nicht anders als in unserem Privatleben.

Selbst wirtschaftliche Unternehmen sind aus dem Blickwinkel der Motivation vor allem dann sinnvoll, wenn sie Zielen dienen, die der Gesellschaft nützen, mithin kooperativen Zielen. Nach einer Studie der »Initiative Neue Qualität der Arbeit« INQA (www.inqa.de) ist es für etwa die Hälfte der abhängig Beschäftigten wichtig, dass sie einen Sinn in ihrer Arbeit entdecken können – was sich z. B. auf die Qualität und Dienlichkeit der Produkte, auf Aspekte der Umweltverträglichkeit, die Schaffung und Erhaltung von Arbeitsplätzen oder auch auf die Unterstützung von kulturellen Projekten beziehen kann. Auch sollten Beziehungen am Arbeitsplatz von Kommunikation und Kollegialität geprägt sein. Fairness im zwischenmenschlichen Umgang und erlebtes Vertrauen haben nicht nur motivierende, sondern darüber hinaus noch stabilisierende Wirkung für die Gesundheit. Ein durch Transparenz, faires Verhalten und dosiertes Vertrauen geprägtes Betriebsklima hat beispielsweise positive Auswirkungen auf die psychische und körperliche Stabilität der Mitarbeiterinnen und Mitarbeiter. Die Zeiten, in denen Vertrauen, Solidarität, Fürsorglichkeit, Fairness, Gegenseitigkeit und Gefühle allgemein auf den privaten Bereich beschränkt werden sollten, gehören damit hoffentlich bald der Vergangenheit an (vgl. Bauer, S. 205 ff.).

Wenn all unsere körpereigenen Motivationssysteme auf Kooperation und gelingende soziale Beziehungen hin angelegt sind, dann werden wir solche Schöpfungsgeschichten als sinnvoll und tragend erleben, die uns genau in diesen Modellen bestärken: Modelle, in denen *alle* Geschöpfe eine eigene und gleichwertige Stimme erhalten, die Tier- und Pflanzenwelt nicht von vornherein als ein dem Menschen unterlegenes System angesehen wird, wo die Frau nicht nur als auf den Mann hin erschaffen gilt. Modelle auch, die uns vorführen, wie mehrere Gottheiten untereinander, weibliche und männliche in einem herrschaftsfreien Dialog miteinander kommunizieren können. Modelle, in denen der Dialog als Austausch zwischen gleichwertigen Gesprächspartnerinnen und -partnern einen Wert darstellt. Modelle, die nicht anthropozentrisch und nicht monologisch ausgerichtet sind. Von dieser Perspektive aus sollten wir auch Schöpfungsgeschichten, die uns das Leben als einen Kampf vorführen, die uns den Schöpfer als vorwiegend männlich und dazu noch als einen quasi despotischen Alleinherrscher und Einzelkämpfer überhöhen, höchst kritisch betrachten. In dieser Hinsicht könnten Schöpfungsgeschichten wie die aus Gen 1–3 schon bald als überlebt und nicht mehr zeitgemäß gelten. Wie überhaupt die Zeiten des strikten Monotheismus auf ihr Ende zuzulaufen scheinen. Ein Paradigmenwechsel auf allen Ebenen unseres Zusammenlebens scheint angesagt, nicht nur in der Neurobiologie, sondern ganz entscheidend auch in der Theologie. Auch dafür könnte die Ausstellung »Gott weiblich« ein Schritt in die richtige Richtung sein. Ob dabei der Monotheismus überhaupt noch ein zukunftsfähiges Modell darstellt, darf bezweifelt werden. Für mehr als die Hälfte der Menschheit ist er niemals eines gewesen, denn die wurde von seinen »Segnungen« konsequent ausgeschlossen. Für den Gesamtzusammenhang dessen, was wir heutzutage Ökosystem nennen, hat er sich auch eher als Katastrophe erwiesen, schon allein durch den ihm innewohnenden Anthropozentrismus, der den Menschen in eine nicht zu verantwortende Selbstüberhöhung und Selbstüberschätzung getrieben hat.

Hören wir zum Schluss noch einmal Erik Hornung, den großen Ägyptologen. Bereits in seinem erstmals 1971 erschienenen Hauptwerk »Der Eine und die Vielen« kommt er – gerade aus seinem tiefen Verstehen der ägyptischen Religiosität heraus – zu folgenden beeindruckenden Schlussfolgerungen:

> »*Eine* Kirche, *ein* Reich, *eine* Gesellschaftsordnung [heute müsste man noch *eine* Weltwirtschaftsorganisation hinzufügen] für alle Menschen, der gleichmachende Zwang *eines* Systems für alle – in solchen und in vielen anderen Absolutismen wurde ein Denken *ad absurdum* geführt, das unter dem Gesetz der Einheit stand und keine Pluralität gelten ließ. Dass dieses Denken heute noch Triumphe feiert, spricht nicht gegen die Tatsache, dass es im Prinzip am Ende ist, weil es die Aufgaben der Zukunft nicht mehr lösen kann und weil es dem gewandelten Bewusstsein des Menschen nicht mehr entspricht ... Alle Indizien deuten darauf hin, dass die menschliche Gesellschaft der näheren Zukunft eine pluralistische, undogmatische sein – oder dass sie *nicht* sein wird ...

> Gerade der überzeugte Glaube muss sich sagen, dass Gott niemals sein *letztes* Wort gesprochen hat, auch in der Offenbarung als Einziger nicht. Eine neue Bewusstseinsstufe steht neuer Offenbarung offen, die sich jeder Prognose entzieht – außer der, dass sie *anders* sein wird.« (S. 250 f.)

Wollen wir das ernst nehmen, und es besteht kein Grund, es nicht zu tun, dann stehen uns für die Zukunft der nächsten 1000 Jahre enorm kreative Zeiten bevor – die sicherlich auch zu neuen Formen von Schöpfungsgeschichten führen werden. Schon deshalb ist es so wichtig, viele verschiedene Modelle von Schöpfungsmythen zu kennen (auch und gerade aus Kulturen, die nicht patriarchal sind). Wir werden sie alle brauchen, auch wenn wir keine Geschichte mehr so, wie sie ist, einfach übernehmen können. Wichtig ist, dass wir über die Kenntnis dieser Mythen zu einem Kulturaustausch finden, indem wir voneinander lernen und Bewertungen von höher- oder minderwertig fallen lassen. Im Konzert der Religionen ist keine prinzipiell die »bessere« oder »schlechtere«. Das Kommende wird sich aber daran messen lassen müssen, ob es Vielfalt und gegenseitige Achtung eher fördern oder verhindern kann. Je mehr Wirklichkeit dabei einbezogen wird, umso besser! Auch dazu sollte dieses Buch einen Beitrag (auch im Sinne des Anfangszitats) leisten.

Was machen wir zudem mit unserem heutigen Wissen, dass die Geschichte aus Gen 2–3 uns eine Gottesvorstellung vermittelt, die den damaligen Gegebenheiten in gar keiner Weise entsprochen hat? Jahwe wurde zusammen mit Aschera verehrt – nicht nur im Jerusalemer Tempel, sondern auch im Alltag des Volkes Israel. Von Monotheismus keine Spur. Vom Stand der heutigen Forschung aus wird uns mithin eine glatte Lüge zugemutet. Man könnte auch sagen: religiöse Propaganda. Oder kann Schöpfung auch so aussehen: dass wir etwas entwerfen, das wir noch in keiner Weise in der Wirklichkeit vorfinden, von dem wir aber dringend wünschen, dass es Realität wird? – Dann könnten wir uns diese Geschichte in einem veränderten Sinne sehr wohl zum Vorbild nehmen.

Literatur

Altenhöfer, Gwendolin: Willkommen auf der Erde, Frau! Willkommen in unserer Runde! Visionssuche als Weg zu spiritueller Beheimatung, in »Schlangenbrut« Nr. 102 / August 2008, S. 25–27
Angulo, Jaime de: Indianer im Overall, München 1983
Ders.: Indian Tales, München 1984
Apuleius: Der goldene Esel, übers. v. August Rode, Leipzig 1975
Bauer, Joachim: Prinzip Menschlichkeit. Warum wir von Natur aus kooperieren, Hamburg 2008
Berendt, Joachim-Ernst: Nada Brahma. Die Welt ist Klang, Reinbek 1996
Brunner-Traut, Emma: Altägyptische Märchen, Köln 1983
David-Néel, Alexandra: Der verborgene Türkis, München 1999
Diederichs, Ulf (Hg.): Germanische Götterlehre, Köln 1984
Egli, Hans: Das Schlangensymbol. Geschichte, Märchen, Mythos, Olten 1982
Erdrich, Louise: Ein Jahr mit sieben Wintern, Frankfurt 2001
Evans-Wentz, Walter Y.: Cuchama. Heilige Berge der Welt, Basel 1984
Giebel, Marion: Das Geheimnis der Mysterien. Antike Kulte in Griechenland, Rom und Ägypten, München 1990
Hillerman, Tony: Der Junge, der die Libelle schuf, Frankfurt 1995 a
Ders.: Geistertänzer, München 1995 b
Ders.: Das Labyrinth der Geister, Reinbek 1997
Ders.: Das Goldene Kalb, Reinbek 2003
Hornung, Erik: Der Eine und die Vielen, Darmstadt 1973 (1. Aufl. 1971)
Ders.: Geist der Pharaonenzeit, München 1989
Johnston, Basil: Ojibway Heritage, Toronto 1976 u. 1994. Dt.: Und Manitu erschuf die Welt. Mythen und Visionen der Ojibwa, 5. Auflage, München 1994
Jung, Carl Gustav: Gesammelte Werke, Bd. 9.1, Die Archetypen und das Kollektive Unbewußte, Olten 1976
Keel, Othmar: Gott weiblich. Eine verborgene Seite des biblischen Gottes, Fribourg 2008
Koch-Weser, Sylvia / Lüpke, Geseko v.: Vision Quest. Visionssuche: allein in der Wildnis auf dem Weg zu sich selbst, Kreuzlingen / München 2000
Kuby, Clemens: Unterwegs in die nächste Dimension. Meine Reise zu Heilern und Schamanen, München 2006
Ders.: Todas – am Rande des Paradieses, ein Film von 1996

LaDuke, Winona: Last Standing Woman. Eine indianische Saga von 1862–2018, München 1998
Lao-Tse: Führung und Kraft aus der Ewigkeit. Das »Tao-te-king« in der Übersetzung von Erwin Rousselle, Frankfurt 1985
Meier, Carl A.: Der Traum als Medizin. Antike Inkubation und moderne Psychotherapie, Zürich 1985
Müller, Werner: Geliebte Erde. Naturfrömmigkeit und Naturhaß im indianischen und europäischen Nordamerika, Bonn 1982
Münst, Senganata: Land im Überzeugungssystem der Diné, Bonn 1992
Mullet, George M.: Spider Woman Stories, 8. Aufl., Arizona 1993
Neumann, Erich: Ursprungsgeschichte des Bewußtseins, München 1974
Ders.: Tiefenpsychologie und neue Ethik, Frankfurt 1984
Niethammer, Carolin J.: Töchter der Erde. Legende und Wirklichkeit der Indianerinnen, Bornheim-Merten 1985
Ovid: Metamorphosen, übers. von Michael v. Albrecht, München 1981
Patai, Raphael: The Hebrew Goddess, 3., erw. Aufl., Detroit 1991
Platon: Sämtliche Werke IV. Symposion. Phaidon, Frankfurt 1991
Pennick, Nigel: Das Runenorakel, München 1990
Piljain, Evam: Kinder der Liebe. Über den südindischen Volksstamm der Toda, 1956
Ranke-Graves, Robert von: Griechische Mythologie. Quellen und Deutung, Bd. 1, Hamburg 1982
Ders./Patai, Raphael: Hebräische Mythologie. Über die Schöpfungsgeschichte und andere Mythen im Alten Testament, Hamburg 1986
Richter, Jutta: Der Anfang von allem, München 2008
Röggla, Hannelore: Die geheime Angst des Mannes. Der Mythos vom starken Geschlecht. Eine Widerlegung, Stuttgart 2005
Rytchëu, Juri: Traum im Polarnebel, Zürich 1993
Ders.: Wenn die Wale fortziehen, Zürich 1995
Ders.: Der letzte Schamane. Die Tschuktschen-Saga, Zürich 2002
Ders.: Der Mondhund, Zürich 2005
Scharlau, Birgit/Münzel, Mark: Qellqay, Mündliche Kultur und Schrifttradition bei Indianern Lateinamerikas, Frankfurt 1986
Schlesier, Karl H.: Die Wölfe des Himmels. Welterfahrung der Cheyenne, Köln 1985
Die Schöpfungsmythen. Mit einem Vorwort von Mircea Eliade, Darmstadt 1996 (2. Aufl.)
Schwarzer Hirsch: Die heilige Pfeife. Das indianische Weisheitsbuch der sieben geheimen Riten, Bornheim 1984
Shuttle, Penelope/Redgrove, Peter: Die weise Wunde Menstruation, Frankfurt 1982

Silko, Leslie Marmon: Ceremony – Gestohlenes Land wird ihre Herzen fressen, Hamburg 1992
Stamer, Barbara / Zingsem, Vera: Schlangenfrau und Chaosdrache, in Märchen, Mythos und Kunst, Stuttgart 2001
Wägner, Wilhelm: Nordisch-germanische Götter und Helden, Leipzig u. Berlin 1887
Walters, Anna L. (Hg.): Schönheit strömt aus von der Schwelle meines Hogans, München 1983
Waters, Frank: Das Buch der Hopi, 9. Auflage, München 1996
Ders.: Gesänge der heiligen Berge. Weisheit der Indianer, München 2000
Weis, Adolf: Die Madonna Platytera. Entwurf für ein Christentum als Bildoffenbarung anhand der Geschichte des Madonnenthemas, Königstein 1985
Wilhelm, Richard: I Ging. Das Buch der Wandlungen, Köln 1984
Wing, R. L.: Das Arbeitsbuch zum I Ging, Köln 1984
Wolf, Ursula: Mein Name ist »Ich lebe«. Indianische Frauen in Nordamerika, München 1979
Zimmer, Heinrich: Maya. Der indische Mythos, Frankfurt 1978
Ders.: Indische Mythen und Symbole. Vishnu, Shiva und das Rad der Wiedergeburten, Düsseldorf 1981
Ders.: Abenteuer und Fahrten der Seele. Ein Schlüssel zu indogermanischen Mythen, Köln 1987
Zingsem, Vera: Klar wie das Wasser oder: Zur eigenen Quelle finden, Freiburg 2002
Dies.: Lilith. Adams erste Frau, Tübingen 2003, Leipzig 2005
Dies.: Der Himmel ist mein, die Erde ist mein. Göttinnen im Wandel der Zeiten, 4. Auflage, Schalksmühle 2008
Zolbrod, Paul G.: Auf dem Weg des Regenbogens. Das Buch vom Ursprung der Navajo, München 1988